INNOVATION AND REGULATION

创新与规制的边界

戈峻 刘维 著

WHERE IS THE FINE LINE?

科技创新的政策法律调控之道

法律出版社 LAW PRESS·CHINA

序言 PREFACE

本书初稿刚刚完成的时候，在美国和中国，两个和本书所涉及的诸多话题密切相关的事件几乎同时发生了——脸书（Facebook）CEO 扎克伯格在美国国会听证会上就滥用消费者数据、脸书内容失控并对消费者权益保护不足表示“全是我的错”，并诚恳道歉；在中国，头条新闻 CEO 张一鸣就“内涵段子”所涉内容有违中国社会主义核心价值观发布公开信道歉，表示“产品走错了路，所有责任在我”，并承诺永久关闭该栏目。中外两家互联网巨头，两位年轻的企业领袖，分别就其企业行为向政府、社会、员工和消费者承认错误并致歉，事件看似巧合，但个中涉及的问题耐人寻味。

普通消费者也许还在对上述两位互联网时代的精英敢于放下身段、撕破看似永远先进的商业模式和技术贵族的面纱、承诺改进商业行为的点点滴滴津津乐道，但对世界上大多数高科技和互联网企业的领导者而言，上面的故事显得并不那么轻松和有趣，两家公司的所作所为及其相关听证、道歉中所牵涉的政策法律问题及预示的未来趋势，实在是太有指导价值了。

就企业而言，被称为史上最严格的欧盟《一般数据保护条例》（General Data Protection Regulation，GDPR）2018 年 5 月生效。各大跨国公司纷纷投入人力物力研究商业模式调整和合规经营问题。根据 GDPR，即使是非欧盟成员国的公司（包括免费服务），只要满足下列两个条件之一：（1）为了向欧盟境内可识别的自然人提供商品和服务而收集、处理他们的信息；(2)为了监控欧盟境内可识别的自然人的活动而收集、处理他们的信息，该公司就受到GDPR的管辖。如果没有满足GDPR设定的合规义务，企业面临的罚款标准是“一般违规行政罚款的上限是1000万欧元或该企业上一财年全球年度营业总额的2%(以较高者为准)”“严重违规行政罚款的上限是2000万欧元或该企业上一财年全球年度营业总额的4%(以较高者为准)”。

同样，在中国，继《网络安全法》于2017年开始实施后，大量配套的政策法规也应运而生，而中国版的《数据保护法》也在孕育之中，其出台实施指日可待。中外高科技企业很快会发现，它们自改革开放以来在中国经历的营商环境将再一次发生巨大变化，互联网法律“蛮荒”和“自律”年代将一去不复返，它们所要面对的是一个远超技术层面，商业、政策、法律、道德、伦理、责任、消费者权益等多层面问题交织，需要综合考量和平衡的营商环境。

上面谈及的两个企业看似仅是互联网企业，或再宽一点来看，是高科技企业。所以，所谓营商环境的变化仅仅影响一小部分企业罢了，人们何必大惊小怪？传统产业和其他新兴产业照样可以稳坐钓鱼船，或做“吃瓜的群众”？其实不然。扎克伯格在国会听证会上面临诸多棘手问题，其中一个问题就是脸书属于什么企业？是互联网、数据处理、云服务、广告、电子商务、金融、媒体还是其他？当今时代几乎所有企业都在触网，因此，不了解网络和科技行业规则和潜在问题的话，对企业来说会存在重大风险。另外，由于技术发展迅速、渗透力极强，技术应用几乎是所有企业和实体的不二选择，不管是主动的还是被动的。

然而对这些问题和标准解决方案要做出一部教科书般的全面论述又谈何容易。技术的发展和其商业应用日新月异，政策法律制定者、执法者、司法者、学者和其他从业者普遍感到力不从心，气喘吁吁地追赶也往往不得要领。我们还常常看到，许多为实现某一社会价值的政策法律的实施还对技术创新发展带来了不成比例的成本。

在这样的背景下，要找到能够解决问题的普遍适用的政策法律具体方案几乎是不可能的。然而，从更高的层面看，一系列决定政策法律取向的宏观和微观的因素和矛盾却是可以去梳理和总结的。这些因素和矛盾的合理分析也许能够帮助科技乃至更宽广的产业价值链上的各个参与者找到各自存在的平衡点。

性急的读者很可能马上想看看这些因素和矛盾,下面列举书中阐述到的部分问题,有点以偏概全,但相信对读者有些启发并引起共鸣:

全球分工合作,但科技到底有无国籍?我们应该依据经济规律决定资源的投入和配置还是需要时时警惕经济和产业安全,在特定的领域里,不惜成本,自主创新?究竟哪种方式能够"笑到最后"?

什么样的产学研机制才能适应科技创新时代的需求?政府、科研院所、市场主体等在创新生态系统中的应有角色地位和各种应该秉持的理念是什么?

企业的社会责任有无边界?符合什么样条件的企业应该承担超出常规商业范围的责任或准政府职能?此等责任的法律依据何在?又该如何区分同一企业的公共色彩和商业色彩?法律适用的原则是什么?

面对无数的问题和挑战,政策和法律应该无所不能还是应该为其自身建立笼子、有所为有所不为?笼子的内涵和空间应该有多大?而高科技时代的政策法律制定是否具有特殊要求需要考虑?

纯技术运营下的算法内容推送让人对感兴趣的事物欲罢不能,其长远的社会成本和结果是什么?政策法律是否需要规制算法?规制的尺度在哪里?平台治理的诀窍在哪里?

标准必要专利的司法管辖问题应如何应对?如何把握禁令发放的条件?如何计算公平、合理、无歧视许可(fair, reasonable and non – discriminatoryterms, FRAND)中的合理费率?

人工智能及其所产生的结果与现行社会价值、法律体系的冲突和统一应如何协调?应当规范人工智能的技术发展还是规范人工智能的应用范围和应用的价值取向?

数据保护和数据利用的边界何在？数据采集、数据利用的可容忍范围如何划定？数据公司对执法机构的协助义务如何把握？私权(个人隐私保护)和公权(国家公众利益)之间发生冲突时如何平衡？

创造者要求更大的数据流动与数据共享的自由，因此如何界定高科技时代中的“国家安全”以制约此等自由诉求？立法的前瞻性、原则考虑、滞后性及追溯力，在当前背景中产生各方利益冲突时的衡量标准是什么？

消费者权益在高科技和互联网时代的内涵如何界定？在《消费者权益保护法》和《反不正当竞争法》中又应该通过什么机制来提供对应的保护呢？

技术的发展不以人的意志为转移，也很难在政府划定的既定框架里徘徊不前，如何在容忍或拒绝、正确或错误、高尚或低俗间作出判断，取得商业价值和社会价值的统一？

什么技术和产业在什么阶段更合适自我监管、行业监管抑或政府监管？高科技时代的行业自律和科技监管是否应该更加活跃，尺度如何把握？

创新速度的指数级增长，对执法和司法提出了什么样的要求？执法的刚性、包容、透明究竟如何把控？

中国科技成果的产权保护程度到底是过低了还是过高了？如何看待当前中国知识产权裁判存在的“春秋战国”现象，有无统一的必要和措施？

高科技产品的研发风险和责任事故，应当采取“事后诸葛亮”立场还是坚持“可预见规则”？

高科技时代是否需要赋予创新主体“自力救济”维权行为更高的正当性？“诉讼”作为一种竞争工具的特征日趋明显，通过滥用诉权、虚假诉讼或者利用自媒体等方式阻滞竞争对手创新进程的现象较为多见，如何应对？

司法如何服务于营商环境的改善？为实质性解决纠纷，司法机关应该如何审视传统的法律解释方法？哪些传统的法律原则或规则面临突破？

搁笔本序言的时候，科技界又发生了两件特别有挑战性的事情。在美国，技术工人联盟（Tech Workers Coalition）发起大规模请愿，要求谷歌公司停止和美国军方的一项名为“Maven 项目”的合作，同时要求美国主要科技公司停止承接美国国防部项目合同。该联盟的观点是：我们笃信科技公司不应该将战争作为生意的一部分。科技公司拥有来自全球用户的敏感数据，不应该利用该优势为一国的军事机构提供攻击性技术。该联盟声称此等约束必须纳入高科技公司的商业道德规范。在中国，中兴公司由于被认定违反先前与美国政府达成的合规协议，受到美国政府对其生产和运营所依赖的美国核心技术和服务为时 7 年禁运的制裁。得益于中国政府的努力，中兴公司最终以巨额罚款、更换公司董事会和管理层，并接受美国合规监督 10 年等为代价获得解禁，企业得以重生。一时间，技术是否具有国家、民族属性问题、国外技术的可依赖性、中国在多大程度上实现技术的自主可控成为热议话题。

本书无意也确实无法穷尽对瞬息万变的技术发展和商业世界的创新产物所遇到的各类问题的因素和矛盾进行全面归纳，更无意为这些问题的解决开出正确的药方，上述诸多问题已经略见一斑。如果本书能够给科技和相关价值链上的各个参与方带来启发和思考，并为其在未来的工作中找到那个“平衡点”带来一些参考价值，作者的目的也就达到了。

戈　峻

2018 年 4 月 18 日

目录 CONTENTS

第一章 全球科技创新及法律管控的基本态势

第一节 当前全球科技创新的新形势 003

一、创新主体由个人创新转向团队创新 003

二、创新驱动力量由发明人驱动转向市场驱动 008

三、创新模式呈现出网络化、开放性、全球化的特征 009

第二节 各国科技创新法律管控的历史回顾 013

一、美国 015

二、日本 021

三、新加坡 027

四、结束语 029

第三节 科技发展对法律管控的挑战 031

一、理念层面的冲突体 031

二、政策法律制定中的矛盾面 039

三、政策法律行政执行中的糨糊团 045

四、政策法律司法适用中的平衡术 052

第二章 科技创新活动的主体角色和理念定位

第一节 政府的角色和理念 061

一、政府在政产学研结构中的定位 061

二、政府调整科技创新活动的理念 066

三、上海样本的"产学研"机制评价 073

第二节 科研院所的角色和理念 081

一、科研院所在政产学研结构中的定位 081

二、宽容自由的创新环境 083

三、科研院所的创新激励机制 086

四、科研院所的科技成果转化 091

第三节　市场主体的角色和理念　100
一、中小型科技企业、风险投资及科技园区　101
二、大型高科技企业的角色转变　105
三、企业主体的竞争伦理及相关裁判的发展　110

第三章　中国科技政策法律的制定
第一节　科技政策法律的可预见性　117
一、可预见性是法律的基本特征　117
二、不确定性带来的公司运营风险　119
三、政策法律的制定者需要有前瞻性　125
第二节　科技政策法律的自治性　130
一、自治性是科技法律应对创新发展的重要特征　130
二、自由竞争与行业自律　133
三、自治、统一、可预见之间的辩证　137
第三节　科技政策法律的统一性　144
一、中国科技政策法律的国际化　145
二、中国科技政策法律的本土化与差异化　151
三、中国科技政策法律的一体化　158

第四章　中国科技政策法律的执行
第一节　执法的公正性　183
一、警惕消费者对执法的多面性影响　184
二、“监管俘获”——警惕资本和技术的力量　189
三、选择性执法　194
第二节　执法的透明性　198
一、中国知识产权行政执法的透明度　198
二、行政执法行为的可诉性　204
第三节　执法的包容性　210
一、创新的时代需要包容审慎的执法　211
二、执法包容的前提和原则　215
三、执法包容与执法公正、执法透明之间的辩证　221

第五章

中国科技政策法律的司法适用

第一节 司法的谦抑性 231
一、法官与科技的距离 231
二、科技领域诉讼正成为阻碍创新的“有力武器” 237
三、警惕知识产权保护的过度性 245
第二节 司法的自治性 252
一、普通法的进化力 253
二、中国知识产权裁判的“春秋战国” 256
三、法律解释方法的顺位:高科技产品研发缺陷的法律责任 262
第三节 司法的可及性 268
一、知识产权侵权纠纷中的证据问题 268
二、中国知识产权侵权的赔偿问题 274
三、实体原则与规则的可及性改造 280

结束语

一、本书的背景 286
二、本书的主要观点 288
三、感想及感谢 301

第一章
全球科技创新及法律管控的基本态势

当前全球科技创新的新形势

各国科技创新法律管控的历史回顾

科技发展对法律管控的挑战

关于技术的法律规制历史表明，一项在创造新的选择和机会的意义上提高了自由程度的技术进步，几乎确定地会引发或者导致一些规则和规章的改变。① 某种技术创新，它被引进后会打破市场甚至整个社会上存在已久的规则。② 但是，在应对技术进步的每一次法律变革中，几乎都是抵抗者占据优势。20 世纪 90 年代之后，每一次创新——以新的数字存储与重放技术以及互联网强大的沟通能力为基础——都给消费者带来了更好、更有效的娱乐内容获取途径。每一次，不甘心从技术创新的应用普及中失利的人们都予以还击——通过诉讼，通过法律改革，或者通过相反的技术措施——并非所有的因素都对他们有利，但截至目前，每一次都是抵抗者取得了最终的胜利。③ 抵抗者的抵抗、技术革新者的推进、公共权力机构的应对和引导，形成了技术发展与法律调控之间的主要角力因素。

过去十年来，随着创新和规范创新的法律之间的距离逐渐拉大，两者间关系的加速紧张令人极为担忧。④ 新一轮科技革命向中国当前的法律和政策提出了挑战，在当前科技革命的宏观背景下，如何顺应技术发展的客观规律，如何从其他主要国家引导和规制技术发展的历史经验中总结出有益经验，如何看待当前中国规制技术创新和发展的法律和政策，是本章主要关注的问题。第一节研究当前全球科技创新的新形势，尝试揭示当前阶段技术创新的一般趋势；第二节研究典型国家对技术创新和发展进行规制的历史，特别关注政府在促进创新过程中的角色；第三节研究中国当前技术创新和发展的法律规制在理念、立法、执法和司法层面上所面临的挑战及具体问题。

---

① ［美］弗里德曼：《选择的共和国：法律、权威与文化》，高鸿钧等译，清华大学出版社 2005 年版，第 78 页。

② ［美］拉里·唐斯：《颠覆定律：指数级增长时代的新规则》，刘睿译，浙江人民出版社 2014 年版，第 8 页。

③ ［美］威廉·W. 费舍尔：《说话算数：技术、法律以及娱乐的未来》，李旭译，上海三联书店 2008 年版，第 120 页。

④ ［美］拉里·唐斯：《颠覆定律：指数级增长时代的新规则》，刘睿译，浙江人民出版社 2014 年版，第 2 页。

第一节 当前全球科技创新的新形势

一、创新主体由个人创新转向团队创新

（一）个人创新时代

工业革命是人类科技创新的新纪元。在整个科技创新史的初期，众多的伟大发明创造背后都有一个个为之奉献一生的“孤胆英雄”。瓦特与爱迪生，两个伟大的发明者，一个专注于蒸汽机的改良，开启了机器替代人工的新时代；另一个发明了电灯，为人类社会的文明做出了卓越的贡献。他们作为发明者中的佼佼者，代表着那个充满个人英雄主义的发明时代。

1. 瓦特改良蒸汽机

从1762年瓦特初次进行蒸汽机实验到后来改变世界式的大获成功，中间花费了半个多世纪，这中间不仅有瓦特对蒸汽机技术的热爱，更有投身发明创造的豪情。蒸汽机的大量应用不仅是工业革命的开端，也吹响了整个人类社会步入新阶段的号角。瓦特的这份执著不仅是伟大的，更是极具启发性的，在那个急需英雄引领潮流的年代，瓦特开创了与前人不同的发明创造的方式。①

2. 爱迪生发明电灯

爱迪生从31岁开始进行对白炽灯的研究。他首先收集有关信息材料，从灯油、蜡烛到各种煤气灯，光摘录的笔记就有四万多页。在研发过程中，为了解决灯丝的难题，从炭条、木材、马鬃到各种金属，爱迪生先后试验了1600多种材料，付出了艰苦卓绝的努力。也是凭借这种不屈不挠的实验探索精神，爱迪生一生做出了1000多项发明，成为伟大的发明大王。

个人英雄主义时代的技术创新依赖于单独的创新个体，创新的动力来自个体对创造的浓厚兴趣。创新个体不仅需要克服物质条件的极度短缺，而且

---

① 吴军：《文明之光》（第二册），人民邮电出版社2014年版，第77页。

需要付出艰苦卓绝的努力、面对漫长的反复失败的过程。

（二）公司或团队创新时代

尽管瓦特背后有公司支持，爱迪生也曾自己创立企业，但人们终究把发明创新的荣耀归于他们个人之上。这是由于在当时的时代，真正进行发明创造的还是个人，由个人孕育创新的萌芽，引领创新的发展，决定创新的成败。随着时代的发展，科技创新的光环逐渐被英特尔（Intel）、微软（Microsoft）、苹果（Apple）、IBM、阿里巴巴、腾讯等这些企业所承载，打上了深深的公司印记。单纯个人创新的时代已经一去不复返，公司作为新的创新主体正在引领当代的科技创新。2010 年《大众机械》（Popular Mechanics）杂志作了一项“过去 50 年来最具影响力的发明”的调查，其中大部分发明出自企业，显然如今的时代是团队主义创新的时代。《时代》（Time）杂志每年都会评选出年度二十五大最佳发明，从 2014 年、2015 年的评选结果来看，其中的发明约 60% 来源于企业，20% 左右来源于学术研究团队。根据中国国家知识产权局 2014 年的统计报告显示，中国职务发明的专利申请授权占总量的 74.4%，而其中企业专利申请授权量占 62.9%。

1. 个人创新走向公司创新的原因

从个人主义创新模式步入公司或团队主义创新模式，也许有多个因素。

第一，创新从开疆拓土式过渡到渐进改良式。在瓦特和爱迪生的个人创新时代，人类对工业技术的挖掘和研究处于萌芽阶段，广阔的技术领域为创新主体提供了无限的空间。第一次工业革命之后的两百多年来，技术发展的更新速度不断加快，现有领域的创新呈现出复杂程度不断加深的趋势。如今大多数企业可能是在现有产品或技术基础上的创新，自然不如第一代富有“革命性”和“颠覆性”。相应地，技术的交叉性、产品的标准性和产业性特征更加明显，促成了公司或团队创新的突出特点。

第二，市场竞争的惨烈度升级倒逼创新效率的要求不断提高。市场竞争的激烈程度不断提升，产品更新换代的速度极快，电子产品领域基本上每年都有新一代产品面世，在传统工业领域，中国的 C919 客机从科技立项，到总装下线，再到首飞，前后也仅用了 10 年时间。研发讲求速度的背后实际上反映了新时代的丛林法则：在科技高速发展的今天，创新的先行者往往才能在市场中掌握相关技术和市场的主动权。瓦特在改良蒸汽机的漫长岁月里没有一个有力的竞争者对他发起挑战，他有充足的时间从一次次失败中总结经验，摸索出一条通往成功的道路。时代变迁，如今只有依靠公司或团队的整体互补优势，才能最大概率地赢得市场竞争的主动权。

第三，个人难以承受"单打独斗式"创新的巨额成本。瓦特和爱迪生在发明过程中忍受了物质条件的极度匮乏，都有破产或者濒临破产的经历。个人创新意味着时间和资产的巨额投入，而创新本就是一个具有极高风险的行为，充满着不确定性。个人创新同时意味着个人将承担所有的风险，古典社会的相对静态性可以将这种风险降到最低，但在现代社会中会成为"难以承受之重"。公司或团队可以起到转嫁或分散风险的作用，同时通过凝聚或积累大量财富，以攻克重大技术难题。

2. 公司或团队创新的典型——硅谷的成长考察

美国硅谷及其间的大量高科技公司是工业革命后的公司或团队创新的典范。

(1)仙童半导体(Fairchild Semiconductor)公司的成功

仙童半导体公司为硅谷的成长奠定了坚实的基础，孕育了成千上万的技术、管理人才，享有电子业界"西点军校"之盛名，一批又一批精英人才从这里走出去创业。

1955 年，"晶体管之父"肖克利(W. Shockley)博士在其故乡圣克拉拉(Santa Clara)，创建"肖克利半导体实验室"，吸引了大量年轻有为的科学家加盟。好景不长，过了一年，其中加盟的八位青年从肖克利实验室出走，联系了一家美国纽约的费尔柴尔德(Fairchild)公司支持他们创业，仙童半导体公司也由此命名。依靠技术创新优势，仙童半导体公司一举成为硅谷成长最快的公司。1960 年，集成电路的发明使它的名声大振，母公司费尔柴尔德摄影器材公司决定以 300 万美元购买其股权。之后由于与母公司之间经营战略产生冲突，八位创始人先后出走，创办各自的半导体公司，而涌进仙童的大批人才，也纷纷成为半导体行业中的精英。正如乔布斯所言："仙童半导体公司就像一个成熟了的蒲公英,你一吹它,这种创业精神的种子就随风四处飘扬了。""硅谷大约70家半导体公司的半数,是仙童公司的直接或间接后裔。在仙童公司供职是进入遍布于硅谷各地的半导体业的途径。1969年在森尼韦尔举行的一次半导体工程师大会上,400位与会者中,未曾在仙童公司工作过的还不到24人。"①

(2)仙童半导体公司成功的背后

仙童公司能够在20世纪60年代取得巨大的成功,与它所聚集的人才、公司宽松的创新氛围以及明确的利益激励机制密不可分。

第一,人才的聚集和流动。在仙童半导体公司的八位创始人中,金·赫尔尼(Jean Hoerni)发明了一整套制造晶体管的平面处理技术,这一技术使硅晶体管的批量生产成为可能;罗伯特·诺伊斯(Robert Noyce)发明了可商业生产的集成电路,为计算机的产生奠定了重要基础;戈登·摩尔(Gordon Moore)发表了电子产业的"第一定律"—"摩尔定律",推动了芯片产业的发展。除了八位天才创始人,仙童半导体吸收的其他优秀人才也为公司的技术创新做出了巨大的贡献。1963年新雇员鲍勃·韦德拉(Bob Widlar)制造了第一个单片运算放大器,1964年同样是新雇员的戴维·塔尔伯特(Dave Talbert)和鲍勃·韦德拉一起创造了第一个使用的模拟集成电路,从而开创了一个全新的应用领域,为半导体器件的设计创立了标准。1963年来自犹他州的雇员弗兰克·万拉斯(Frank Wanlass)发明了制造互补性金属氧化物半导体集成电路(Complementary Metal Oxide Semiconductor,CMOS)的新技术,彻底改变了半导体工业的面貌。1968年来自意大利的雇员费德里科·法金(Federico Faggin)发明了硅门MOS晶体管,正是这项发明使芯片的集成度得以呈指数式的增长。②

人才的聚集为公司的创新和发展带来了巨大的优势,而人才又是流动

---

① [美]埃弗雷特·M.罗杰斯、[美]朱迪恩·K.拉森:《硅谷热》,经济科学出版社1985年版,第62页。

② [美]阿伦·拉奥、[美]皮埃罗·斯加鲁菲:《硅谷百年史》,闫景立、侯爱华译,人民邮电出版社2016年版,第107页。

的，在流动的过程中，创新的种子就像蒲公英一样飘向了整个硅谷，带动整个行业的发展。从斯坦福到圣何塞（San Jose）散布着的半导体公司，几乎都可以追根溯源到仙童半导体公司。本地衍生公司组成的广泛的血缘关系造就了一个自给自足的制造业群体，物竞天择的达尔文主义与互利共生的合作关系在这里水乳交融。初创公司精心守护着他们的行业秘密，但同时又很清楚谁在做什么，只要时机有利，就毫不犹豫地联手合作。① 法律对人才流动的"无限"包容，公司对人才流动的"零"束缚，催生并繁荣了人才市场，开阔了创新的可能性空间。

第二，宽松的创新环境和明确的利益激励。同样是人才的集合，肖克利半导体实验室并没有一个良好的公司管理模式，肖克利虽然是一个天才的科学家，却缺乏经营能力；他雄心勃勃，但对管理一窍不通。在管理上的致命缺陷导致肖克利实验室在一年之中没有生产出任何新的产品。

在肖克利的实验室中，肖克利与"八叛逆"并非老板与员工的关系，也很难准确界定他们的关系，也正是这种在事实和法律上模糊的身份关系纠缠出很多问题。肖克利把这八位年轻人看作学徒，自己像老师一样强硬指导，并且拒绝沟通，也不接受他们的想法和意见。而在这八位年轻人心里，他们无比希望自己的奔赴投靠能够有所作为，可以施展自己的才能。坐以待毙的失望现实与大展抱负的美好前景之间形成巨大落差。双方紧张的关系让创新产出陷入低迷，而这其中矛盾根源正是实验室模糊的管理体系缺乏明确的利益激励机制，无法营造一个有活力甚至相互竞争的创新团队。当创新团队成立公司以后，成员之间的利益分配关系得到明确，尤其是当创新人员的个人利益以公司的形式统一起来，每个人都将动力十足地为了共同的利益去奋斗。

第三，风险投资助力公司创新。风险资本就如同公司创新的发动机，让一个个正在萌芽阶段的初创公司疯狂生长，迅速成为新一代创新主体。与传统企业相比，硅谷高新技术企业的融资具有高投入性和高风险性两个显著特

---

① ［美］阿伦·拉奥、［美］皮埃罗·斯加鲁菲：《硅谷百年史》，闫景立、侯爱华译，人民邮电出版社2016年版，第43～44页。

点。高风险的客观存在，使不少针对硅谷高技术企业的融资活动以失败告终。风险投资正好承担起弥补传统融资的巨大缺口、孵化高新技术企业的重任。①

二、创新驱动力量由发明人驱动转向市场驱动

在个人主义创新时代，发明人的兴趣是驱动创新的主要因素。随着资本要素的市场比重拉大、市场分工的细化程度增加，政府在创新资源分配过程中的推动引导作用显著，市场正在成为引领创新的主要因素，甚至决定因素。英特尔的创新模式转变就是一个很好的例子。

（一）摩尔定律及英特尔"Tick－Tock钟摆策略"

1965年戈登·摩尔提出，当价格不变时，集成电路上可容纳的元器件的数目，约每隔18～24个月便会增加一倍，性能也将提升一倍。换言之，每一美元所能买到的电脑性能，将每隔18～24个月翻一倍以上。这就是著名的摩尔定律，这一定律揭示了信息技术进步的速度。摩尔定律产生40年来，最大的受益者莫过于英特尔公司，自1985年以来英特尔退出利润日薄的半导体存储器市场，完全转战于微处理器市场，更是深受这一定律的影响。英特尔在2006年正式提出"Tick－Tock钟摆策略"，即奇数年钟摆向左，创新芯片工艺设计，缩小芯片面积、减小能耗和发热量；偶数年钟摆向右，创新微型处理器架构，提升性能；这样循环往复，引领着整个市场的发展方向。②

（二）"Tick－Tock钟摆策略"的终结及英特尔创新的转向

2008年4月，摩尔定律的创始人戈登·摩尔自己预言："摩尔定律可能在10～20年之内失效。"芯片体积不可能无限缩小，当它接近硅原子的体积时，就是一个无法逾越的障碍。这一预言比当年摩尔定律受到证实时，更令IT业界震惊。③ 将芯片缩小到10纳米特征尺寸已经在产业上被证明相当棘

---

① 李永周：《美国硅谷发展与风险投资》，载《科技进步与对策》2000年第11期。

② 袁超：《拉开与竞争对手的距离——英特尔用Tick－Tock战略保持领先》，载《每周电脑报》2007年第32期。

③ 鲍尔吉：《英特尔制造"永续钟摆"》，载《经理人》2008年第12期。

手,2015 年英特尔承认,10 纳米 Cannonlake 处理器项目(下一个 Tick)已经被推迟至 2017 年,英特尔将延长其 14 纳米 Skylake 的生命周期,推出 14 纳米 Kaby Lake 处理器。这预示了 Tick – Tock 模式的终结时间。英特尔向美国证券交易委员会(The U. S. Securities and Exchange Commission,SEC)提交的 10 – K 监管文件也正式确认英特尔将放弃这种模式。

由此,英特尔的营商模式从原来的正三角模式变成了倒三角模式。正三角模式就是通过技术的不断创新,追求摩尔定律,引领和推动整个产业链的整体发展,最后让消费者得到英特尔的产品和体验。现在则把三角倒过来,首先看到社会上到底有什么样的问题需要解决,然后产业一起针对这些问题发现营商模式、开发产品,最后推导到作为英特尔需要什么样的技术支撑,研发的方向应该在哪方面。这是一个以社会问题和需求为导向的企业发展模式,这是一个全新的营商理念。

英特尔"Tick – Tock 策略"的转变体现了创新驱动力量正由发明人驱动向市场驱动转变。随着科技的发展,以处理器芯片的发展为推动力的传统 PC 时代过去了:仅仅依靠掌握核心技术,依靠其产品技术更新就可以推动整个 PC 产业的发展,控制产业链上的话语权,已经很难实现。现在市场已经由技术牵引时代转向应用主导时代,英特尔一改往日产业链"上游供应商"的角色,从幕后走向台前,试图以一个产业整合者的面貌出现,通过创建"应用模式"来牵引和掌握整个产业链,开始通过发掘全新应用模式来引导整个产业链的创新去迎合市场需求。

三、创新模式呈现出网络化、开放性、全球化的特征

全球创新创业进入高度密集活跃期,人才、知识、技术、资本等创新资源在全球流动的速度、范围和规模达到空前水平。创新模式发生重大变化,在实验室进行反复实验、封闭创新的时代已经过去,创新活动的网络化、开放性、全球化特征更加突出。

(一)网络化

专业发展的精细化与知识积累的复合化、技术发展的精细化与交叉化等

同时存在，使创新的专业化程度也不断提升，创新的门槛逐渐升高。这些新情况，一方面导致创新的技术与现有技术之间的交叉连锁特征突出，另一方面也导致创新主体之间协作连横的特征更加明显，这些都是当今创新模式"网络化"的重要体现。如果说专利技术之间的交叉使创新主体之间形成一张张"小网"，那么专利标准化的趋势则是将所有相关领域的创新主体全部联结起来，形成全球性的"大网"。20 世纪中期以前，标准和专利之间并没有多少联系。标准与专利的结合最早源于技术信息领域企业的事实标准，而其中最典型的就是英特尔公司的微处理器和微软公司的 Windows 操作系统，美国学者称为"Wintel 事实标准"。

为了战胜对手，英特尔采取了灵活的策略——IBM 获取许可证，以制造几乎能被所有 IBM 兼容机采用的微处理器，这样它的客户就不仅有 IBM，还包括了所有的 IBM 兼容机生产厂商。通过此途径，英特尔确立了业界"标准"。几乎所有新机型的技术规范都必须围绕英特尔的标准来设计，这将所有内置英特尔芯片的产品连接起来，形成一张覆盖全球芯片产品的大网。与英特尔一样，当 IBM 授权微软公司为其原装机与兼容机提供操作系统时，微软公司就获得了通向帝国之门的钥匙，它极为聪明地依靠实现用户向升级版本的平衡过渡而保持了在操作系统上的绝对优势，MS - DOS 成为业界的标准。在 20 世纪 80 年代后期，IBM 决定生产一种新的个人电脑，再次求助于微软。微软抓住时机，对 DOS 进行巨大改进，开发了 Windows 图形用户界面，再次成为业界"标准"。① 微软以操作系统为纽带织起了一张覆盖全球的网络。

（二）开放性

创新模式的网络化、创新驱动的市场化等，促使创新模式走向开放化和社会化。在 20 世纪 80 年代以前，科技创新主要呈现出内部封闭式的特征。例如，施乐（Xerox）公司的帕洛阿尔托实验室（Palo Alto Research Center，

① 刘曙光、郭刚：《从企业标准到全球标准：技术创新及标准化问题研究》，载《经济问题探索》2006 年第 7 期。

PARC)发明了静电复印技术，并将其商业化，一举成为世界500强企业。[①] 在20世纪80年代以后，用户需求多样化、个性化的趋势越来越明显。以往的创新模式已不能满足多样化的需求，企业需要向用户咨询发现、开发以及完善创新的意见，即更加注重用户体验，从而相应地形成用户创新模式。此时，用户不再是被动的消费者，而是产品的共同创造者，这种创新模式可称为“开放式”创新，最为突出的两种开放式创新就是“众包”开放式创新模式和网络平台开放式创新模式。

1.“众包”开放式创新模式

所谓“众包”，即企业通过互联网将创新分包给大众。20世纪末，伴随着信息技术的发展和广泛应用，软件领域出现了开源软件运动。开源软件运动是一个主要由程序工程师及其他电脑用户参与的声势浩大的运动，旨在促进开放源代码、信息共享和自由使用。1991年，芬兰赫尔辛基大学毕业生莱纳斯·托瓦尔兹(Linus Torvalds)将自己编写的第一套Linux程序发布到互联网上，全球对Linux程序感兴趣的程序员都可以参与开发、修改和创新，从而形成了一个全球的Linux技术开发网络。虽然莱纳斯·托瓦尔兹被称为Linux操作系统的总设计师，但事实上他只编写了Linux系统软件中2%的部分，没有公众(业余程序员)的帮助，Linux不可能获得成功。[②] 这种新出现的创新模式与以往模式有本质差别，它是完全开放式的，没有创新主体内部与外部的明确边界。

2. 网络平台开放式创新模式

移动互联网的技术革新推动了平台创新，众多开放式的平台成为新的创新战场，苹果公司iOS应用开发就是这种模式的鲜明实例。自从iOS诞生以来，苹果对每一代iOS的主屏幕图标放置和iOS版本图标设计都极为用心。iOS在短短几年时间内就从一个全新的移动操作系统，晋级为全球最炙手可热的操作系统，同时造就了一大批依靠iOS成功的人。据苹果公司称，2014年开发者获得了100亿美元营收，自App Store发布以来，开发者共获得了

① 高良某、马文甲:《开放式创新:内涵、框架与中国情境》，载《管理世界》2014年第6期。

② 肖岚、高长春:《“众包”改变企业创新模式》，载《上海经济研究》2010年第3期。

250 亿美元营收。中国的应用开发者为全球市场开发了 22.1 万款应用，获得了 34 亿美元营收，其中超过半数发生在 2014 年这一年之中。① 苹果公司全球高管曾谈到："全球有超过 400 万的注册开发商，在中国就有超过 150 万的开发者。"②

（三）全球化

创新全球化是指科技创新要素在全球范围内的自由流动和合理配置，科技活动成果的全球共享，以及科技促进经济发展的游戏规则在全球范围内日趋一致的动态过程。创新全球化主要体现在创新主体的全球化扩张以及 R&D（Research and Development）的全球化布局。③

1. 创新主体的全球化扩张

当一个公司超过一半的资产在海外，超过一半的收入来自海外，超过一半的雇员在海外就业时，这家公司的思维方式和经营模式就与一般跨国公司发生了巨大的差异。海外利益成为企业营收的主要来源，海外经营成为公司经营的重心。海外经营的重要性不断上升，母国经营的重要性则相对下降。这种情况在瑞士、荷兰等小国的跨国公司中更为明显，如飞利浦、诺基亚、雀巢、ABB 等。

拥有全球战略、全球管理和全球责任，并且跨国程度超过 50% 的公司已经不是原来意义上的跨国公司，而是属于新型的全球公司。商务部国际贸易经济合作研究院研究员王志乐针对全球公司的发展趋势曾谈到："源于小国的跨国公司跨国指数比较高，是因为这个公司所在国家市场规模不大，企业做大必然向海外扩张。美国市场目前是全球最大的单一国家市场，美国公司在本土市场经营有着极大的空间。但是在 1992 年之后 20 年间，美国的惠普、IBM、通用电气、通用汽车和福特等跨国公司的跨国指数也都出现了大幅

---

① 达内新闻：《中国开发者营收为何占全球 1/7》，载 http://gz.ios.tedu.cn/news/115046.html，最后访问日期：2017 年 12 月 4 日。

② 戈峻：《技术进步与法律的边界 Where Is the Fine Line?》，载上海交通大学知识产权与竞争法研究院官网：http://ipca.sjtu.edu.cn/event/content/30077.html，最后访问日期：2017 年 12 月 5 日。

③ 隋映辉：《创新全球化：科技产业范式及结构转变》，载《管理学刊》2012 年第 3 期。

度提升。这一事实表明，许多美国公司也超越巨大的本土市场把经营的重心转移到了全球市场。这一事实特别值得中国企业关注。中国同样也拥有庞大的国内市场，本土企业在本土市场同样拥有巨大的发展空间。但是，随着经济全球化进一步发展和中国企业进一步成长壮大，中国企业也必然会像美国企业一样在开发巨大的本土市场同时开拓全球市场更为巨大的空间。”①

2. 研发活动的全球化布局

自20世纪80年代以来，随着经济全球化的迅猛发展，跨国公司在实现了销售与生产的国际化之后，为了实现其全球战略意图，增强公司的全球竞争力，充分利用分布在全球各地的人才资源，开始将研究开发活动国际化、全球化，使原本建立在本国的R&D活动也进一步向全球延伸，逐步在世界范围内确立了全球研发体系。② 在欧盟委员会2017年发布的“全球企业研发投入排行榜”中，德国大众连续四年研发费用位居第一位，以137亿欧元研发投入蝉联榜首，来自美国的谷歌和微软以129亿欧元和124亿欧元分列第二和第三，华为以104亿欧元超过苹果（95亿欧元），排名全球第六。③ 这个排名也在一定程度上印证了目前跨国公司在国际上的竞争力。

第二节　各国科技创新法律管控的历史回顾

技术创新的历史表明，人们对变化作出反应的速度与技术发明所具有的巨大潜力之间的差距，造成了人类历史上最重要的矛盾。④ 在技术创新呈现网络化、开放化和全球化的背景下，科技政策法律的制定和执行应当充分地

---

① 王志乐：《全球公司—跨国公司发展新阶段》，载《全球化》2015年第11期。

② 沈玉芳、郭利平：《跨国公司R&D全球化发展趋势及中国的对策研究》，载《科学管理研究》2004年第4期。

③ 《2017全球企业研发排行榜：中国华为排名全球第六》，载中商情报网：http://www.askci.com/news/chanye/20171217/155143114128.shtml#，最后访问日期：2017年12月17日。

④ ［美］拉里·唐斯：《颠覆定律：指数级增长时代的新规则》，刘睿译，浙江人民出版社2014年版，第14页。

关注这些重要趋势,同时还要注意梳理总结全球各国科技创新法律管控的历史。技术创新的法律管控方式是各国必须面对的问题,健全的且与时俱进的科技创新法律保障体系是一国在知识创新时代增强国家竞争力的必要前提。深化对人类社会发展规律和科学技术发展规律的认识,深化对建设创新型国家和世界科技创新强国的规律性认识,深化对中国特色自主创新道路和中国特色国家创新体系的规律性认识,是科技政策研究不能回避的基本功课。[①]如今,我们的社会、经济和法律机构正面临痛苦的转变,指数级的创新与工业革命时期传统法律的交叉口冲突频发。[②] 中国作为一个后发型国家,如何基于现状和国情,从后发型国家转向自主创新、走上自生自发的创新发展道路,值得深思。

综观有代表性的国家或地区管控技术创新的模式后不难发现,政府因素和市场因素是引领技术发展和创新繁荣的两个重要因素,它们相互交织、共同影响,很难将某个国家的创新发展模式纯粹地归类为"市场驱动型"或者"政府驱动型"。以美国为例,美国在第二次世界大战后经历了"以政府为创新主体的军事技术发展阶段"到"以企业为创新主体的科技发展阶段"再到"多方合作的科技创新新纪元"的转变。美国政府在上述阶段的转变过程中,或直接大力支持,或有效地间接干预,逐步成为在全球最具创新活力的国家。再如日本,第二次世界大战后日本能迅速恢复经济甚至一度赶超欧美的关键,就在于政府科学地在各个不同阶段时期做出不同的科技战略并有效执行,使日本完成"引进技术→吸收消化→自主创新"的进化过程,成为全球科技领域具有举足轻重地位的国家。又如新加坡,1965 年独立后,新加坡能够迅速成为"亚洲四小龙"的关键在于"精英治理"的高效政府成功引导新加坡从"劳动密集型发展模式"到"资本、技术密集型发展模式",如今正在努力向实现"知识创新发展模式"蜕变,这些转变得益于新加坡政府有效培养利用的高素质人力资源以及"由外促内"放眼全球的经济战略。

---

① 贾宝余:《科技政策研究要有战略定力》,载《人民日报》2018 年 1 月 10 日。

② [美]拉里·唐斯:《颠覆定律:指数级增长时代的新规则》,刘睿译,浙江人民出版社 2014 年版,第 14 页。

一、美国

在一定意义上,美国的历史是一部创新创业史。美国把创新作为国家发展基石之一,建国者在诸多建国文件中都阐述了创新对美国立国的重要意义,在正式的《美国联邦宪法》文本中亦有明确的专利版权条文以鼓励创新,从而赋予了创新以基础性的地位。如今的美国,已经形成了集市场化、产业化为一体的完整创新链条。美国是不成文法国家,但在科技立法上却采取成文法的方式,通过科技立法逐步确立了一套完整的科技创新的法律体系。其中,大多数法案的立法初衷是为了确保形成有益于创新的法律环境,着重扶持中小企业发展,此外还有宏观层面的法案规划创新方向、组织模式、促进政策、竞争激励等。① 总体而言,可以将第二次世界大战后美国的科技创新法律发展史大致分为如下三个阶段。

(一)20 世纪 50 ~ 70 年代:政府起支配角色的发展时期

1. 技术创新战略的提出

这一时期的科技研发内容以军事技术为主,政府在研发资金投入中占据主导地位,大部分科研收益也归政府所有。② 美国政府 1942 年耗巨资组织陆军部并召集当时西方国家最优秀的核科学家实施曼哈顿计划(Manhattan Project),于 1945 年按计划制造出两颗实用的原子弹。在第二次世界大战中取得军事技术的巨大成功,让美国政府意识到科学技术在维护国家安全和提升国家实力的重要作用。1945 年时任战时科研局长万尼瓦尔·布什(Vannevar Bush)向政府提交著名报告《科学——无止境的前沿》,该报告指出:"政府应该承担起促进科学人才流动以及从青年人中培养科学人才的新责任。"③这份被后人称为"政府与科学的理想关系的经典表达"的著名报告,对

---

① 参见刘斌:《美国科技创新法律制度研究》,天津大学社会科学与外国语学院 2008 年硕士学位论文,第 1 页。

② 彭辉:《上海建设全球科技创新中心法治软环境研究》,上海社会科学院出版社 2016 年版,第 86 页。

③ 于雯亦:《美国创新型国家形成与发展的机制特点研究》,东北师范大学 2008 年科学技术哲学学科硕士学位论文,第 3 页。

美国政府科技发展战略的制定具有奠基性作用。

2. 政府对创新的资助法案

1950年，在科研局长万尼瓦尔·布什的建议下，为支持基础科学和大学研究，美国联邦政府正式建立了国家科学基金会（National Science Foundation，NSF），成为大学和研究机构进行物理科学学术研究的主要经济资助来源。① 与此同时，美国政府颁布《国家科学基金法》（1950年），国家有义务向具有科研潜质的科研人员与工程师提供基金资助，有义务资助高等院校的基础研究并在科研项目上贯彻科研学术自治的精神，以此加快基础科学的进一步发展。②

3. 中小企业发展法

美国政府进行了一系列科技立法以促进中小企业发展，为后续的技术转移、技术创新与风险资本之间的结合以及打造科技发展的竞争环境奠定基础，如《中小企业法》（1953年）授权联邦小企业管理局（Small Business Administration，SBA）成立私人部门小企业投资公司（Small Business Investment Company，SBIC），管理小企业的金融业务，依法制定、协调政策，提供资金支持；《中小企业投资法》（1958年）规定小企业投资公司可以从联邦政府获得优惠的信贷支持。③ 1946年美国政府设立的美国研究与开发公司（American Research and Development Corporation，ARD），是美国风险投资业获得发展的里程碑，ARD主要为那些新成立的或正处于种子阶段、创业阶段的企业提供权益性融资。④

---

① 赵中建选编：《美国竞争力计划：在创新中领导世界》，华东师范大学出版社2007年版，第13页。

② 参见彭辉：《上海建设全球科技创新中心法治软环境研究》，上海社会科学院出版社2016年版，第86页。

③ 参见彭辉：《上海建设全球科技创新中心法治软环境研究》，上海社会科学院出版社2016年版，第86页。

④ 佟福全：《新经济——美国经济长久不衰之奥秘》，中国经济出版社2001年版，第253页。

(二)20 世纪 70 ~ 80 年代:政府引导企业成为创新主力的发展时期

由于之前所有接受联邦政府经费资助的研发成果依法均归属联邦政府,未经核准不得加以应用,从而导致私营企业利用政府研发成果的意愿和热情不高,间接影响创新积极性。据称,1980 年由联邦政府享有财产权利的专利技术大约在 2.8 万项,其中只有不到 5% 的商业产品的开发许可证被发给工业。[①] 同时,美国也在西欧和日本的崛起中反思,决定开始推行新一轮的科技创新政策,理顺创新相关的体制机制,大力促进技术成果的转化,着力使企业成为创新的主体。

1. 军用技术与民用技术的融合

这一阶段,美国政府的科技研发投入下降,转而通过颁布一系列促进科技成果转化和加强政府、军队与民间合作的法令,促进技术转移和军民技术的融合,调动企业参与科技创新活动的积极性,积极引导企业成为美国科技创新的主力。在 19 世纪 50 年代,美国军方的采购极大地推动了半导体产业的发展,依靠每年 6000 亿美元的国防采购预算,美国国防部高级研究计划局带来了很多突破性的技术创新。[②] 美国军民融合内在拥有一套完整的制度体系,以促进科技成果转化。从 1980 年拜杜法案(Bayh Dole Act)一直到现在的 38 年中,美国政府几乎平均两年就出台一个推动创新的法案,为整个国家的官产学研体系、军民融合等提供了强有力的法治保障。[③]

1971 年美国国防部将其下属实验室组成一个非正式的联合体,定期举行会议,交流军用技术向民用部门转移的方法。1974 年,美国成立联邦实验室技术转移联合组织(Federal Laboratory Consortium,FLC),这是一个由 700

---

① 《美国的技术转移》,载中国技术市场管理中心官网:http://www. chinatorch. gov. cn/chinajishushichangguanli/gjjy/201312/8818d7b78701469abec51b98e9aee184. shtml,最后访问日期:2017 年 12 月 28 日。

② 吴晨:《反思中兴通讯事件:怎么补关键技术的短板?》,载《澎湃新闻》2018 年 4 月 20 日。

③ 曾志敏:《特朗普发动贸易战,他的意图绝没你想得那么简单》,载“侠客岛”微信公众号,最后访问日期:2018 年 4 月 20 日。

多家联邦实验室所组成的全国性技术转移网络组织，以如何使军事技术尽快转化为民用技术为主要议题；1986 年国会通过《联邦技术转移法》后，要求大部分联邦政府的研究机构也加入该联合体，并正式向 FLC 授予特许状。现在，美国几乎所有雇员在 10 人以上的联邦实验室、中心及它们所隶属的联邦部门和机构都是 FLC 的成员。①

国家宇航局也成立技术利用部，专门研究空间计划中军事技术民用化途径。② 美国垄断性大企业也设立相应的机构和机制吸收军用技术。在政府大力支持下，国家军事部门和企业合作增强，通过共同研发完成技术转移。如国防科研单位的实验室在 50 年代发现高能量耐燃材料，可用于制造飞机，后美国空军与联合飞机公司合作，运用该种材料制作了新型复合材料的机翼并成功装配 F－11 战斗机。此后，这种新材料被广泛运用到民用飞机生产领域。

2. 建立统筹科技发展的全国机构

美国政府 1972 年建立国会技术评价办公室（Office of Technology Assessment，OTA），专门研究涉及科学技术发展的重大问题并向政策制定者提供分析报告，其研究领域包括多个方面。③ 该机构为解决国会内部富有争议性的科技立法议题发挥着重要的作用。1976 年，美国政府出台的《国际科技政策、组织和重点法》较明确地规定了美国科技发展的基本目标、基本政策、调整范围以及相应的政府责任、科技发展的重点领域、科学技术政策办公室和总统科学技术委员会的组成和职责等。

3. 促进技术成果转化

为鼓励研发机构和企业之间合作互通、实现技术向私人部门转移、带动企业的科技研发热情，美国国会先后通过了多部重要法案。第一，《史蒂文森—威德勒技术创新法》（1980 年《拜杜法案》）在商务部技术局、联邦实验室

① 曾志敏：《特朗普发动贸易战，他的意图绝没你想得那么简单》，载“侠客岛”微信公众号，最后访问日期：2018 年 4 月 20 日。

② 崔维：《美国军用技术转为民用的措施》，载《世界经济》1985 年第 12 期。

③ 参见孔德涌：《美国国会技术评价办公室的兴亡》，载《中国软科学》1995 年第 12 期。

下设立了负责科技成果转化工作的研究和技术应用办公室，以促进在大学建立合作研究中心，提高美国科技的国际市场竞争力；第二，《贝赫—多尔专利和商标修正案》(1980 年)确立了联邦实验室和高等院校专利权的主体地位，赋予联邦实验室向企业颁发专利独占许可的权利，激发了企业研发热情并促进了联邦政府和协议合作伙伴的合作研究；第三，《联邦技术转移法》(1986 年)明确了联邦实验室技术转移的职责和义务，允许实验室主任在合作研发协议中放弃实验室的发明权和其他知识产权，或者将合作研发中产生的专利权授权给企业使用；第四，《国家竞争力技术转让法》(1989 年)进一步明确了技术转移的任务，并将技术转移上升到国家竞争力的高度来认识，允许联邦实验室与大学和私营企业签署合作协议，并长期将技术转化作为其工作任务；第五，《史蒂文森—威德勒技术创新法》(1980 年)以及《拜杜法案》(1980 年)被称为科技成果转化的大宪章，是促进科技成果商业化的核心法案，规定在政府经费支持下获得的发明专利原则上归发明者所在的研究机构所有，并给发明人以奖励，①以打通技术成果转化的渠道。

4. 鼓励中小企业自主创新

第一，《经济复兴税法》(1981 年)以减免税收的方式鼓励私人研究开发活动，创造民间研发外部环境。

第二，《小企业创新发展法》(1982 年)、《小企业创新科研计划》(SBIC)(1982 年)和《小企业技术转让计划》(1982 年)规定研究成果的知识产权属于小企业，强化政府对具有商业化潜质的小企业科研项目的支持，“小企业创新研究项目计划”应运而生，鼓励中小企业将研究成果商品化。

第三，《技术竞争力法案》(1987 年)进一步支持小企业的科技创新活动，对小企业实施奖励政策，鼓励小企业联合建立研究开发公司，并对研发活动和成果转移提供资助。

---

① 参见李政：《美国科研机构的设立和管理》，载《全球科技经济瞭望》2004 年第 1 期。转引自于雯亦：《美国创新型国家形成与发展的机制特点研究》，东北师范大学科学技术哲学学科 2008 年硕士学位论文，第 15 页。

(三)20世纪90年代至今:侧重基础研究和创新环境打造的新时期

1. 科学政策的总统宣言

布什政府于1990年《美国政策文件》中提出一系列措施,强调科学顾问在政策制定中的作用,提倡保护知识产权,促进科研成果商品化;克林顿政府亦通过《科学与国家利益》(1994年)提出美国关于科学的五大国家目标,这是1979年来第一个关于科学政策的总统宣言,为美国指明了新的科技发展方向,即保持在所有科学知识前沿的领先地位;增进基础研究与国家目标之间的联系;鼓励合作伙伴关系以推动对基础科学和工程学的投资以及有效地利用物力人力、财力资源;造就21世纪最优秀的科学家和工程师;提高全体美国人的科学和技术素养。[①]

2. 扶持中小企业创新

风险投资业在该时期进入迅速发展时期,极大地解决了中小微企业融资困难问题。美国硅谷是风险投资、天使投资的成功典范,激烈的竞争环境、有效的自主管理、高产的科技创新成果、高成功率的科技成果转化构成举世闻名的"硅谷发展模式"。政府引导下的完善的风险资本投资制度促进了美国高科技产业的迅速发展。[②] 1992年联邦政府为支持小企业开展科技创新活动提供了约25亿美元的资助。2000年,政府又对《小企业创新发展法》进行补充,要求联邦部门年度拨款中必须有2.5%用于对小企业的R&D项目资助。[③]

3. 科学技术人才培养

1993年克林顿政府建立"国家科学技术委员会"(National Science and Technology Council,NSTC),关注科学教育和支持科学技术研发。2000年,

① 于雯亦:《美国创新型国家形成与发展的机制特点研究》,东北师范大学2008年科学技术哲学学科硕士学位论文,第4页。

② 佟福全:《新经济——美国经济长久不衰之奥秘》,中国经济出版社2001年版,第267页。

③ 参见费艳颖:《以法律促进科技创新——美国的经验和启示》,载《东北大学学报》2013年第3期。

布什政府推行“教育计划”，强调加强科学和工程技术教育，加强创新人才培养。如在国家科学基金会设立“总统青年培养计划”和“青年研究员计划”；颁布“教育与培训战略”。[①] 同时，美国政府多次修改移民法促进技术移民。《移民法》(1990 年)规定美国政府每年至少为国外各类人才保留 14 万入籍名额；1990 年，美国政府专门实施 H－1B 签证计划，吸引高技术人才。

4. 继续推进技术成果商业化

法案方面，第一，《美国技术杰出法》(1991 年)允许知识产权在科研项目的合作者之间交换；将联邦实验室联合会的授权期限延长，有效提高了科技成果转化能力。第二，《全国合作研究及生产法》(1993 年)鼓励研究机构和生产型合营企业开展合作。第三，《国家技术转化与进展法》(1995 年)为提高科技合作机构加强管理，规定科技研发合作的谈判准则。第四，《技术转移商业化法案》(2000 年)为增强企业重组和改造，修改《史蒂文森—威德勒技术创新法》和《拜杜法案》的部分规定，简化归属联邦政府的成果运用程序，进一步保障科技成果运用于社会。除了有针对性地制定和修改法案，政府在实现技术成果的商业化方面提供了良好的公共服务，为创业者提供了良好的环境，促进大学和企业合作。由企业提供资金支持和技术转化，大学提供理论支撑和创业场地，并建立高新技术服务中心，这种模式有效地把发明的新成果转化为商品进入市场。[②]

二、日本

日本是后发型国家的典范。围绕着“技术立国”的核心理念，第二次世界大战后的日本政府精心打造了“技术引进、学习、改良、创新”的战略体系。[③] 战后日本不断调整科技发展政策，完成了以引进技术消化吸收到自主

---

① 参见费艳颖：《以法律促进科技创新——美国的经验和启示》，载《东北大学学报》2013 年第 3 期。

② 参见佟福全：《新经济——美国经济长久不衰之奥秘》，中国经济出版社 2001 年版，第 266 页。

③ 彭辉：《上海建设全球科技创新中心法治软环境研究》，上海社会科学院出版社 2016 年版，第 94 页。

创新立国的重要转向。通过重点产业升级带动日本经济迅速发展,政府在这个过程中发挥了强有力的组织、规划和协调作用。要言之,日本政府重点支持大企业,通过完整的产学研合作机制促进技术研发和发展,同时制定积极的教育和经济政策,采取市场保护、金融支持、财税扶持等措施。日本的科技立法具有很强的阶段性特征,不同时期的科技发展侧重不同。总体来说,可分为三个阶段。

(一)20 世纪 50 ~ 70 年代:政府主导下的技术引入期

第二次世界大战后,为缩小与欧美之间的发展差距,迅速恢复国家经济,日本政府将恢复科技的发展作为切入点。作为主要对策,日本政府采取“引进技术”战略,注重基础工业领域的技术引进,运用政府补贴制度对基础技术予以扶持,又以引进钢铁、电力、煤炭和造船产业中的相关技术为中心。[①] 日本凭借这一战略的成功实施,逐渐拉近了与西方国家的技术差距。

1. 政府主控技术的引进

国家引导国内企业与国外企业开展合作,进行科技人才交流,学习、模仿、复制外国技术,以加强国内产业产品生产能力和更新国内企业设备。具体包括:

第一,购买国外先进设备与机械。众多日本企业进口大量的设备与机械以提高产品生产效率,如汽车产业购进机械工具、机器人,电力产业进口发电机等。

第二,与欧美企业合作。日本大部分工业企业都与欧美企业签订了科技合作协议,以此获得欧美科技的特许使用权和科技指导。如当时的汽车产业除丰田以外,所有企业都与欧美企业签订了科技合作协议;东芝、三菱电机、富士电机也分别与通用电气、西屋电气、西门子签订了科技协定。

第三,实施税收减免优惠措施,鼓励企业在研究开发领域和技术引进领域进行投资。

第四,派遣优秀科技人员到欧美国家寻找科技种子。日本各行业协会、

① 参见李丹琳:《日本科技创新研究》,吉林大学 2017 年博士学位论文,第 43 页。

企业等组织了大量的科技考察活动。①

政府在技术引进过程中层层把控、严格筛选,规定科技引进必须对本国的经济发展以及科研进步都有明显的推动力,不能对其他企业的发展造成影响。政府通过《外汇及外贸管理法》(1949年),严格控制进出口外汇分配额,部署引导企业有目的地开展科研以及设备的引进,防止重复引进。② 在引进技术、外资的同时,日本政府注重保护本国的经济利益,对工业消费品的进口严加控制,只对引进先进的生产设备和技术积极支持;中央只批准能给国民经济带来很大好处的企业技术引进申请项目,如汽车、半导体等"战略性工业部门"引进的技术;在外资引进方面,按《外资法》的规定,对渗入日本可能产生不利影响的外国资本加以限制,严格实行外汇预算制。

2. 推行教育改革,培养技术人才

日本政府制定了一系列科技教育法律,如文部省在1947年颁布了《教育基本法》《学校教育法》,推行旨在培养国内优秀科技研发人员的教育改革,提出教育民主化、大众化理念。1960年建立了"外国人流动研究员事业",由此开启了外国人在日本从事合作研究的先河。1964年设立了专门招收外籍博士学位获得者在日本从事博士后研究的"外国人奖励研究员事业"。

(二)20世纪80~90年代:政府主导下的自主创新时期

"技术引进"战略帮助日本迅速摆脱战后经济极度衰落的状况,科技水平突飞猛进。进入20世纪80年代后,由于世界贸易的迅速发展、国际市场竞争越来越激烈,缺乏自主创新,过分依赖西方国家先进的科技水平使日本难以与欧美国家竞争。日本政府和企业清晰地认识到,必须转变经济发展模式,只有自主创新才能实现国家经济可持续发展。

1. 确定"自主创新"国家战略

相比上一时期的技术引进措施,日本这一时期的科技立法主题是"技术

① 参见李丹琳:《日本科技创新研究》,吉林大学2017年博士学位论文,第43页。
② 参见李丹琳:《日本科技创新研究》,吉林大学2017年博士学位论文,第43页。

立国、自主创新"①。1986 年,日本政府发表了《科学技术政策大纲》,大纲指明了未来科技发展的政策方向,即日本科技进步的关键就是自主创新下的科技进步。1995 年,日本颁布了被称为"日本实施 21 世纪科技战略的总体纲领"——《科学技术基本法》。该法提出了"科技创新立国"的理念,旨在调动科研工作者的积极性,引导基础研究和科学技术应用的结合,以科学技术创新为基础推动经济社会发展。按照《科学技术基本法》的规定,为了制定全面、系统的科技创新促进政策,日本内阁通过了第一期《科学技术基本计划》(1996~2000),主要内容包括推动产学研联合,完善 R&D 基础设施,鼓励创新型风险投资,设立大学技术创新基金,提高对青年科研人员的扶持力度,鼓励引进外国优秀科研人才,设立竞争性流动资金等。②

2. 科学技术人才引进和培养

为吸纳国外优秀人才,80 年代初,日本政府开始积极邀请先进国家的学者到日本参加各种合作研究,同时致力于吸引亚洲发展中国家的留学生, 制定了吸引外国留学生的政策。1983 年文部省成立了专门为内阁提供留学生政策咨询的"21 世纪留学生政策委员会",该委员会成立后提出了《关于 21 世纪留学生政策的建议》报告,进一步确立了在 21 世纪初接收 10 万外国留学生计划。③ 1983 年,日本政府出台《关于 21 世纪留学生政策的草案》,提出"接收留学生 10 万人计划"。为培养本国优秀科研人才,日本政府出台了一系列制度和公共计划:政府为了培养大量具有独创能力的科研人员,学术振兴会于 1985 年制定了"特别研究员制度";1991 年,政府为优化科技行业的自主研发实力,特设独创性个人研究培养机制;1992 年,为加强基础研究,科技厅制定"科学技术特别研究员制度"④。

---

① 彭辉:《上海建设全球科技创新中心法治软环境研究》,上海社会科学院出版社 2016 年版,第 87 页。

② 参见李丹琳:《日本科技创新研究》,吉林大学 2017 年博士学位论文,第 53 页。

③ 乌云其其格、袁江洋:《日本科技人才政策的国际化转向》,载《自然辩证法通讯》2009 年第 3 期。

④ 参见李丹琳:《日本科技创新研究》,吉林大学 2017 年博士学位论文,第 51 页。

3. 推进“官产学研”合作模式

“官产学研”合作模式极大地鼓励了高等院校和政府研究机构之间的交流和合作，加速了产学研技术转移。“官”指的是政府与国有研究所，主持企业、政府研究机构、大学在重要科技领域共同研究开发计划；“产”指的是创新企业和其内部 R&D 机构，主要任务是技术创新与研发；“学”指的是高校、科研机构，主要任务是基础技术和知识的开发与创新。政府积极促进国立大学与产业界的协作，统一规划、审批设立科技创业园区，其典型代表是筑波科学城。

日本政府 1998 年颁布实施了《大学技术转移促进法（TLO 法）》，鼓励高等院校设立技术转移机构，加快基础研究成果产业化。该法的实施效果显著，据日本文部科学省调查，该法实施之后，日本国立大学与企业合作的研究和委托项目数量大幅增长。此外，《国立大学法人法》（2004 年）的颁布在促进产学研合作上具有里程碑式的意义，该法保证国立大学自主运营、建立“董事会”制度并扩大校长的行政权力。该法的颁布是国立大学专利申请和技术转移积极性提高的直接原因。①

（三）21 世纪至今：强化知识产权保护和创新环境打造的新时期

日本老龄化日渐严峻，受泡沫经济崩溃后遗症的影响，日本经济长期无法走上复苏的轨道，加之国际经济竞争更趋白热化，日本清醒地认识到“技术立国”方针的重要性，日本政府积极实施新一轮创新战略——“知识产权立国、IT 立国战略”。

1. 知识产权战略

日本在 2000 年提出“知识产权立国”战略，并于 2002 年出台了《知识产权基本法》，建立“知识产权战略本部”，负责制定实施知识产权的法规政策，且由内阁总理大臣担任部长。相继在 2003 年提出《知识产权创新、保护、应用的推进计划》，2004 年公布《2004 年知识产权推进计划》。② 2005 年日本政

① 参见彭辉：《上海建设全球科技创新中心法治软环境研究》，上海社会科学院出版社 2016 年版，第 92 ~ 93 页。

② 参见刘昌黎：《现代日本经济概论》，东北财经大学出版社 2008 年版，第 133 页。

府开始实施《知识产权高等法院设置法》，在强化知识产权保护、推进知识产权的利用、促进大学及 R&D 机构的知识创新方面取得了明显效果。

2. 支持高新技术创新

2000 年，日本政府在内阁设置“IT 战略本部”，开始研究 IT 立国战略。同年 11 月日本国会通过了《信息技术基本法》，旨在建立世界最高水平和所有国民都能使用的高级信息通讯；建立中央和地方政府的网络化办公系统；制定和实施建设信息化社会的计划等。在此基础上，日本政府将信息通讯产业作为带动和促进传统产业结构变革的“火车头”。为实现 IT 强国目标，日本政府进一步扩大了对信息技术研发事业的投资。

3. 扶持中小企业

第一，政府通过中小企业事业团，将规模 500 亿日元左右的风险投资资金转移给创投财团；第二，出台了《投资事业有限责任组合法》《中小企业创造活动促进法》等法规政策，营造了较好的法律制度环境；第三，为调动对创新企业的积极性，对于符合条件的天使投资人给予税收上的优惠；第四，降低创新企业的创业资金门槛，降低其注册资本；第五，日本政府通过其下属的各个职能部门，提供各种专业的信息咨询服务，为科技创新企业与风险投资人搭建一个信息的平台。

4. 推进科技成果转化

在 2001 年开始的政府机构改革过程中，为减少行政权力对国立科研机构的干预，日本大力改革国立科研机构，使之成为独立的行政法人，提升其科研的自主权，从而提高科研效率，促进科研成果的转化。在国家的引导下，更多的大学重视与企业、研究机构的合作，比如共同申请国家项目和进行知识产权转移，大多数国立大学都设立了知识产权转移机构。在科技成果转化收益分配方面，总体来看，日本政府对科研人员的创新奖励力度有所增加。随着《国立大学法人法》(2003 年)的问世，公立大学能够自主管理技术成果收益，而不必上交给文部科学省的公共预算，这标志着日本大学的技术转移步入了新阶段。

三、新加坡

新加坡在短时间内成功从劳动密集型经济蜕变到创新驱动的知识经济国家，充分利用良好的地理优势、丰富的人才资源以及开阔的市场发展理念，制定了一系列制度。

（一）独立后～20世纪70年代：劳动密集型阶段

独立之初，新加坡面临经济基础薄弱、种族冲突激烈、自然资源匮乏、国内市场小等问题，也正值西方国家处于第二次世界大战后的第一次产业调整，一些劳动密集型产业向发展中国家转移，新加坡政府抓住这个机遇，决定采取发展出口导向型的劳动密集型制造业方针，力推出口工业为主的外向型经济发展模式，将吸引外资作为经济发展的核心，经济发展一度依赖跨国公司投资。毗邻马六甲海峡的优越地理位置和高效的政府运作、较低的劳动力成本和英语语言优势，吸引跨国公司投资设厂，新加坡迅速成为众多国际公司在东南亚的制造业生产基地。① 1961年政府成立经济发展局，通过一系列措施吸引美日欧资本大量投入，加快了新加坡工业出口，并且促进了电子电器、炼油造船等行业的发展，奠定了新兴工业技术发展的基础。政府随后采用特殊优惠政策，大量引进外资，出台一系列法律和政策，新加坡经济进入起飞阶段。

（二）20世纪80～90年代：资本密集型阶段

由于国际国内经济形势的变化，劳动密集型发展模式走入僵局，新加坡进入了被称为"经济重组"的产业机构调整时期（1980～1990年），政府着手重组经济结构，通过财政税收引导、鼓励风险投资、重视精英教育等措施，将制造业向高增值、高附加值，以及资本、技术密集型转化，研发、信息科技等科技产业逐步兴起。这是新加坡加速从"引进型"经济向"创新型"经济转变，使服务业、商业、制造业、贸易等领域实现科技化的关键过渡阶段。

---

① 参见林宇等：《新加坡创新型城市的发展及其对上海的启示》，载《世界地理研究》2016年第3期。

（三）1997 年金融危机以后：知识密集型创新阶段

2001 年新加坡制定新战略，强调将制造业从单一的产品生产进化为高附加值的产业链环节（如研发和销售）；将低技术含量的一般性服务业进化为信息通信、金融服务、法律服务、教育等知识密集型服务业。① 为了实现这一战略，政府推出了一系列举措。

1. 支持人才引进

2001 年新加坡政府投资 85 亿美元打造世界级研发中心——“One North”，该研发中心紧邻新加坡国立大学、新加坡第一及第二科学园区。新加坡部分高校由教育为主转向科研为主，并为一些特定学科提供研究基金。政府大量招聘海外科技研究人员，积极挖掘海外科技资源。2002 年，政府成立海外联系机构，鼓励新加坡居民通过该机构参与国内政策制定和投资。新加坡政府 RIE2020 预算 19 亿新元支持科研人才引进培养；设立国立研究基金奖学金，吸引全球任何国籍的青年科研人员来新加坡发展研究，并实施科研人才回国创新创业计划。政府大力投资科技研发，2014 年新加坡 R&D 研发投入达 43.9 亿新元，占全社会 R&D 投入的 38.8%。据研发调查数据显示，政府科技投入 1 新元带动社会投入 1.58 新元。②

2. 鼓励中小微企业发展

新加坡政府早在 2000 年就制定了《中小企业 21 世纪 10 年发展计划》（SME21），③以标准、生产力与创新局（以下简称标新局，SPRING）为代表的政府机构，与商户、工业协会等组成实施委员会。与此同时，新加坡政府制定多种政策予以支持落实，如 2010 年实施为期 5 年的“生产力及创新优惠计划”（2010 年）、“创新券政策”（Innovation Voucher Scheme，IVS）、成长企业科技提升计划（GET - Up Programme）、科技创新计划（TIP）、能力与发展计划

① 参见林宇等：《新加坡创新型城市的发展及其对上海的启示》，载《世界地理研究》2016 年第 3 期。

② 袁永、廖晓东、胡海鹏：《新加坡近期科技创新战略与政策研究》，载《科学管理研究》2017 年第 2 期。

③ 肖久灵、汪建康：《新加坡政府支持中小微企业的科技创新政策研究》，载《中国科技论坛》2013 年第 11 期。

（CDS）、企业科技商业化计划（TECS）等。[①]

3. 知识产权法律制度的完善

2001 年新加坡政府成立智慧财产权办公室，开始制定一系列私人智慧财产权的规章制度。2003 年，新加坡成立智慧财产研究院，进一步加强对私人知识产权的保护，并实施"智慧财产权融资计划"帮助企业利用专利等取得社会融资。[②] 新加坡全面修订了专利法、商标法、版权法、外观设计注册法和集成电路布局设计法等，形成了健全的知识产权保护服务管理体系和生态环境；设立国家知识产权扶持项目，即知识产权的创造、拥有、保护和开发策略规划项目，以鼓励所有企业采用最佳的知识产权产品管理策略；采用仲裁方式解决知识产权纠纷，跨国知识产权争议在新加坡仲裁已成为国际上重要的解决手段之一。

此外，新加坡在创新管理体制机制的完善、支持产学研及推动科技成果转化等方面推出了不少重要举措。但与同样作为后发型国家的日本相比，新加坡的科技创新立国思路并不清晰，近年来在科技创新方面的表现也不突出。

四、结束语

从美国、日本和新加坡的科技创新法律发展历史的进程中，可以总结出科技创新的两种发展模式：一种是以美国为代表的自发型科技创新领导模式，这种模式以市场自发的创新为主，依靠对科技创新进行分散化治理的竞争型自治制度和对科技创新进行实验型治理的陪审团制度和判例法制度，[③] 尽管政府也发挥了积极的引导作用，但总体消极、滞后、起辅助作用；另一种是日本和新加坡式的后发型科技创新引导模式，这种模式以内化外国技术为创新起点，政府对技术的发展和创新的方向起着积极、主动、主导的规划性作

① 参见陈强、左国存、李建昌：《新加坡发展科技与创新能力的经验与启示》，载《中国科技论坛》2012 年第 8 期。

② 参见林宇等：《新加坡创新型城市的发展及其对上海的启示》，载《世界地理研究》2016 年第 3 期。

③ 《知识产权自主自发秩序的维持力影响国际竞争格局》，载《知识产权竞争动态》2012 年第 20 期。

用。正如有观点指出,“从美国肇始的新一轮工业革命,是知识产权工业革命,号称人类历史上‘第四次工业革命’。美国依靠‘企业自治’来实施这一轮工业革命。相比之下,日本主要依靠推行国家知识产权战略及配套法规来实施‘第四次工业革命’,即依靠‘中央法治’与美国的‘企业自治’进行竞争。”①具体而言,有三点启发。

第一,美国政府以技术领先战略作为国家发展的起点,日本、新加坡政府则采取技术引进战略,两种战略的采用,主要基于特定国家的国情、具体的历史阶段,并根据不同阶段国际国内的不同发展背景呈现出政府与市场交叉作用、动态调整的特点,政府与市场的角色不可或缺。有评论认为,美国无论是基础技术研发的投入还是技术应用的创新,都离不开看得见的手和看不见的手;政府的投资、拨款和税收减免,以及大手笔的政府采购,是看得见的手在推动。②

第二,政府要正确地发挥引导作用。政府要理顺科技法律政策和体制机制,从战略到法律到政策,要形成统一、协调的政策科技法律体系,清理当前不成体系、没有可操作性甚至相互冲突的政策法规;应以国家实验室为主要载体,加大在基础研究领域的创新投入;改善营商环境,打造完善、成熟的创新生态系统,大力扶持中小企业的发展,通过政府采购、军民融合等制度引导民营经济参与竞争。

第三,将开发国内市场和加强自主研发的重要性提升到战略高度,国家最终需要走上自生自发型创新的轨道。美国、日本都在国家宪法中对知识产权保护予以明确,从宪法高度上肯定科技创新、知识产权的重要性,在本质上认识到了创新对国家发展的根本意义;基于此,成立更高层级的全国性协调机构,动态判断不同阶段国内外的发展情势,做出阶段性战略定位,使政策法律始终与不断调整的国家发展战略保持一致。

---

① 《知识产权自主自发秩序的维持力影响国际竞争格局》,载《知识产权竞争动态》2012 年第 20 期。

② 吴晨:《反思中兴通讯事件:怎么补关键技术的短板?》,载《澎湃新闻》2018 年 4 月 20 日。

第三节 科技发展对法律管控的挑战

科技创新与法律管制之间的互动关系,各国均有不同样态,这种差异主要源于各国不同的文化、历史和制度。在全球化的时代,技术更新越来越快,相同的技术或创新活动在全球不同国家面临不同方式和程度的管制,为市场主体特别是全球性跨国公司的合规操作提出了挑战、增加了成本,影响科技创新活动的进一步开展;新技术带来的规制必要性,也为法律的制定和实施带来了全新的挑战。蒸汽机时代的法规和从小接触手机、iPod 及电子游戏的一代人中形成的社会、经济、政治和法律制度之间的冲突变得更加尖锐和危险。[①] 创新和法律的斗争到了关键时刻,在强调科技创新战略的空前氛围中,更需要空前地重视法律调整的智慧和边界。

一、理念层面的冲突体

理念具有全局性和根本性,新技术的规制理念根本上体现了立法者和执法者的态度、立场,理念上的两难和冲突在根源上反映了认识的差异,影响到政策法律的制定和实施。技术改变着文化,改变着思维方式,正如它们以同样的程度改变着人们的生活和行为方式一样。[②] 技术本身没有好坏之分,但可以被赋予"价值",技术的创造是为了造福人类,以一定的理念和相应的规制方法对待、调整技术,可影响技术之于社会的"价值"。

(一)精英主义还是平民主义

社会治理模式通常可分为精英主义和平民主义。精英主义(elitism),是从现实主义出发来理解和阐释政治与社会的结构及其发展的一种理论,认为

---

① [美]拉里·唐斯:《颠覆定律:指数级增长时代的新规则》,刘睿译,浙江人民出版社 2014 年版,第 2 页。

② [美]弗里德曼:《选择的共和国:法律、权威与文化》,高鸿钧等译,清华大学出版社 2005 年版,第 4 页。

应该由少数具备知识、财富与地位的社会精英，来进行政治决策，主导社会走向，通常他们对于政策的稳定性及持续性具有共识的观念。李光耀时代的新加坡就是典型的精英主义社会。李光耀认为“在任何社会中都会存有一个阶级，他们是这个社会中的顶级阶级，他们的人数不会超过社会总人口数的5%，他们德才兼备。正是他们国家才有效地利用了有限的资源，使新加坡成为南亚、东南亚出类拔萃的地方”。①

精英主义不认同盲目迎合多数人的利益，警惕多数人的暴政。对此，李光耀曾表示，“假如新加坡被平庸与投机主义者所控制，就要付出最大的代价”。② 当然，精英主义并不意味着对大众采取敌对状态，而是认为大众福利需要肩负在具有“公共关怀”的德才兼备的精英身上，而不是大众自己身上，公共利益仍然是公共决策中的重要因素。平民主义虽然表面上尊重了大多数成员的意见，但有时候未必公正，平民的观点和行为容易受感性支配，他通常只关注自己的利益，并以此作为评判标准，因而可能存在短视、片面、流于形式的问题。平民主义的社会治理模式容易走向民粹，公共政策的制定容易受到舆情支配，有时候甚至为了照顾平民意见而追求形式正义，与实质的公平正义产生偏差，并演变为民粹主义和民族主义。尤其在虚拟网络空间，由于互联网的空间虚拟性、传播便捷性和影响广泛性，存在大量非理性表达，甚至是情绪化宣泄，平民主义更为泛滥，执法或裁判机构受到这些意见的左右往往影响理性决策，从而更容易带来与实质公正之间的冲突。老百姓通常更关心自己的短期利益，因此制度和法律不应该轻易向民粹低头。显然，完全忽视民众意见也不可取，世界各国的政府基本上都是民意政府，国家机关的合法性正是来源于民选。那么，在合理诉求与民粹主义之间究竟如何划清界限？

（二）本国主义还是实用主义

李克强总理在2017年7月主持的召开经济形势专家和企业家座谈会上强调，努力打造内外资企业一视同仁、具有国际竞争力的营商环境，着力激发

① 庄礼伟：《亚洲的高度》，广东旅游出版社1994年版，第415页。

② 王荣川：《李光耀的精英主义》，载《东方杂志》1984年第18期。

市场主体活力和社会创造力。① "一视同仁"是对待"资本"和"技术"的客观态度,应当尽量避免对"资本"和"技术"实施"有色审查"。自斯诺登事件以来,各国对网络安全极为重视,中国在一段时间内出现了所谓的"去 IOE 运动",即去掉 IBM 的小型机、Oracle 数据库、EMC 存储设备。"去 IOE 运动"源于 2014 年 9 月,银监会联合发改委、科技部、工信部出台了《关于应用安全可控信息技术加强银行业网络安全和信息化建设的指导意见》(以下简称 39 号文),激励银行业在采购计算机硬件、软件时坚持自主可控的原则。39 号文本身可能有不同解读,但特别要防止以国家信息安全的名义对外国资本或外国技术采取特别对待的立场。此前银监会曾要求外国的供应商必须提供产品的源代码在国内备案以便于审查,这种做法似乎就不是"一视同仁",而是外国技术本身被实施了区别对待。② 如果仍然希望引进外国资本和高端技术,可能需要时刻反思区别对待外国资本和技术的理念,以更为实用的理念对待外国资本和技术。正如有观点指出,在中国经济的现状下,我们必须认真回答一些根本问题:外资对中国是否依旧重要?我们是否已经强大到可以完全不考虑外资的程度?我们是否可以通过经济的"自循环"来解决中国的发展问题?对于这些非常关键的全局性问题,含糊其辞的空间已经日渐缩小。我们需要切实可行的战略解决方案,而不仅仅是政策性的权宜之计。③ 2017 年 12 月底的中央经济工作会议也提出要破除歧视性限制和各种隐形障碍。传统理念的惯性持续存在且根深蒂固,其影响之深远需要时刻警惕,方能慢慢迁移旧观念的转变,不要轻易、武断地将科技的竞争与合作简化为爱国与卖国的关系。

当然,实用主义也并非绝对,国家利益至上是主权国家内政外交的首要原则。美国在 2017 年不承认中国市场经济地位、退出巴黎气候协定、以国家

---

① 《李克强主持召开经济形势专家和企业家座谈会》,载中国政府网:http://www.gov.cn/guowuyuan/2017-07/07/content_5208763.htm,最后访问日期:2017 年 11 月 27 日。

② 当然也有观点指出,并不完全是国家战略层面的意义,部分原因是因为 IOE 在测试阶段过不了关。

③ 安邦资讯:《每日金融》,载 http://www.bob-leasing.com/contents/6/557.html,最后访问日期:2017 年 12 月 7 日。

安全为名拒绝蚂蚁金服收购速汇金①等都是本国主义的体现。问题的关键是,如何理性平衡本国主义与实用主义?是通过制定清晰明确的规则对技术创新和发展一视同仁,还是以特别政策对本国技术给予特别扶持和保护?比如为了扭转长期依赖进口芯片的现状,②国家有关部门通过文件形式要求芯片的逐步国产化,《中国制造2025》也明确提出,2020年中国芯片自给率要达到40%,2025年要达到50%。工信部制定的相关实施方案则提出了新的目标,力争10年内实现70%芯片自主保障且部分达到国际领先水平。这类目标有其时代的战略意义。但如果把这类目标通用化,一味将"创新活动"区分"自主"和"他主",有可能产生内外有别的实际效果,为自主产品提供补贴、优惠等措施也接踵而至,导致关门创新,刺激创新、引领技术发展的初衷反而无法实现。相反,有些城市的比较优势就是外企集中,可以鼓励外企将研发、投资、经营和知识产权申请都放在中国,进而带动国内企业的创新和整体创新氛围的繁荣,这也是自主创新的应有之义。

(三)产业政策驱动还是市场竞争驱动

这几年,产业政策不断出台,从国务院印发文件开始,再到国务院各部门、省市县级层面的各种落实文件、配套政策,林林总总,不一而足。比如2015年7月国务院印发《关于积极推进"互联网+"行动的指导意见》,提出到2018年网络经济与实体经济协同互动的发展格局基本形成,到2025年"互联网+"成为经济社会创新发展的重要驱动力量。随着人工智能概念的兴起,各个政府层面的政策文件开始密集出台。2015年《关于积极推进"互联网+"行动的指导意见》明确人工智能将作为推进"互联网+"重点布局的

---

① 大约20家组织和机构在3月10日曾向美国财政部长兼美国外国投资委员会主席史提芬·纽切纳(Steven Mnuchin)致信,反对蚂蚁金服收购速汇金的交易。他们在这封信中表示,"毫无疑问,如果中国能够称霸全球的支付市场,它将利用信息、技术、智力和经济实力对美国经济和国家安全构成危害"。见微信公众号"每日经济新闻",最后访问日期:2018年1月3日。

② "工信部相关负责人曾在公开场合表示,作为全球电子制造业大国,国内芯片90%依赖进口,2015年进口额2313亿美元。同时据海关数据统计,2016年,中国在半导体芯片进口上的花费已经接近原油的两倍。"《芯片90%依赖进口 集成电路核心技术国外企业对中国仍"锁喉"》,载http://www.cs.com.cn/ssgs/hyzx/201703/t20170323_5217631.html,最后访问日期:2017年12月6日。

领域之一;2015 年 5 月国务院印发《中国制造 2025》,“智能制造”被定位为中国制造的主攻方向;2016 年 3 月,《国民经济和社会发展第十三个五年规划纲要(草案)》中提出,要重点突破人工智能技术;2016 年 4 月,工信部、发改委、财政部联合发布《机器人产业发展规划(2016 ~ 2020 年)》;2016 年 5 月,发改委、科技部、工信部和网信办联合印发《“互联网 + ”人工智能三年行动实施方案》;2017 年 7 月,国务院发布《新一代人工智能发展规划》,为中国人工智能产业做出战略部署。各个地方政府两年来纷纷出台人工智能发展的执行意见和配套政策,发展对象一致、政策手段雷同。[①] 各地政府是否完全看准了人工智能产业的应用前景呢?难道都认为这些地方最适合发展人工智能产业?市场需求是很容易被产业政策创造出来的。

各级政府制定这些政策文件的出发点很好,但对市场活动的人为干预一定会有结果反映出来,有时候会成功,很多时候不成功。这些政策文件是否具有扎实的科学论证,相关产业是否具有革命性的技术突破还有待考证。光伏行业一直是通过国家财政补贴支持以刺激发展的重头行业,但历年来的补贴政策却饱受诟病。2009 年,国家出台《关于实施金太阳示范工程的通知》(财建〔2009〕397 号),决定综合采取财政补助、科技支持和市场拉动方式,加快国内光伏发电的产业化和规模化发展。但在 2013 年 6 月 20 日,审计署发布《5044 个能源节约利用、可再生能源和资源综合利用项目审计结果》[②],其中,8 个金太阳工程项目违规使用资金两亿元,单笔最高金额近 6000 万元。金太阳工程实施 4 年以来,国家补助资金达 200 多亿元中,企业骗补贴、拖工期、以次充好现象非常严重[③]。昔日太阳能行业巨头企业江西赛维,“LDK 速度奇迹”令人瞩目,但在 2012 年陷入债务危机,新余市政府为救赛维,和恒基伟业成立恒瑞新能源收购赛维的普通股股权,支付约 2293 万美元。之后,国

① 《史上最全人工智能政策汇总》,载 http://www.ctoutiao.com/146558.html,最后访问日期:2017 年 11 月 26 日。

② 《5044 个能源节约利用、可再生能源和资源综合利用项目审计结果》,载 http://www.gov.cn/zwgk/2013-06/21/content_2431011.htm,最后访问日期:2017 年 12 月 14 日。

③ 《金太阳工程:骗补零风险,白骗谁不骗》,载 http://www.ceweekly.cn/html/Article/20130701386830801.html,最后访问日期:2017 年 12 月 14 日。

开行高调与赛维 LDK 签署合作协议,而后又在赛维资金链紧张时施以援手。江西省政府还牵头设立了针对赛维 20 亿元的发展维稳基金。但仍是亡羊补牢,2015 年年底,赛维宣布开启破产重整之路。无独有偶,另一光伏龙头无锡尚德也陷入困境。曾经,这种地方政府保驾护航的"无锡模式"取得双赢,被各地政府效仿,欲通过政府与资本的双重力量,为企业经营创造条件。但随着几大领头企业的倒下,产能过剩危机、产业政策的诸多问题也引发人们深思。

(四)如何刺激科技创新——资本、权力还是制度

知识产权的数量井喷,对知识产权产业发展和创新能力提升的权重究竟有多大?单纯提供资本的激励,可能不仅不能为新技术或商业模式提供长远发展之道,反而将创新的竞赛转变为资本的逐利游戏。2017 年年末,共享单车摩拜获腾讯领投的 6 亿美元 E 轮融资,有评论指出现在的风投只看概念,不考虑盈利,近乎疯狂地比赛烧钱,只为消灭任何已进入者和将要进入者,彻底垄断市场。还有观点认为,2017 年滴滴出行的估值成功登顶世界之巅,然而现在任何一个用滴滴平台的人都不会觉得比以前的好用:因为完成垄断之后的滴滴向司机端收取 20% 的平台费,提高乘客价格、动态定价、收取调度费等,司机少了,价格又提高了,体验差了。① 这种通过资本封锁市场投资的方式阻碍竞争,最后损害的将是产业自身。资本的方向与创新的方向未必能够完全契合,资本可能在一定意义上能够成为刺激创新的动力,但一定不是全部意义上的。新技术或新商业模式运营的失败,可能不仅不是缺乏资本激励,反而是资本过于疯狂,而资本疯狂背后有没有产权规则和竞争规则缺失的影子?

为了促进上海科技创新中心城市的建设,上海市委市政府于 2015 年 5 月印发《关于加快建设具有全球影响力的科技创新中心的意见》,提出上海力争到 2020 年,建成具有全球影响力的科技创新中心的基本框架,到 2030 年着力形成具有全球影响力的科技创新中心的核心功能。国务院 2016 年 4

① 《共享单车歼灭战打响,马化腾怒怼朱啸虎,摩拜或成下一个滴滴》,载 https://news.uc.cn/a_11096912350162772237/,最后访问日期:2017 年 12 月 26 日。

月印发《上海系统推进全面创新改革试验加快建设具有全球影响力的科技创新中心方案》(国发〔2016〕23号),对上海科创中心的建设提出全面部署。国内其他城市之后纷纷提出要建设具有国际影响力的科技创新中心,如南京市委市政府出台《关于争当江苏产业科技创新中心建设排头兵的行动计划》,提出到2020年南京要建设成为具有国际影响力的国家创新型城市和产业科技创新中心。《青岛市十大科技创新中心建设总体方案》指出,到2020年,青岛引进一批顶尖人才团队,打造一批国家级创新平台,建成10家具有国际影响力的科技创新中心。人们不禁要问:科技创新中心城市的"打造",除了政府"无微不至"的部署,还需要什么因素来实现?同时,科技创新中心城市的"建成",究竟应该如何衡量?显然,仅通过政府行政上的"宣布"是无法告成的。政策文件提出的指标、措施和任务必须遵从市场规律,事先进行详细周密的调研论证,还要合理界定好政府在科技创新城市建设中的地位和作用。城市想通过科技创新作为发展引擎的初衷是正确合理的,但未必都要通过一个口号来宣称要建设或已经建成。

(五)技术发展有无伦理底线

人工智能是当代技术发展的巅峰。近年来人工智能迅猛崛起,并取得了里程碑式的进展,比如自动驾驶汽车上路以及人工智能赢得围棋比赛。但人工智能的发展同时带来了一些隐忧。对就业市场的担心最为常见,信息技术和生物技术的融合正在催生能够分析人类并跟人类展开交流的算法,而这些算法的任务执行能力可能很快就会超越人类医生、司机、士兵和银行家。最终,它们可能会将数亿人挤出就业市场。① 有报告指出说人工智能出现之后要淘汰60%的工作人员,②那么,被淘汰的工作人员怎么安置?怎么培养熟

① "《自然》刊登未来简史作者尤瓦尔·赫拉利撰文:AI留给我们的时间已经不多了,"载http://www.sohu.com/a/210916750_563934,最后访问日期:2017年12月18日。

② Robert Gordon是西北大学社会科学学院的教授,他提出目前没有任何证据表明人工智能会引起大规模失业。麻省理工学院经济学系教授DaronAcemoglu提出,技术可以把从生产领域替换下来的员工转移到新的互补领域中,我们的历史中总是出现新的任务和新的职业。但是,尽管这通常对整个社会都有好处,可对特定阶级的工人来说还是会很困难,并且有时会持续几十年。工业革命期间实际上工资没有增加,但是体制结构和教育会影响到这一点。

悉人工智能的工人？除此之外，还会有一系列人文、伦理方面的担忧。如库克更担心人们像计算机一样思考，没有价值观，没有同情心，没有对结果的敬畏之心。“科技本身是不够的，一定要让科技和文化、人文结合起来才可以让人理智。”①已故著名物理学家霍金也表达了同样的担忧，人工智能一旦脱离束缚，以不断加速的状态重新设计自身，人类由于受到漫长的生物进化的限制，无法与之竞争，将被其取代。② 为此，欧洲议会呼吁起草一系列法规，以管理机器人和人工智能的创新；一份向欧洲议会议员提交的报告呼吁成立欧洲机器人和人工智能机构，以提供技术、伦理和监管方面的专业知识。③

由于资本流入和技术发展相互交叉、相互促进，技术发展在具有无限可能性的同时，可能会带来越来越多的伦理挑战。如意大利神经学家塞尔焦·卡纳韦罗（Sergio Canavero）宣布，他和一个中国团队成功地将一个头颅与另一个人的遗体相结合，其中包括脊椎、血管、神经的接合，将来会进行活人换头。④ 再如基因挑选导致生孩子、长生不老等问题，也同样面临伦理挑战。面对这些问题，有没有必要制定《技术发展法》，有没有必要对一项新技术的开发和发展事先进行评估调研，技术开发者一旦与商业利益捆绑起来，其发展的方向可能就是朝着商业利益最大化的方向发展，而不会考虑技术发展所可能带来的伦理、失业、教育等公共问题。欧盟议会于 2017 年 2 月 16 日通过了《机器人民事法规则》（Civil Law Rules on Robotics）的决议，要求对人工智能的“民间使用与开发”（civil use and development）予以规制；2017 年 12 月 12 日，美国国会提出两党法案——“人工智能未来法案”（Future of Artificial Intelligence Act of 2017），这些代表着一种趋势。对于一个后发或正在发展中的国家，需要在政策法律上迎头赶上、做出应对，争取话语权。在 19 世

---

① 库克：《我并不担心 AI 像人一样思考，我更担心人类像 AI 一样思考》，载 http://www.sohu.com/a/147848660_297710，最后访问日期：2017 年 12 月 12 日。

② 《霍金再抛人工智能威胁论：人脑和电脑没区别》，载 https://www.huxiu.com/article/192315.html，最后访问日期：2017 年 12 月 12 日。

③ 《霍金再抛人工智能威胁论：人脑和电脑没区别》，载 https://www.huxiu.com/article/192315.html，最后访问日期：2017 年 12 月 12 日。

④ 《世界上首例“头颅移植”在中国成功实施？争议：生命归谁所有？》，载 http://www.hao123.com/mid/11897240660224776076，最后访问日期：2017 年 11 月 25 日。

纪，工业革命带来了新的情况和问题，当时既有的社会、经济和政治模式都无力应对，这一次技术革命所带来的挑战更甚于上一次，必须做出更好更充分的应对，对于人工智能、无人驾驶、干细胞治疗、基因治疗等新技术的研究和产业化问题，是否需要提前做出预判和一定的规制的问题已经迫切地需要应对。

二、政策法律制定中的矛盾面

在西方，一些人不无真诚地相信自由与法律之间存在简单的线性关系，以为法律越多，自由的空间就越少，理想的自由状态是没有法律，然而没有法律约制，自由将化为泡影。[①] 技术及其发展，需要由法律加以规制，以实现真正的自由。当今世界新技术革命方兴未艾，必然会带来一轮法律规则的制定，需要考虑的是，能否在历史的发展中借鉴吸收政策法律制定的一般规律，妥善协调规则制定中的各种矛盾面。

（一）高度精练还是事无巨细

法律制定的抽象性和具体性是一对矛盾，这对矛盾在科技法律政策的制定过程中最为突出。一方面，科技法律政策规定的原则性不能太强，否则留给执法部门的解释空间太大，对市场主体经营和研发行为的指引作用有限；另一方面，科技法律政策的规定不能过于细密，过于细密的条款可能难以跟上科技发展日新月异的态势，还可能使市场主体背上沉重的合规“包袱”，从而裹足不前、保守懈怠。政策法律法规究竟在多大程度上干预市场资源的配置和市场的创新活动，从而如何在“抽象和具体”之间作出取舍和协调，这确实是创新社会化时代面临的棘手问题。

“斯诺登”事件后，网络安全空间的治理引发了世界各国的高度关注。近年来中国在该领域的政策法律密集出台。《网络安全法》是维护网络安全的一部基本法律，其他领域的法律法规中也存在维护网络安全的相关条款，这些法律条款还可能配套有行政法规、司法解释、部门规章、行业规范、技术

---

① ［美］弗里德曼：《选择的共和国：法律、权威与文化》，高鸿钧等译，清华大学出版社2005年版，第4页。

标准等。此外,《网络安全法》包含有大量开放性条文,如“依照本法和有关法律、行政法规的规定”;还有一些条文明确提出了制定行政法规、部门规章的要求。目前已经制定或正在制定的规范性文件据不完全统计已经超过两百,典型者有《关键信息基础设施安全保护条例》(征求意见稿)(根据《网络安全法》第31条)、《网络关键设备和网络安全专用产品目录》(根据《网络安全法》第23条)、《网络产品和服务安全审查办法》(试行)(根据《网络安全法》第35条)、《信息安全等级保护管理办法》、《信息安全技术数据出境安全评估指南(草案)》、《个人信息和重要数据跨境传输的安全评估办法》(征求意见稿)(根据《网络安全法》第37条)。密集、复杂的政策、技术和法律文件可能模糊各方主体权利、义务和责任的边界,增加执法和守法的成本,如2017年年底全国人大对《网络安全法》的执法检查发现,“一些地方网络信息安全多头管理问题比较突出,但在发生信息泄露、滥用用户个人信息等信息安全事件后,用户又经常遇到投诉无门、部门之间推诿扯皮的问题”,“行政执法过程中存在不同执法部门对同一单位、同一事项重复检查且检查标准不一等问题,不同法律实施主管机关采集的数据还不能实现‘互联互通’,经常给网络运营商增加额外负担”。[①] 执法问题凸显立法技术和体系思考的不足与难题。

附表　网络安全法律制度(不完全列举)

规范层级	具体规范
法律	《中华人民共和国保守国家秘密法》(1989)、《中华人民共和国国家安全法》(1993)、《中华人民共和国电子签名法》(2004)、《关于加强网络信息保护的决定》(2012)、《关于维护互联网安全的决定》(2000)、《反恐怖主义法》(2015)、《国家安全法》(2015)、《刑法修正案(七)》、《刑法修正案(九)》(2015)、《国家情报法(草案)》(2017)、《密码法(草案征求意见稿)》(2017)

① 《全国人大常委会执法检查组关于检查“一法一决定”实施情况的报告信息汇总》,载《网络犯罪工作坊》2017年12月24日。

续表

规范层级	具体规范
行政法规	《计算机信息系统安全保护条例》(1994)、《计算机信息网络国际联网管理暂行实施办法》(1997)、《商用密码管理条例》(1999)、《互联网信息服务管理办法》(2000)、《中华人民共和国电信条例》(2000)、《信息网络传播权保护条例》(2006)、《计算机软件保护条例》、《关键信息基础设施安全保护条例(征求意见稿)》
司法解释	《最高人民法院关于审理利用信息网络侵害人身权益民事纠纷案件适用法律若干问题的规定》(2014)、《两高一部关于办理电信诈骗等刑事案件适用法律若干问题的意见》(2017)、《两高一部关于办理刑事案件收集提取和审查判断电子数据若干问题的规定》(2017)
部门规章	《计算机信息网络国际联网安全保护管理办法》(1997)等5部规章、《电信网间互联管理暂行规定》(1999)、《计算机病毒防治管理办法》(2000)、《信息安全等级保护管理办法》(2007)、《网络产品和服务安全审查办法(试行)》(2017)、《个人信息和重要数据出境的安全评估办法(征求意见稿)》(2017)
其他规范性文件	《中国人民银行关于金融机构进一步做好客户个人金融信息保护工作的通知》(2012)、《网络关键设备和网络安全专用产品目录》(2017)
行业规范	《中国互联网行业自律公约》(2004)、《互联网站禁止传播淫秽色情等不良信息自律规范》(2004)、《抵制恶意软件自律公约》(2006)、《博客服务自律公约》(2007)、《反网络病毒自律公约》(2009)、《中国互联网行业版权自律宣言》(2010)、《互联网搜索引擎自律公约》(2012)、《信息安全技术数据出境安全评估指南(草案)》(2013)、《信息安全技术公共及商用服务信息系统个人信息保护指南》(2017)

作为对照,国际社会在自然环境保护领域的规制方面显得比较前瞻。2017年11月30日,"北极五国"(俄罗斯、美国、加拿大、丹麦和挪威)、欧盟、中国、日本、韩国,以及因纽特人代表共同签署了历史性的北极渔业国际协议,在商业捕捞活动还没有开始以前就产生国际协议,这在高纬度海域还是第一次。北极渔业国际协议的订立具有前瞻性,而自然环境的破坏和治理,与网络环境的无序和规范何其相似,网络环境的治理也需要坚守前瞻性。立法上如何既要坚守原则性以保持前瞻性,又要保持精确性以确保商业上的可预测性,同时避免过于开放性导致立法碎片化,确实是一个极富挑战性的技

术问题。由于网络空间的全球性和复杂性,任何填补空白的法律法规都要有基本的谦抑态度,保持足够的弹性空间,给快速演进和创新的互联网保持新的可能性。[①] 在这方面,尊重和强化行业自治可能是一个正确的方向。

(二)法典化还是去法典化

技术在增加人类力量的同时,也使人类变得更加脆弱,人们的自由和权利更易受到侵害,因而催生了大量的法律规则,现代技术是造成法律爆炸的又一个原因。[②] 法律规则之间的相互准用、参照、解释和依赖使法律体系更加庞杂。古典社会时代的欧洲曾经出现过法典化运动,立法者试图在一部法律中规范社会生活的方方面面;工业革命后,新技术带来的新问题前所未闻,导致专门问题的立法活动趋于频繁,统一法典的地位减弱,又被称为解(去)法典化运动。如今站在新一次科技革命的风口,究竟是以更为猛烈的解法典化思路还是更为坚决的法典化思路来规制新技术的创新和发展,这是一个问题。解法典化思路可能就特定专门问题的解决提出方案,但容易走向畸形,对某项科技越是重视,所有政策、措施都往这个领域倾斜,反倒可能带来前面所说的后果:市场空间受到压缩,市场的真正需求被忽视,碎片化的法律条文增加了市场主体的合规成本,使创新主体的包袱太大,以至于抑制创新。法典化思路虽然有助于统一法律适用,不针对创新活动和新兴技术做特别处理和对待,但可能失之专门性,减弱规则的可预测性。

互联网生态与自然环境中的生态具有一定类比性,而技术发展与自然环境压力之间的均衡关系以及相应治理模式也许有一定启发。1986 年在巴塞尔发生的莱茵河严重污染大事件后,在沿河国家环保部长的会议上加强了立法。新的法律条文对向河中排污者的处罚极为严厉,对沿途流域中的企业和居民均有极大的威慑作用。除立法之外,以下两个因素是事先未曾预料的,但对污水治理起到了非常重要的作用。第一,沿途国家大量的民间治污组织

---

① 方兴东:《推进网络空间秩序建设不断精细——简评〈互联网跟帖评论服务管理规定〉》,载 http://fxd.blogchina.com/876641842.html,最后访问日期:2017 年 8 月 26 日。

② [美]弗里德曼:《选择的共和国:法律、权威与文化》,高鸿钧等译,清华大学出版社 2005 年版,第 12 页。

自发地加入进来。作为应对,新的法律赋予了这些民间组织以监督、计算、检测、上报处罚金额等多项权力。第二,全程有成千上万的监督员(志愿者)的踊跃参与。民间组织亦赋予监督员相应的监督权。在运行机制方面,任何一位监督员一旦发现某企业向河中排污,立刻电话报告民间组织,民间组织迅速奔赴现场进行检测、计算和上报法院的处罚金额。排污企业在排污的最初几十分钟内定能接到罚单。由于处罚严厉,企业纷纷要求建立污水处理厂,于是,有条件的厂商不失商机,抢先建立起污水处理厂,对各企业排放的工业废水进行净化处理。根据法律条文的规定,必须净化到可直接饮用的程度方可排入河中。排污企业按市场原则向污水处理厂付费。如果没有法律的高压态势,前期的民间自发行动机制不可能启动。具体来说,如果没有法律授权,监督员对排污者不能实行有效监督;法律不授权,民间组织不能奔赴现场调查取证,提出罚款金额;没有法律这柄高悬的利剑,排污企业不可能出大钱从市场购买废水净化服务。①

法律制度与未知制度有效结合,解决了莱茵河水污染治理的难题。德国政府在依靠法律制度仍然无法有效治理的情况下,被无数抗议的民众逼迫使用民间监督组织,无意中打开了未知制度的门缝。② 一些全新领域的治理,就需要这种类似“未知”的自治,同时立法者应积极关注、紧密跟踪,做出相应应对,使未知自治和成文法律之间有效互对。在法典化和去法典化之间,可能任何一个极端都不是规制技术的应有之道,期待构建一个完美无缺的法律体系或法典化运动来规制新技术的创新或新事物的发展,已经或可能会被证明失败。在这么一个迅速变化及专业细分的时代,或许诸如行业自治的力量将越来越重要,或许立法者要更尊重行业的内在调整机制,如何打造技术调控的法律制度与未知制度,考量立法智慧。

---

① 卢荣善:《发达国家城市里的河水是如何净化的?》,载 http://www.sohu.com/a/206558517_644207,最后访问日期:2017 年 11 月 26 日。

② 唐忠辉:《法律制度和未知制度》,载 http://www.caogen.com/blog/infor_detail/87388.html,最后访问日期:2017 年 12 月 20 日。

（三）独树一帜还是交汇融合

国际化正成为一种趋势，各国科技政策规则交汇融合的程度加强，但与此同时，"国家安全"成为高科技领域和网络空间治理本土化的重要理由。如技术中立原则一直是美国倡导政府对待网络管制的基本政策，这一政策被世界许多国家所接受，成为规范电子商务、规制网络行为、调控网络经济的基本原则，政府在制定各种规则或标准时应对各种技术同等对待，也称为"非歧视原则"，而网络技术中立是当今信息技术进步和产业创新的根本保障。① 据报道，俄罗斯政府披露了开发独立于全球都在使用的域名系统的"独立互联网"的计划，声称此举可以保护俄罗斯和其他数个国家在大规模网络攻击中的安全。② "互联网时代"的基本原则是互联互通，为了防止网络攻击而采取"独立互联网"的做法，与"网络中立原则"背道而行。当然，为了国家安全对技术和网络进行管控，是一种国家潮流，关键是如何把握"度"和"方法"。

中国《网络安全法》第37条规定，关键信息基础设施的运营者在中华人民共和国境内运营中收集和产生的个人信息和重要数据应当在境内存储。因业务需要，确需向境外提供的，应当按照国家网信部门会同国务院有关部门制定的办法进行安全评估；法律、行政法规另有规定的，依照其规定。由于法律对数据出境设置了非常严格的评估程序，世界科技巨头正努力获得政府批准，在中国建立数据中心，但如果不能与世界其他数据中心之间实现数据的合理流通，或审批程序过于复杂，存在大量不确定因素，结果可能是这里数据中心会是变相的"数据孤岛"。随着互联网技术的深入发展，网络犯罪的数量明显增加，而且呈现出"无界性"特征，恶意软件泛滥及移动互联网终端的普及等，导致国际社会亟须强化在网络安全领域的合作，不同区域国家法律规范的滞后、缺失和差异普遍导致新型网络犯罪的司法惩处力度不足。

网络安全治理领域呈现出的上述两种立法趋势具有典型代表性，一方面

---

① 高富平：《美国不会放弃网络自由开放原则——美国"网络中立"原则被废观察》，载《数据法律资讯》2017年12月20日。

② 《俄罗斯拟明年建立独立互联网　覆盖中国等金砖国家》，载 http://www.hao123.com/mid? from = tuijian&key = pZwYTjCEQvdGUhb8uy71IAw9Xi4WUvYEUyqBpyk - Q1DLnHDzrH04 n1fkn10LPi4CIAd_&type = intl，最后访问日期：2017年11月30日。

是以本国利益至上制定最有利于本国利益的规则，美国国会于2017年12月批准通过的税改方案也体现了这种理念，国家利益至上一定还是各个领域立法的宗旨；一方面是以全球化、信息技术发展为背景的规则趋同融合，大陆法系和英美法系国家之间、大陆法系各国之间、英美法系各国之间的规则趋同特征越发明显。2017年5月联合国经社理事会框架下通过的《关于加强国际合作打击网络犯罪的决议》就凸显了未来各国共同携手建构统一的国际法律框架的重要意义。① 立法的独树一帜和完全趋同都没有现实性和可能性，关键问题在于，高科技技术发展领域的全球化特征更为明显，国家利益至上的立法应该如何与国际立法趋势相融合？

三、政策法律行政执行中的糨糊团

“几年前微信刚出现的时候，相关方面不赞成的声音也很大，但我们还是顶住了这种声音，决定先‘看一看’再规范。如果仍沿用老办法去管制，就可能没有今天的微信了！”2017年6月21日的国务院常务会议上，李克强总理举此例，要求政府部门对待各类新业态、新模式要有“包容审慎”态度。“分享经济是一个新业态。它的所有权和使用权是分离的，灵活性很强，多种模式并存，可以说很多事情是‘未知大于已知’。”总理说，“怎么进行有效监管从而更好促进这一产业发展？相关部门首先还要有一个‘包容’的心态，审慎监管，不要一上来就管死”。他强调，各有关部门要善于抓住市场瞬息变化的趋势，从大局出发，坚持“鼓励创新、包容审慎”的监管原则。“实话说，伴随分享经济所涌现出的各种新业态，‘双创’中迸发而生的各种新模式，的确不是我们政府部门事前可以想出来的。这要归功于市场活力和社会的创造力。”②总理的这段话显然不是说监管执法部门可以放任不管，而是对监管执法部门提出了更高的要求。

---

① 吴沈括：《网络犯罪治理视野下的国际合作》，载《腾讯研究院》2017年12月6日。

② 《李克强：如果沿用老办法管制就可能没有今天的微信》，载 http://politics.people.com.cn/n1/2017/0621/c1001-29354494.html，最后访问日期：2017年11月27日。

(一)公共安全背景中的个人数据利益

2012年12月,第十一届全国人民代表大会常务委员会第三十次会议通过《全国人民代表大会常务委员会关于加强网络信息保护的决定》,其中第10条规定有关主管部门应当在各自职权范围内依法履行职责,采取技术措施和其他必要措施,防范、制止和查处窃取或者以其他非法方式获取、出售或者非法向他人提供公民个人电子信息的违法犯罪行为以及其他网络信息违法犯罪行为。有关主管部门依法履行职责时,网络服务提供者应当予以配合,提供技术支持。《中华人民共和国电信条例》第66条第1款也规定:"……除因国家安全或者追查刑事犯罪的需要,由公安机关、国家安全机关或者人民检察院依照法律规定的程序对电信内容进行检查外,任何组织或者个人不得以任何理由对电信内容进行检查",上述内容表明法律赋予公安机关、安全机关及人民检察院相应权利,在符合前提要件及法定程序的情形下,对电信内容进行检查。与此相关《网络安全法》第28条规定,网络运营者应当为公安机关、国家安全机关依法维护国家安全和侦查犯罪的活动提供技术支持和协助。《反恐怖主义法》第18条规定,电信业务经营者、互联网服务提供者应当为公安机关、国家安全机关依法进行防范、调查恐怖活动提供技术接口和解密等技术支持和协助。

这些条款对网络运营者科以技术协助义务,尽管立法者严格限定其适用条件,如主体仅限于"公安机关""国家安全机关",事由仅限于"维护国家安全、侦查犯罪活动"或者"防范、调查恐怖活动",但是执法实践中究竟如何把握这些限定条件?《网络安全法》的执法部门并不统一,这些部门是否都可以"维护国家安全"为由要求网络运营者提供技术协助义务?比如对微软、腾讯、苹果等公司而言,如何面对公安、网监、反恐部门等国家有关机关提供有关数据的请求?是否有义务提供相应的"技术支持或协助"?如果该公司因法律理由拒绝提供协助,相应的纠纷能否诉至法院?《网络安全法》第28条的执行主要涉及公共安全利益和个人数据利益之间平衡,立法者严格限定技术协助的请求主体和请求事由,其本意是要以让渡个人数据利益的手段保护公共安全利益,还是通过限定公共安全利益的范围以保护个人数据利益?

不同的理解显然直接关系到科技企业的合规性审查，拷问立法者、执法者对用户数据利益的尊重程度。

（二）消费者利益保护背景中的效率与安全

2008年，消费者对网络的使用首次超过了商业对网络的使用，数字生活正在以前所未有的加速度挤压、重塑着现实的生活。随着信息成为后工业化经济中的重要内容，消费者也被卷入了企业间与政府间的交战之中；企业和消费者、企业和政府、政府和国民之间发生冲突的频率和规模正不断增大。① 在对消费者利益提供法律关照的过程中，有时候精英主义和平民主义之间的矛盾就会浮出水面，直接拷问着决策者对效率和安全价值的认识，也影响着科技企业就技术创新行为承担法律责任的边界。

2014年6月，因为手机里的预装软件不可卸载，某深圳用户把苹果公司告上法庭，要求苹果手机重新设计系统并赔礼道歉。因这类案件的增多，深圳市消保委为此约谈了华为、三星、联想等品牌手机生产商，正式向各手机生产商发出劝谕，让预装软件能自由卸载，并且决定将手机预装软件不可卸载问题列入公益诉讼。2015年7月，上海市消保委也就手机预装软件过多且不可卸载一事曾向三星和OPPO提起公益诉讼，称大量的手机预装软件损害了消费者的选择权。

预装软件是智能手机行业较为普遍的做法，预装系统软件是手机品牌功能的重要延伸，牵一发而动全身。世界上没有哪款智能手机是完全没有预装软件的，有些预装软件如果被卸载，手机将无法正常运行，许多备用和配套功能无法启动，软件安全功能和问题更新会受到影响，售后问题将暴增。如果所有软件都可自由卸装，那么，用户手机的安全性就很难保证，更不利于消费者的权益保护。一些消费者在某种程度上，仅仅片面地关注用户体验，具有片面性或者短视性，不一定能够站在开发者的角度去全面审视产品背后涉及的逻辑。在苹果案件的审理过程中，一审法院判决深圳用户败诉，其认为用户对于预装软件是知情的，在购买时已经预知产品的预装软件无法卸载，同

---

① ［美］拉里·唐斯：《颠覆定律：指数级增长时代的新规则》，刘睿译，浙江人民出版社2014年版，第51～52页。

时部分软件是苹果特色产品,并非质量问题。手机中国联盟秘书长认为,如果法院判决手机预装应用必须可卸载,那对手机行业和手机消费者来说都是一场灾难。所以,规范商户滥用市场地位的商业行为有其必要性,但如果立法者、执法者步入其并不熟悉的产品设计领域,试图通过裁判的方式规范产品的功能和设计,就必须审慎了。像手机预装软件的问题,将部分管理权交给市场来解决也许是一个更好的策略。当然,如果手机厂商间在预装软件上串谋合作,剥夺消费者的知情权和选择权,那就另当别论了。

过于保护消费者利益,界限过左,可能会导致企业缩手缩脚,创新的脚步减慢甚至停下来。媒体或舆论在现代社会成为重要的第三监督者,常被认为代表着广大消费者利益,数字化时代的到来更为传播消费者利益诉求提供了技术上的便利。然而,技术在客观上一定存在瑕疵,媒体对这些瑕疵的客观认识和平衡评价至关重要。借用互联网的传播速度和广度、消费者维权意识盲目推波助澜,致使政府决策及其执行片面,必然会影响技术创新和相关产品的上市,进而导致企业前期研发成本的损失、市场份额下降、市场竞争格局发生变化,间接影响其他创新主体在做出创新决策时更为慎重,不再投资一些具有一定风险的技术或产品研发,进而影响到创新的氛围。所以,创新活动需要更为包容的执法和更具自律的媒体监督。

(三)垄断与开放、激励与共享

华为诉 IDC ①、高通与苹果等案件展示标准必要专利技术实施过程中的开放性和垄断性矛盾。专利的基本特性就是垄断性,权利人通过申请专利可以实现对进入产品市场的控制以及对专利产品的自主定价,从而获得巨大的竞争优势。但《专利法》第六章为公开实施专利权提供了强制许可的后门,行业、司法实践中还基本认可标准必要专利的默示许可,②2015 年《专利法》

---

① 参见广东省高级人民法院(2013)粤高法民三终字第 305 号。

② “实施人知道并应当知道这个方法涉及别人的专利技术,因为权利人已经进行了专利披露,子牙河公司能够识别专利,并能够与权利人进行联系的情况下没有跟其联系,未经许可就使用了专利技术,并且在发生纠纷后还拒绝向人家支付许可费,这种行为构成了专利侵权。”最高人民法院(2012)民提字第 125 号(张晶廷与衡水子牙河建筑工程有限公司等侵害发明专利权纠纷案)。

第四次修改草案①也提出设立标准必要专利的默示许可制度。但是,这两条公开实施专利的途径又不是绝对的,如果是无条件的强制许可和默示许可将彻底击毁专利垄断带来的竞争优势,削减创新主体的投资热情。所以,如何设置并明确强制许可和默示许可规则,就涉及垄断与开放、激励与共享之间的平衡。

在通信领域,高通公司的大量专利技术成为通信技术标准中的标准必要专利。近几年,高通公司也因其专利许可模式屡次受到反垄断审查,在中国、韩国、台湾地区等多个国家和地区被处以高额罚款。2015 年 2 月,国家发改委对高通开出了 60.88 亿元的天价罚单,认为高通公司滥用其市场支配地位,对中国企业进行专利许可时收取不合理的高价许可费,拒绝提供专利清单,收取已过时专利的许可费,捆绑许可、搭售了非无线通信标准必要专利,在芯片销售中附加了其他不合理条件等。② 2017 年 10 月,中国台湾地区公平交易委员会也宣布,高通公司利用市场独占地位,拒绝向同业竞争的芯片厂商发放专利许可,强迫厂商签订并履行不公平协议,违反公平、合理和非歧视许可承诺,破坏了市场竞争秩序,对其处以 234 亿新台币的罚款处罚。专利许可费用,一方面要物有所值,要保证专利权人覆盖创新成本,获得利润,形成创新激励。当专利技术被纳入标准后,专利权人如果没有获得足够的许可回报,甚至比没有被纳入标准之前获得的更少,弱化了标准必要专利,甚至导致"反向劫持",专利权人将失去参与标准化组织的基本激励③,不利于维持标准的高质量。另一方面,如果过度收费,违反 FRAND 原则,可能构成专利权人权利滥用。而至于如何科学判断标准必要专利权利金是否符合 FRAND 承诺中的"公平、合理、非歧视",各国目前并无具体立法规定,司法

① 《专利法》修订草案(送审稿)第 85 条:参与国家标准制定的专利权人在标准制定过程中不披露其拥有的标准必要专利的,视为其许可该标准的实施者使用其专利技术。许可使用费由双方协商;双方不能达成协议的,可以请求国务院专利行政部门裁决。当事人对裁决不服的,可以自收到通知之日起 15 日内向人民法院起诉。

② 《国家发展改革委对高通公司垄断行为责令整改并罚款 60 亿元》,载 http://jjs.ndrc.gov.cn/gzdt/201502/t20150210_663872.html,最后访问日期:2017 年 12 月 21 日。

③ 李扬、刘影:《FRAND 标准必要专利许可使用费的计算——以中美相关案件比较为视角》,载《科技与法律》2014 年第 5 期。

实务中美国的微软诉摩托罗拉案[1]的假设性协商方法、中国的华为诉IDC案[2]虽有一定借鉴意义,但也没有上升为统一的评价理念体系,有待进一步研究完善。

（四）内容控制还是算法控制

创新的市场是一个高度竞争的市场,创新产品或模式的成败均由消费者"用手点击"("用脚投票")来决定。大数据时代的来临,科技公司可以基于消费者的浏览数据对其产品或服务进行推送,并改善产品或服务的质量,"算法控制"成为一种市场业态。在一个充分竞争的市场,由消费者"点击"得出的"最受欢迎"内容或模式可能是淫秽等违法信息,此时需要一只"有形的手"对相关内容加以调整,可以称为"内容控制"。关于技术融合,最具创新的使用往往是从数字世界中"堕落"的领域开始:赌博、酗酒、暴力视频游戏和色情。[3] 技术不具有颜色和阶级属性,但也不可能绝对中立,法律需要引导技术的发展方向,但是如何协调内容控制和算法控制之间的关系,涉及法律如何规制意识形态的问题。

科技史学教授 Melvin Kranzberg 在30年前曾经写过技术研发的六条定律,其中第一条定律就是对技术中立原则的评价,"技术没有好坏之分,也不是中性的。技术的影响取决于其地理和文化背景,它往往同时好坏兼具。他举例说 DDT 是一种杀虫剂并可能具有致癌作用,然而却在印度作为一种廉价有效的疟疾治疗物而挽救了成千上万的患者"。他在第四条定律中提到,技术在诸多公共话题上扮演着主要角色,但是非技术因素才对技术政策的决策起着支配地位。当前立法者关注隐私、数据透明、国家安全、反垄断话题,理由在于我们文化的转向而不是技术本身使然。对技术中立的审慎接受正在被国内外司法判决所接受。

问题在于,政策法律控制算法的边界在什么地方?平台经济和平台创新

---

① See Microsoft Corp v. Motorola Inc. No. C10－1823JLR 1, 21 (W. D. Wash. Aug. 11, 2013).

② 参见广东省高级人民法院(2013)粤高法民三终字第305号。

③ [美]拉里·唐斯:《颠覆定律:指数级增长时代的新规则》,刘睿译,浙江人民出版社2014年版,第16页。

是当代经济和技术发展的一个重要趋势，平台商对创新的发展和内容的呈现施加强大的影响，强大的社会动员能力和海量数据的汇聚能力，逐渐成为全球民众在网络空间最不可或缺的生活、工作的新型基础设施。[①] 相应地，平台责任将成为现代社会治理的一个重要方面，如何协调平台商的公共性和私有性之间的矛盾，避免平台商滥用其公共基础设施的地位谋取不当的商业利益，一方面客观看待平台已经成为重要基础设施提供者，另一方面充分尊重其追逐利益最大化的本性。近年来阿里巴巴因过度收集用户数据受到诟病，苹果以平台规则名义对打赏纳入应用内收费，以及顺丰与阿里的数据大战等，都展示了这一前沿领域逐渐浮现的尖锐问题以及法律规制的必要性。加强平台责任、细化平台义务，一定是平台治理的趋势，与平台商经济和社会能力的增强相伴相随，不仅要求平台商对准入门槛的控制，而且要求平台商对内容进行控制。[②] 然而，美国是几大全球性网络平台的掌控国，在管制的"收与放"之间也没有形成样板；善于制度构建的欧洲面对非本地的网络平台也有点束手无策。快速发展的中国能否在平台治理规则制定方面掌握主动权、发挥引领作用?[③]

（五）如何铺设技术成果转化的最后一公里

科技成果转化，是科技从实验室走向市场的关键一步，素有"最后一公里"之称。数据显示，目前中国科技成果转化率约为25%，真正实现产业化的则不足5%，与发达国家80%的转化率堪称天壤之别。在大众创业、万众创新的热潮下，如何破解科技创新成果向现实生产力转化不力、不顺、不畅的难题，打通科技成果转化的"最后一公里"，成为社会关注的焦点。

为此，国务院等部门出具多个政策文件支持科技成果转化措施，鼓励国家设立的研究开发机构、高等院校通过转让、许可或作价投资等方式向企业或其他组织转移科技成果，并享受多项政策，以调动科技创新主体的积极性。相关部门还加快完善、制定了相关法律、政策，如2015年3月发布的《中共中

---

① 方兴东：《网络空间研究》，载《汕头大学学报·网络空间研究》2017年第7期，卷首语。

② 以《互联网跟帖评论服务管理规定》为典型。

③ 方兴东：《网络空间研究》，载《汕头大学学报·网络空间研究》2017年第7期，卷首语。

央国务院关于深化体制机制改革加快实施创新驱动发展战略的若干意见》提供了完善成果转化激励政策等措施。2015年10月1日,修改后的《促进科技成果转化法》施行,将科技成果转化和知识产权创造、运用作为立项和验收的重要内容和依据。2016年2月,国务院颁布了《实施〈促进科技成果转化法〉若干规定》。2016年4月,国务院办公厅印发《促进科技成果转移转化行动方案》。

遗憾的是,针对如何打通这"最后一公里"的问题,第一,制度上的不少问题有待澄清。《促进科技成果转化法》对于高校、科研院所自主权、作价投资方式、转化净收入计算等缺少细化规定。国家设立的研发机构、高等院校持有的科技成果,能否自主决定实施转化?是否需要报经政府批准?转化成功之后,能否自行决定奖励科技人员?机构可以将一定比例的"净收入"奖励给成果完成人,但何为"净收入"?在法理上,按照"谁出资、谁拥有"的原则,政府是出资人,这些权利均归属政府,研发机构与高等院校自身并不享有此种权利。出于对国资流失责任的担忧,高校院所等普遍存在"不愿决策""不敢转化"的情形,科技工作者和管理工作者的转化热情严重不足。第二,在实际操作中,科技成果转化仍然面临"落地难"的问题。如科学技术研究与企业经营的分离、资金管理、税收优惠、知识产权保护尚无落实,涉及权利、义务、风险分担和收益分配的细则尚不明朗,针对科技成果转化的权益与激励、科技成果转化的便利性、人员顾虑问题悬而未决,[1]如何保障研发团队、科技人员在成果转化中的合理合法权益尚无可实施的细则。科技成果转化难题的解决,需要理论、政策、操作等层面的共同努力。

四、政策法律司法适用中的平衡术

法律本身不是目的,而是一种达成社会政策的手段,应该了解并满足社

① 《上海:合力解决科技成果转化"最后一公里"问题》,载 http://news.xinhuanet.com/info/2015-09/16/c_134625638.htm,最后访问日期:2018年1月6日。

会现实的需求，法律不是判例及概念构筑的某种独立自主的架构。[①] 面对突破性技术时，旧世界的经济力量往往会阻碍新法律范式的改革，于是创新便会与陈旧不堪的过去的法律相抵触。[②] 由于法律规定的不确定性，司法裁判对技术的调控和发展的引导往往更受关注，如何运用裁判的艺术为技术的创新留足空间又树立明确的发展方向，要求判决时更重视科技政策的考量及相应的导向作用。创新的需求越强烈和创新活动越活跃，越呼唤能动的司法，对法官的挑战越大。

（一）合理使用与专有权利之间的压翘板

创新需要制度激励，知识产权是一种激励创新的制度安排，知识财产的产权化程度直接关系到创新的激励效率，专有权利的类型数量、保护程度与合理使用之间的动态平衡是一种寻求最佳效率的产权安排。比如《著作权法》是受技术变革影响最大的部门法之一，这一点充分体现在其需要随时代发展而不断调整财产权利的范围。著作权法从诞生之日至今，新技术一向是著作权法内容丰富和体系发展的导火索、催化剂，经由各方利益的传导和格局的改变而催生新的权利类型和例外限制，实现在著作权人创作激励与公众接触作品、传播思想之间的利益平衡。

习近平总书记在十九大报告《决胜全面建成小康社会　夺取新时代中国特色社会主义伟大胜利》中指出共享开放的发展理念，“发展是解决中国一切问题的基础和关键，发展必须是科学发展，必须坚定不移贯彻创新、协调、绿色、开放、共享的发展理念”。如今技术创新与共享经济相互促进、共同发展，同时为知识产权制度的调整带来了挑战，“共享”导致专有权利与合理使用之间的界限越发模糊。比如目前苹果 IOS 开放体系下的全球开发商已经超过 400 万个，在中国超过了 150 万个，新的应用每天在不断地被“创造”，与此同时“共享”也无处不在。每一个开发者在开发或生产新的应用和内容

---

① 王泽鉴主编：《英美法导论》，北京大学出版社 2012 年版，第 305 页。转引自 John Henry Schlegel, Legal Realism, in The Oxford Companion to American Law 501（2002）。

② ［美］拉里·唐斯：《颠覆定律：指数级增长时代的新规则》，刘睿译，浙江人民出版社 2014 年版，第 16 页。

时，通常会借鉴其他应用的内容、商业模式、风格、元素等，如果这些被借鉴的部分享有版权、商业秘密等专有权利，被借鉴者可能对苹果公司提起诉讼，这一方面涉及苹果公司的平台责任问题，另一方面，也是更为重要的是涉及互联网环境中"抄袭与借鉴"的边界。随着移动互联网的发展，这些问题越来越突出，互联网本来就是一个互联互通的市场，比传统市场更讲究竞争效率和模仿自由，更呼唤权利人的自我保护及自力救济。为了留出更宽容的自由借鉴空间，专有权利的保护边界是不是要紧缩一些？合理使用制度是不是具有更广泛的适用空间？转换性使用制度是否更贴合并促进共享经济的发展？

（二）平台责任与个人责任之间的模糊界限

2017 年 11 月 21 日，腾讯超越脸书成为全球市值最大公司第五名，至此全球市值最高的公司分别是：苹果、谷歌、微软、亚马逊、腾讯、脸书、阿里巴巴，到第八名之后才出现非科技与互联网类别的公司。上一个转折点发生在 2016 年 8 月，当时全世界市值最高的五家公司中，第一次没有了石油公司、金融公司、工业公司、零售公司，全部变成了互联网平台型公司。目前排名靠前的互联网公司的共同特征是互联网平台型公司，这些巨头是平台型公司里的"基础性平台"，在我们的生活、经济、社会的数字化转型中，它们扮演着近乎基础设施的角色，通常它们的姿态是建立"开放平台"，互联网平台成为全球经济中最强大同时又最具创新精神的关键部分。①

平台经济孕育出平台创新并已经成为当下全球经济中主要的创新模式，随之带来了平台治理的难题，平台责任成为当下中国网络法律领域重大课题。平台经济的发展是不是随之也要为平台商带来更多更强的法律义务和责任？根据中国《侵权责任法》第 37 条规定，公共场所的管理人或者群众性活动的组织者，未尽到安全保障义务，造成他人损害的，应当承担侵权责任。由此可见，场所提供者负有法定的安全保障义务，通常来说只需对场所中的风险尽到充分的提示告知和提供防范措施，对具体行为人进场之后的服务内容则不具有主动的审查义务。据称，强化经营平台的责任和加强对消费者权

① 方军：《5000 亿美元市值的腾讯和阿里意味着什么》，载《南方都市报》2017 年 11 月 22 日。

益的保护是电子商务立法的核心内容。如果这代表着一种趋势的话，强化平台服务提供者的法律责任会不会损害其提供平台服务的积极性从而挫败平台创新的模式？如何区分平台服务提供者与内容服务提供者？平台服务提供者的责任与内容服务提供者的责任之间如何划定界限？是否要区分对象以划定平台服务提供者的责任，比如针对言论审查、知识产权侵权行为的监控、暴力淫秽作品的监控？平台服务提供者的义务是否一致？

比如苹果公司的 iTunes 究竟是内容提供服务还是平台提供服务？苹果是"报刊出版单位"的角色，还是"新华书店"的角色？iTunes 对其书架上一本书的简要推介是属于内容出版、一般的导购介绍，还是严格意义上的广告发布？一些软件应用开发商向苹果软件商店上传图书类 App，供用户免费下载相关图书，但是没有任何这些图书的正版信息，苹果公司是否需要尽审查义务？网络公司对其平台上正在播放的视频究竟该尽何种审查义务？对直播节目的留言平台或贴吧言论应尽到何种审查义务？如果让违法者承担更严重的责任，会不会对违法者更有威慑力、更符合经济学常识？

（三）科技创新与商业伦理之间的雾里看花

技术发展和创新速度之快，法律中的原则条款在司法适用中发挥着越来越重要的作用。比如现行《反不正当竞争法》第 2 条是该法的一般条款，尽管毁誉参半，这一条在处理近几年互联网不正当竞争纠纷中发挥了巨大的作用，在一定程度上影响了技术的评价和创新的方向。据统计，2015 年北京海淀法院受理的网络不正当竞争案件 160 件，占全部不正当竞争案件的 67%，随着互联网商业模式的不断突破，互联网竞争行为的日益纷繁复杂，无法纳入具体案由的新型不正当竞争行为与日俱增，以"其他不正当竞争纠纷"为案由的案件数量不断增长，成为不正当竞争纠纷案件主要组成部分，2015 年此类案件受理数量已达 93 件，占网络不正当竞争案件的 58%，①"其他不正当竞争纠纷"的裁判依据主要就是《反不正当竞争法》第 2 条。新技术新业态的不断发展，新《反不正当竞争法》提高不正当竞争行为的赔偿额度和执

① 参见《北京市海淀区人民法院关于网络不正当竞争纠纷案件的调研报告》，载微信公众号"知产力"，最后访问日期：2016 年 8 月 10 日。

法强度,这些因素将导致一般条款的重要性继续提升。

现行《反不正当竞争法》第2条第1款规定,经营者在市场交易中,应当遵循自愿、平等、公平、诚实信用的原则,遵守公认的商业道德。该条第2款规定:本法所称的不正当竞争,是指经营者违反本法规定,损害其他经营者的合法权益,扰乱社会经济秩序的行为。第2条第2款通常被认为是《反不正当竞争法》的一般条款,适用该款应当同时具备的三个条件,是由“马达庆案”首次提出:一是法律对该种竞争行为未作出特别规定;二是其他经营者的合法权益确因该竞争行为而受到了实际损害;三是该种竞争行为因确属违反诚实信用原则和公认的商业道德而具有不正当性或者说可责性。其中,第三个条件是所有条件判断的关键和重点,①却也成为一个雾里看花的谜团。

在诸多被认定为违反“公认的商业道德”进而构成不正当竞争的案件中,不乏极富创新的商业模式或技术。比如在搜索结果页面上有选择地插入了红底白色感叹号图标作为警告标识,以警示用户该搜索结果对应的网站存在风险;②改变百度网在其搜索框上向用户提供的下拉提示词,引导用户访问本不在相关关键词搜索结果中靠前位置的,甚至与用户搜索目的完全不同的奇虎公司经营的影视、游戏等页面;③通过开发一种软件,用户下载安装后便可屏蔽或过滤竞争者提供的视频(包括电视剧、电影等)片前广告。④ 基于这些案件,北京法院在裁判中创设“非公益必要不干扰原则”,但相同或近似案情的纠纷在比较法上却因为需要促进科技创新、促进经营者之间的竞争而却被认定为正当,⑤确实引发在竞争理念等深层次的思考。抽象的“商业道德或商业伦理”,似乎越来越成为论证——也许早已心证形成——的裁判结

① 最高人民法院(2009)民申字第1065号民事裁定书;武汉市中级人民法院(2017)鄂01民终4950号民事判决书。

② 北京市高级人民法院(2013)高民终字第2352号民事判决书。

③ 北京市高级人民法院(2013)高民终字第2352号民事判决书。

④ 北京市海淀区人民法院(2013)海民初字第13155号民事判决书;北京市第一中级人民法院(2014)一中民终字第3283号民事判决书。

⑤ 如北京市朝阳区人民法院(2017)京0105民初70786号民事判决书;还可参见《竞争对手弹出广告的性质分析》,陈雅秋译,载《东方知识产权》电子杂志第47期;BGH: Zulassigkeit von Fernseh - Werbeblockern - Werbeblocker, NJW 2004, 3032.

论的一个借口，自由竞争的程度不断强化，科技创新的节奏继续强化，如何明确“商业伦理或商业道德”的适用标准，使其更具客观性、可预测性？

（四）数据保护与数据流通之间的顾此失彼

数据流通的巨大价值已经成为业内共识，但如何平衡数据保护主义，仍然是一个问题。

全球数据立法源于20世纪80年代，授予数据主体以数据支配权或个人信息权，以彰显自然人对人格自由和人格尊严的自决，这是数据立法的传统模式。在这一权利框架下，个人数据的处理一定要经过数据主体的同意，这在经济合作发展组织（Organization for Economic Co-operation and Development，OECD）1980年通过的《隐私保护和个人数据跨境流通指南》中得到确立，这项权利意味着数据主体有权控制其个人数据的收集和利用。中国《消费者权益保护法》第29条和《网络安全法》第41条遵循了这一传统立法思路，《民法总则》第111条强调个人数据受到保护，并未明确规定数据主体对数据处理的“同意”，则是个人数据保护权的立法思路，在一定程度上缓和了数据保护中心主义。数据主体的同意权、知情权、更正和删除请求权、救济请求权能够在相当程度上保障其数据权益。绝对的、全面的数据同意权可能阻碍数据的流通和利用。

中国《网络安全法》自2017年6月1日施行前后，发生了多起因数据处理而引发的争执。① 比如顺丰快递与菜鸟网络之间因客户数据安全的争执而关闭数据接口，②华为与腾讯之间就微信聊天记录的采集行为产生争议，③

① 欧盟国家多采用“个人数据”，日本、俄罗斯、韩国采用“个人信息”，中国台湾地区“个人资料”与“个人数据”两个概念并用。虽然“个人信息”“个人资料”与“个人数据”名称有所不同，但实质含义基本类似，都侧重信息的“可识别性”。参见李适时主编、张荣顺副主编：《中华人民共和国民法总则释义》，法律出版社2017年版，第344页。

② 根据顺丰于6月1日在其官方微博的回应，菜鸟5月基于自身商业利益出发，要求丰巢提供与其无关的客户隐私数据，丰巢本着“客户第一”的原则拒绝了这一要求。菜鸟单方面于6月1日0点切断丰巢信息接口，此外，阿里系平台已将顺丰从物流选项中剔除，菜鸟同时封杀第三方平台接口。详细事实可参见《“数据断交”大战下顺丰菜鸟的野心与压力》，载《新京报》2017年6月6日。

③ 华为通过其智能手机收集微信软件用户的活动信息，腾讯认为华为夺取了腾讯的数据，华为则表示所有数据均属于用户，其处理数据之前经过了用户授权。详细事实可参见《华为和腾讯陷入用户数据之争，腾讯要求政府介入》，载《华尔街日报（中文版）》2017年8月4日。

百度地图直接抓取大众点评网的用户点评信息引发诉讼,[①]新浪微博发布新规称"未经微博平台事先书面许可,用户不得自行授权第三方使用微博内容"[②]等,这些争执有些已经进入诉讼阶段,有些已经由当事人达成和解;有些与个人数据有关,有些则与个人数据无关,但都乃基于数据利用需求和数据处理市场的旺盛而产生,都涉及数据主体、数据控制者、数据处理者三方之间的权利义务关系,[③]需要谨慎划定数据保护与数据利用之间的界限。目前中国以《网络安全法》相关条款为代表的数据法律规范侧重于个人数据的保护,而个人数据的利用、非个人数据的保护利用等方面的法律规范仍显不足,《网络安全法》等有关个人数据保护的法律条款无法为解决上述纠纷提供直接的法律依据。司法裁判对这些纠纷的解读局限在反不正当竞争法的适用框架内,常因循传统而缺乏创新突破,不仅未能为反不正当竞争法在大数据时代的适用立下标杆,反而可能借用反不正当竞争法大行数据保护之道、阻碍数据流通利用,非常值得警醒。

---

① 上海知识产权法院(2016)沪73民终242号民事判决书。

② 《微博用户服务使用协议》第1.3款。参见《微博新规惹争议:你发布的内容版权归属于微博?》,载 http://www.sohu.com/a/192423885_404443,最后访问日期:2017年9月25日。

③ 数据主体、数据控制者和数据处理者,是《欧洲统一数据条例》中的概念,笔者认为能够体现数据利用法律关系中的不同利益方,可以作为数据利用法律关系的分析工具。在中国,《信息安全技术公共及商用服务信息系统个人信息保护指南》分别称为"信息主体""信息管理者""信息获得者"。信息主体是指个人信息指向的自然人;信息管理者是指决定个人信息处理的目的和方式,实际控制个人信息并利用信息系统处理个人信息的组织和机构;信息获得者从信息系统获取个人信息的个人、组织和机构,依据个人信息主体的意愿对获得的个人信息进行处理。

第二章

科技创新活动的主体角色和理念定位

政府的角色和理念

科研院所的角色和理念

市场主体的角色和理念

创新机制,从其本质和目的来讲,是有利于创新的外部运营环境与内在激励机制的结合。围绕构建政产学研协同创新机制进行讨论,就离不开对于政产学研模式及其中关键要素的分析。中共中央十九大报告指出:要确立以企业为主体、市场为导向、产学研结合的技术创新体系。技术创新体系的搭建,不能从完全忽视企业角色,转向到绝对以企业为中心。政府、科研院所和市场主体在创新体系中的作用各有侧重和分工,又相互制衡和影响,找好各自的角色定位、理清各自的发展理念,是拉近创新和有关创新的法律规制之间距离的关键,各国科技创新的法律调控历史均可佐证这一点。技术创新是一个非常复杂的体系,在这个体系中,不同的环节分别由不同的参与主体承担。其中在科学创新的基础研究环节,政府和高校可能是更为重要的主体;而在技术创新的工艺创新和外围创新等下游环节,企业才是主体。① 本章着眼创新生态系统和创新机制的建设,着力理清政府、科研院所、市场主体在科技创新活动中的不同定位,找准上述不同主体在促进科技创新活动中的应有理念,尝试找到打通阻滞政产学研协同创新机制的通道。

---

① 黄亚生等:《MIT 创新课》,中信出版社 2015 年版,第 163 页。

第一节 政府的角色和理念

一、政府在政产学研结构中的定位

政府对科技创新活动的调控,最重要的是建立和维护健康有活力的创新生态系统。“建设充满活力的创新生态系统,最重要的是建立良好的创新生态环境。在自然生态系统中,阳光、空气和水是最重要也是最基本的元素,而在创新生态系统中,鼓励创新、宽容失败的创新文化,自由探索、敢于争论的创新氛围,勇于拼搏、敢冒风险的创业精神,尊重创造、尊重人才的人文关怀,是构成良好创新生态系统的基本要素。”①政产学研构成了这个创新生态系统中的主要角色,在政产学研结构中,政府处于“基石性角色”,政府能够将散落在创新生态系统中的其他主体连接在一起,打造一个符合市场规律的创新生态环境。政府需要充分尊重市场发展和科技发展的规律,只提供市场解决不了的公共产品,扶持市场而非扶持企业。② 政府不应缺位,也不应越位,应具备放眼全局、宏观统筹的精英式管理能力,引导政产学研生态创新机制可持续运转和提供科技创新的强劲动力。在这方面,政府要秉持精英主义理念,做好顶层设计,在政策法律环境和人才教育环境等方面下工夫,引导良好的创新生态环境的建立。

(一)政策法律环境

公平的法律环境会推动贸易的发展,带来更多的投资,促进更多的竞争,催生更多的创新和知识产权,帮助实现更高的经济增长,进而再带动贸易、投资、竞争、创新以及创造能力的提升。政府通过制定和执行制度、政策,因势利导,充分调动和激发科研创新产业链条上每个主体的创新热情和转化动

① 《硅谷模式为什么难以模仿:最重要的是创新》,载《经济日报》2012 年 2 月 1 日。

② [美]路易吉·津加荣斯:《繁荣的真谛》,余江译,中信出版社 2015 年版,第 110 页。

力。[①] 政府作为制度的设计者和秩序的引导者，应当提供公平稳定有效率的政策法律环境、公平竞争的市场、适度有力的知识产权制度。《硅谷指数》年报创始人、执行总裁罗素·汉考克（Russell Hancock）在2017年浦江创新论坛上提出，硅谷成功的原因并不单一，最主要的是它创造了一种有利于创新创业者集聚和成功的环境。[②]

1. 保障竞争的市场

稳定有序的市场竞争环境有利于集聚资源，是经济活动得以进行的前提。在市场竞争环境中，新兴企业特别是中小企业是技术创新的催化剂。成功的小企业推动着一个创新想法到市场产品的演进。正是小企业，推进着技术革命并从而带来企业的成果，而且还将是未来持续增加工作岗位的关键。[③] 为了激活市场竞争的力度和广度，政府应该放宽市场准入管制，通过税收优惠、融资和审批便利等政策支持大众创业，促进中小企业在大企业、国企的压力中顺利进入市场并参与竞争，尽可能地扫除阻碍竞争的体制机制要素。[④]

2. 激励创新产出和转化的知识产权制度

知识产权制度是维护市场经济公平有序竞争的有效机制，它赋予科技创新成果一定时期的排他占有权，维护创新者利益，是激励企业科技创新的基本法律制度。[⑤] 政府要切实加大知识产权的保护力度，通过制度化的措施鼓励、支持有关单位和科技人员将科技成果产业化，使创造力得以物化。要通过合理有效的知识产权制度，激励并转化科技创新成果的产出和转化。创新的关键是转化，没有成功的转化也就不可能有显著社会意义的创新。[⑥]

---

① 何敏、于波：《大国引擎》，上海人民出版社2016年版，第25页。

② 《硅滩：正在崛起的全球科技创业中心》，载当归网，最后访问日期：2018年1月17日。

③ 赵中建选编：《创新引领世界——美国创新和竞争力战略》，华东师范大学出版社2007年版，第37页。

④ 彭辉：《上海建设全球科技创新中心法治软环境研究》，上海社会科学院出版社2016年版，第34页。

⑤ 傅强：《科技北京建设的法制保障研究》，知识产权出版社2014年版，第50页。

⑥ 何敏、于波：《大国引擎》，上海人民出版社2016年版，第25页。

3. 提供公平公开可预测的法律环境

在以市场经济为基础的科技活动中，政府的基本职责在于提供公平、透明和稳定的法治环境。“春江水暖鸭先知”，法治环境的不公平、不透明、不稳定的直接感受者是创新主体，从而影响投资和创新的决策。总体而言，不公平、不透明、不稳定的法治环境将导致企业趋向保守和谨慎，创新活跃度下降。

（二）人才教育环境

硅谷除有大量的技术积累、雄厚的风投资金、注重科技的高等学府、政府的强力支持之外，还有来自世界各地、雄心勃勃、才华横溢的优秀人才。[①] 美国最具创新活跃度和先进技术能力的现状，显然离不开一代又一代全球最优秀人才的贡献。打造创新生态系统的一个重要方面是消除人才培养和流动的藩篱，为培养和吸引高端科技人才创造最优的政策文化环境。

1. 人才的培养

美国、日本、新加坡政府一直十分重视人才培养。美国布什政府在 2002 年颁布实施《不让一个儿童落后法》（No Child Left Behind Act），该法案要求学校聘用高素质教师，采用探究式的教学方法优化学生的学习。为评估政府实施的各个改进教育的项目在多大程度上接近或者完成了《不让一个儿童落后法》的目标，联邦政府投资 500 万美元推出全面评估计划。[②] 在培养学生的科技、数学素养方面，美国国际科学基金会管理的项目中至少有 48 项是用于改善科学、技术、工程和数学学科（STEM）的教学材料和方法。[③] 与此同时，政府设立总统数学和科学奖学金基金，提供 1 亿美元助学金资助困难家庭的数学和科学专业学生。

日本政府甚至从幼儿园开始，就对日本国民开始普及“科技教育”。日本政府的创新人才战略不仅关注学术研究领域，也非常注重实践领域。日本

① 《得人才者得天下：谈美中科技的差距》，载当归网，最后访问日期：2018 年 3 月 19 日。

② 参见赵中建选编：《创新引领世界——美国创新和竞争力战略》，华东师范大学出版社 2007 年版，第 19 页。

③ 参见赵中建选编：《创新引领世界——美国创新和竞争力战略》，华东师范大学出版社 2007 年版，第 28 页。

高校引入市场机制，让高校与市场主体对接。以研究生人才培养为例，日本的研究生教育采取产官学一体化的培养模式和“工业实验室”为主的教育科研模式。① 在日本，工业实验室已经替代大学成为主要的科研中心和研究生教育基地。90 年代以后，以 1996 年的《日本劳动白皮书》为发端，众多高等教育机构开始大刀阔斧地开展新一轮创新型人才教育改革，有的开设“创造自习科目”，有的学校直接把参与机器人设计制作大赛等各类校外活动与教学内容联系起来。②

中国政府目前拥有世界上最为庞大的教育系统，政府对教育日益重视并持续增加投资。中国高校工科的学生占大学生总数的 40%，大多数欧洲国家该比例为 12%，新加坡为 20%，美国只有近 6%。但有意思的是，中国的人才创新能力却常被认为不敌这些国家。究竟是人才培养模式上的问题还是其他问题，是值得反思的。“上海市青年科技创新市长奖”是在上海市委、市政府支持下设立的面向全市青少年的一项科技创新最高荣誉奖项，主要针对学生群体颁发。但《科技创新与当代青年——2015 上海青年发展报告》却显示，仅有 3.3% 的被访青年“完全了解”市长奖，“不太了解”和“完全不了解”的分别占 39.9% 和 23.7%。③

2. 人才的引进

纵观美国、日本、新加坡科技发展史，这些国家在扩展人才储备过程中，重视本国人才培养的同时，也十分重视引进海外人才。各国政府为此推行了如移民、工作签证等措施，为吸引高端外籍人才提供了有利的政策和资金等支持。

美国早在 1952 年出台《移民法》。该法规定美国境内全部移民限额的 50% 用于引进美国急需的、受过高等教育的、有突出才能的各类人才。至 20 世纪 90 年代中期，美国政府专门设立了 H－1B 非移民工作签证，这一时期

① 马安伟等：《日本研究生创新型人才培养模式探索》，载《中国冶金教育》2006 年第 5 期。

② 马安伟、杨国权、于彩虹、张喜梅：《日本研究生创新型人才培养模式探索》，载《中国冶金教育》2006 年第 5 期。

③ 王烨捷：《科技创新教育该怎么玩?》，载《中国青年报》2016 年 3 月 30 日。

全球各个国家共有350余万人进入美国工作。美国过往“不问国籍、不问种族”的人才引进理念已经为美国建立了一支庞大的人才队伍。[①]

新加坡立国之后的人才引进战略是该国独立后经济迅速崛起的重要原因。新加坡人力资源部专设一个办公室,帮助各类海外人才获得在新加坡工作、学习机会。目前,它已经成为资源和信息的集散中心,在美国、加拿大以及澳大利亚等城市建立联络中心,通过网络向各类人才提供必要的信息。1977年8月新加坡开始实施国外人才居住计划。该计划针对有意向赴新工作的已经拥有专业资格或者具有大学文凭的人。如果申请成功,申请者则可获得两年在新就业及家属随同安置的待遇。[②] 最近一些年则专门针对中国各省市的优秀高考学子提供奖学金赴新攻读大学学位,要求毕业后一定年限留新工作等,这些都体现该国对吸引全球人才的高度重视态度。

中国近年来在人才引进方面逐步更加开放,在海外人才引进政策的制定过程中,已经具备人才多元化、国际化的视野。在国家引进海外人才战略特别是“千人计划”的带动下,各地方相继制定并实施各具特色的海外人才引进计划。其中在引进海外人才科研资助力度方面,广东(2000万~1亿元)、湖北(100万~1亿元)两省位列第一梯队。[③] 但是在引进人才热的背后,存在“政策制定趋同化”“政策服务不到位”等问题;各地区之间在政策制定上存在攀比,留给投机者寻租空间;项目申报、人才使用上缺乏配套管理机制。一些地方甚至看似出台了不少人才吸引政策,但实际操作起来却困难重重,可执行力大打折扣,归根结底还是理念不够开放,对高端人才的重要性认识不够。

3. 对基础性研发的投入

美国、日本、新加坡的科技创新调控的历史表明,政府在本国的科技创新规模起步之后,都非常重视基础研发的投入,注重基础研究与应用研究的结合。如美国联邦政府主要支持基础性研究和需要长期持续投入的研究。[④]

---

① 参见何敏、于波:《大国引擎》,上海人民出版社2016年版,第9~10页。

② 汪怿、徐珲:《新加坡吸引国际人才的政策》,载《人才开发》2004年3月刊。

③ 顾承卫:《新时期我国地方引进海外科技人才政策分析》,载《科研管理》2015年第36期。

④ 赵中建选编:《创新引领世界——美国创新和竞争力战略》,华东师范大学出版社2007年版,第158页。

通过大手笔的政府采购，欧美政府间接推动私营企业对基础科研的投入，美国半导体产业就是政府采购推动最好的例子。① 日本政策投资银行 2005 年建立知识财产基金，以购买企业、大学和研究机构有应用价值但未获得有效应用的专利和技术，并将其商业化。②

中国政府近年来也在逐步扩大对基础研究的财政支持。国家统计局 2017 年发布《2016 年全国科技经费投入统计公报》数据显示，2016 年全国共投入 R&D 经费 15676.7 亿元，比上年增加 1506.9 亿元，增长 10.6%，增速提高 1.7 个百分点，再创历史新高。其中高技术制造业研发经费为 2915.7 亿元，比上年增长 11%；R&D 经费投入强度占国内生产总值的 2.11%。③ 尽管如此，美国《2016 科学与工程指标》报告还是指出了中国政府在基础科研投入上的不足。自 2000 年来，中国从事科研工作人员在全国劳动力的比例仅为 0.2%，远远落后于韩国（1.3%）、日本（1%）、美国（0.9%）。研发经费的支出结构也不够合理，中国私有企业在研发投入中占很大比例，因此大部分研发经费用于试验开发，仅有极小部分用于基础研究（2012 年中国仅有 5% 用于基础研究，而美国该数据为 17%）。④

二、政府调整科技创新活动的理念

政府应更少地插手新兴技术的微观管理，应坚持宏观引导。高科技的发展受到客观规律的制约，政府尤其要尊重这些客观规律，避免推出违背市场规律的举措。有评论针对"自主创新"指出：对于一个分工精密、高速迭代的高科技行业，自搞一套和举国体制未必行不通，它都要以市场为导向，通过开放合作，通过时间积累来厚植基础，然后才有可能在某个时刻实现逆袭。⑤

① 吴晨：《反思中兴通讯事件：怎么补关键技术的短板？》，载《澎湃新闻》2018 年 4 月 20 日。

② 何敏、于波：《大国引擎》，上海人民出版社 2016 年版，第 161 页。

③ 国家统计局：《2016 年全国科技经费投入统计公报发布》，载 http://www.sdns.cutech.edu.cn/cn，最后访问日期：2018 年 1 月 25 日。

④ 王炼：《解读美国 2016 年科学与工程指标报告——全球主要国家研发投入和产出》，载《全球科技经济瞭望》2016 年 6 月刊。

⑤ 黄小鹏：《为何"两弹一星"模式不适用于芯片业》，载《证券时报》2018 年 4 月 22 日。

这种观点才真正尊重了高科技发展的客观规律和市场分工，是有道理的。

(一)实用主义和全球主义

1. 国家安全审查

政府在调控科技创新活动的过程中，是尽可能尊重技术本身的中性特征，不因为技术来源地国家的不同而做出不同审查，还是给技术披上政治的色彩或“阶级”的属性？当前全球贸易保护主义抬头，如果一味以“国家安全”“国家利益”为名义对不同国别的技术施加不同对待和审查，不利于先进技术在本国的传播和发展。技术发展和经济发展都有其客观规律，过于强调意识形态，可能导致创新发展机会的丧失。20 世纪 70 年代末 80 年代初关于“解放思想、实事求是”的真理讨论，就是指需要冲破意识形态的框框，坚持实用主义理念，以开放的胸怀拥抱新兴事物。站在改革开放 40 年的“风口”，这场真理辩论对技术的规制方法的思考仍然具有启发意义。有观点指出，上海之所以错过了过去 10 年最重要的互联网产业发展机遇，很大的原因就在于政府有关部门狭隘、不够开阔的视野，不具备实用主义及拥抱全球的心胸，这至少值得有关部门反思。①

从国家层面来说，国家对新兴技术和科技创新的治理，要防止狭隘主义、有色主义，坚持实用主义和全球主义，抓住这一轮科技革命的浪潮。近年来，中国政府对互联网加强了管控，提供虚拟专用网络(VPN)服务的公司被终止或者受到限制，依靠 VPN 服务的不少企业受到影响。2017 年 6 月，中国引入网络安全新规，使政府拥有了对加密和数据出入国境实施合法管控的权利。② 以维护“国家网络安全”为目的的网络空间治理明显加强，含有技术国别色彩的审查越来越重，许多对商业发展具有重要意义的国外搜索引擎和社交网络平台被禁用。③ 当然，美国这方面的例子也很多。未来究竟如何适用

① 《上海是怎么错失这些年的互联网机遇的?》，载微信公众号“肥猫猫的小酒馆”，最后访问日期：2018 年 1 月 25 日。

② 杨缘：《在华跨国企业准备迎接网络监管收紧局面》，载英国《金融时报》2017 年 8 月 1 日。

③ 德国驻华大使柯慕贤：《德中之间的投资大门打开了吗?》，载《金融时报(中文网)》2017 年 5 月 26 日。

中国《网络安全法》的相关条文，在创新大潮无法阻挡和高端技术不断涌现的当今时代，究竟如何看待不同国别的技术和模式，值得深思。

2. 知识产权及高科技对外转让或投资审查

2018 年 1 月 23 日，中央全面深化改革领导小组第二次会议指出，知识产权对外转让，要坚持总体国家安全观，依据现有法律法规和工作机制，对单位或者个人将其境内知识产权转让给外国企业、个人或者其他组织，严格审查范围、审查内容、审查机制，加强对涉及国家安全的知识产权对外转让行为的严格管理。① 该知识产权对外转让严格审查政策将知识产权与其他产权分离开有一定意义，但境内企业和个人转让知识产权将面临更为严格的审查流程，对国际科技合作，中国企业发展、走向世界，外资企业在华设立研发中心、扩大业务并向母公司输送研发项目成果可能产生一定的影响。此外，一些国家也可能效仿相关政策，对中国企业获得国外技术带来影响。

比如这次中美贸易战就折射出美国对其核心技术对外投资或转让的高度关注，甚至将持越来越严格的审查态度。尽管美国高科技公司基于全球市场等因素的考虑不希望将高科技技术限定于某个国家，但是美国两党都呼吁加强对中国投资的审查，美国财政部正准备提出建立归该部门所管的投资限制机制的建议，目的是保护人工智能和机器人等美国战略性行业不落入中国人之手。② 在中美两大经济体展开创新之战的大背景下，"技术"的有色或国别属性受到空前强化，但从技术的长远发展及造福人类的角度看，各国应该正视技术的客观属性，尽可能地降低科技准入门槛，以更开放和包容的态度，让科技和创新的好处普惠于民。在互联网联动的全球性发展时代，不应该戴着有色眼镜排斥外资色彩的技术。顶着国家意识形态的大帽子，或将有碍于中国科技创新发展迈入新阶段。

---

① 《习近平：思想再解放改革再深入工作再抓实　推动全面深化改革在新起点上实现新突破》，载新华网：http://www.xinhuanet.com/2018－01/23/c_1122303539.htm，最后访问日期：2018 年 1 月 24 日。

② ［美］肖恩·唐南：《美国参议院放弃授权审查美国对外投资的提案》，徐行译，载 FT 中文网：www.ftchinese.com/story/001077578？print＝y，最后访问日期：2018 年 5 月 17 日。

（二）市场导向

1. 歧视性的补贴政策可能引发他国反制

当今科技创新具有全球性和开放性特征，政府对科技创新活动的调控应当具有全球视野，放眼全球产业链条和技术发展规律，立足本土产业和资源优势，而不应盲目发布产业政策，影响市场的调节作用。政府在创新发展中的规划要结合城市的基础和底子，否则劳民伤财，欲速不达，对经济、社会资源科学流动和公民行为造成的无形伤害无法用数量描述。有观点指出，“促进创新的政府政策虽然在许多方面立竿见影，但是会对中国以外的地方产生复杂影响。部分原因在于，当国内市场由于政策保护而免受国外竞争时，战略性行业特别是互联网极可能会制造一种环境，使企业在国内极具竞争力，却与中国以外的创新趋势和市场规范相隔绝。如果这些政策被中国以外地区认为是反竞争的或缺乏互惠互利，就会引发他国政府采取限制措施，压缩中国获取重要外部资源的机会。一个例子是，美国外商投资委员会（Committee on Foreign Investment in the United States，CIFIUS）加强了对中国技术投资的预期收紧。CIFIUS 加大入境投资审查力度之举在国会得到两党支持，继而许多其他国家也纷纷考虑推行类似措施”。①

中国各地政府对企业的专利申请行为常有补贴政策，政策的用意积极正面，但专利申请的内生驱动力来自企业对相关技术产品的市场份额保护的渴望，专利资助的外在激励是否真正能够促进企业的创新？各地政府为知识产权申请行为提供资助的政策，实际上是对企业的商业行为的补助。补助一定程度上刺激了企业申请专利，但也不排除企业因此钻空子、利用专利申请资助政策来骗取政府资助的现象，当然，专利的质量也会大打折扣。若以后者为出发点申请专利，也将降低专利的可产业化概率，因为技术只有打包才可能产生产业化的意义。② 甚至有的企业为了专利补贴，将一个科技发明更换

---

① ［美］肖恩·伦道夫：《从硅谷视角审视中国创新》，载 http://www1.ftchinese.com/story/001076204？full=y，最后访问日期：2018 年 2 月 7 日。

② 彭辉：《上海建设全球科技创新中心法治软环境研究》，上海社会科学院出版社 2016 年版，第 28 页。

名称以申请多项资助，垃圾专利自然产生，留下专利申请量和授权量巨大的假象，这种行为也大大挤占和浪费了政府资源。因此，国家鼓励和保护创新，通过考核专利数量、提供专利申请补贴等可能扭曲市场调整的措施来实现有待商榷。鼓励创新的措施需要通过创建能充分竞争的市场机制来实现；为保护创新从而通过提供专利申请补贴来扩大专利申请量，以期得到司法保护，倒不如实实在在重视竞争市场的培育，对诉至法院的专利案件公正地审理，把资源投向公民尊重知识产权的意识上来。

2. 美国硅谷和128公路的不同创新之路

美国硅谷和128公路的不同发展路径和影响地位也提醒政府调整创新活动的理念。美国曾经有两个科技创新中心，一个是位于加利福尼亚州的硅谷，一个是位于马萨诸塞州与麻省理工大学相连的128号公路。但在同一体制下，两个创新中心的境地却截然不同：硅谷蒸蒸日上，128号公路则一度没落。两者的起源非常相似：知名大学、政府用于技术采购的巨额国防资金及活跃的创投资金，但是发展的轨迹却相去甚远。在过去的一个世纪里，波士顿也曾经占据着科技创新中心的地位，工业生产如火如荼。但是到20世纪80年代，大规模生产的模式和企业的官僚层级使128公路的生态圈效率低下。

硅谷从农业区起步，每个创业者几乎都是白手起家，这恰恰造就了硅谷独立自主的意识和注重市场的观念。① 硅谷成立之初，是靠宽松的环境和独立自由的创新氛围，企业管理者的经营理念是一切为市场为向导。而128公路从形成到运行管理一直没有脱离于政府的紧密联系，一定程度上，园区对国家采购、政府资本太依赖、太迷恋，导致园区缺乏市场观察力和自主创新的动力。128公路的企业将所有的资源都用于内部开发，忽略了市场动向和来自其他竞争对手的创新。他们寄希望于自己的产品一旦问世就能通过政府这一强大后盾轻松占领市场，结果导致了对于危机反应过慢。企业内部的官僚主义与过分讲究层级更加重了创新者负担。与此同时硅谷也面临着来自诸如日本企业的竞争，但是硅谷企业的文化更灵活，面对竞争更敢于打破层

① 郑宗：《美国硅谷与128公路高科技园区比较研究及启示》，载《桂海论丛》2002年第2期。

级、勇于投资未来。比如计算机产业发展之初,128 公路比硅谷更具优势。但 128 公路陶醉于政府的大订单中,忽视了开发民用产品,打开民用市场。而此时的硅谷则看准苗头,顺应市场对便携式产品的需求,开创了个人电脑时代。英特尔也是因为前瞻性地投资了中央处理器(CPU),在其核心存储业务(DRAM)受到日资企业挑战时,成功转型奠定了在半导体行业的领先地位。

硅谷和 128 公路在开始之初,以政府的巨额资金替代了市场需求,的确推动了产业链的快速集聚。但此后企业的生存与发展,则取决于企业产品创新的能力,适应甚至引领市场需求的能力。政府作为无形的手,通过政策环境来提供条件,而不能作为一方主体来推动。政府要引导科技园区和企业走向市场主导型主体,营造公平竞争的环境,让企业自主寻求生存机制。

3. 合理发挥产业政策的优势

中国两位著名的经济学家林毅夫、张维迎教授从 2016 年 8 月起持续数月,展开了关于产业政策有效性的讨论。林毅夫教授指出产业政策的一个重要考虑就是如何避免“中等收入陷阱”,实现有效市场和有为政府的有效结合。[①] 新自由主义经济理论在发展中国家的推广,并没有给发展中国家带来经济繁荣,反而弊端不断暴露,消极影响日益凸显。其认为产业的发展与转型,必须和产业发展的结构、规模和风险相适应,才有可能发挥比较优势,从而形成国家竞争优势。[②] 张维迎教授提出“产业政策不过是穿着马甲的计划经济”,“创新是不可预见的”,“产业政策豪赌”,“不搞砸绝不罢手”,“企业家要争取的是普遍的权利,而不是特权”。[③] 他认为,政策监管、反垄断法、产业政策是阻碍创新的三大因素,政府监管的本质是保护既得利益,大量监管措施都是在扼杀阻碍创新,产业政策注定要失败。产业政策不仅会导致寻租行为,误导企业家的投资选择,还特别容易导致不公平竞争。并进一步表示

---

① 《林毅夫:中国要跨越“中等收入陷阱”,得遵循比较优势》,载 http://www. rice. fudan. edu. cn/News/Details/362/0/,最后访问日期:2017 年 12 月 13 日。

② 《照搬西方主流经济理论是行不通的》,载 http://www. thepaper. cn/newsDetail_forward_1543915,最后访问日期:2017 年 12 月 14 日。

③ 《为什么产业政策注定会失败》,载 http://www. rmlt. com. cn/2016/0907/439314. shtml,最后访问日期:2017 年 12 月 13 日。

“自由、私有产权和法治”才是发挥企业家精神的最基本制度条件。① 这场辩论引起学界、产业界、政府的广泛关注,而在产业政策争议背后,涉及更深刻的问题是中国经济改革发展路径的问题,以及政府和市场的关系问题。

世界银行长期以来对产业政策持反对态度。1991 年发布的《发展的挑战:世界发展报告》(The Challenge of Development: World Development Report),认为政府应该扮演“对市场友好”的角色,不应该干预实际生产和市场的运作,政府只有在很必要的时候才能进入市场,而且这种干预应该是“被动、不情愿的”和“透明的”。世界银行贸易与竞争力全球实践局于 2017 年年底发布《遭遇麻烦? 制造业导向型发展的未来》(Trouble in the Making? The Future of Manufacturing – Led Development)为标题的报告,似乎表明了该机构在立场上的转变。该报告指出,面对新技术与全球化新格局的外部性问题,关键要处理好有效市场与更多有地区或领域针对性的产业政策的互补关系。政府实施产业政策的价值在于,该政策能让其对应的产业成功吸收新技术所带来的溢出效应从而实现持续发展,有针对性的产业政策是一个能分辨出市场缺陷或者溢出效应的有条理的重要手段。绝对的市场经济和绝对的计划思维都有失偏颇,市场的意志,有时候也会成为少数资本的意志。

关键问题可能在于如何科学发挥产业政策的优势? 如何制定有效的产业政策? 如何最大效率地融合市场经济与产业政策? 日本的经验表明,日本经济成功的原因是政府对市场机制的破坏程度最小,计划没有破坏市场机制的正常运行;日本政府制定的经济计划只是对政府和企业表明今后的奋斗目标,并不是政府的“实施计划”,产业政策则是政府对经济活动更现实、更具体的行动,日本政府采取了扶植民间企业的方式来实现它的产业政策,英、法等国政府则用国有化生产方式来实现它们的产业政策;即便在日本重点产业领域,企业之间仍处于激烈的竞争之中;产业政策是日本官员与民间企业界通力合作的产物,而不是政府一手制定,并且具有稳定性、连续性和程序化的

① 《人类认知局限和激励机制扭曲无人能解决》,载 http://comments.caijing.com.cn/20160922/4179139.shtml,最后访问日期:2017 年 12 月 14 日。

特点。[①] 这些特点是值得引起关注和思考的。

三、上海样本的“产学研”机制评价

上海最大的优势是国际化和开放程度高，但这种优势尚未转化为科技合作和协同创新的优势。上海国内外科技合作交流程度与国际化都市地位并不相称，科技开放格局有待进一步拓展。上海有必要进一步做好自身的全球和区域经济定位，找准内在优势和竞争优势，不断审视既定的各中心战略的实施效果并做出相应的调整，立足外资企业、不但要加大引入，还要深耕存量跨国公司，提升、扩大和深化地区总部经济，发展和引进国际组织，依托科研机构的基础研究，有效释放并发挥国企在上海的影响力。上海或不需要盲目对接或比较深圳，未必要大量引进民营企业，不盲目发展或投资其他国家已经非常成熟的产业，而要充分利用好各类大型企业机构团体的溢出效应，依托成熟产业，发展特色应用。可持续的创新需要的是整体的创新创业环境，而这正是政府职责所在。

（一）吸引人才

在打造全球科技创新中心的背景下，上海市政府近年来意识到人才对科创中心建设的重要性，在吸引高层次人才的举措方面连发大招。第一，2015年上海市委市政府出台《关于深化人才工作机制体制改革，促进人才创新创业的实施意见》（以下简称人才20条）提出，鼓励向体制外优秀科技创新创业人才提供租房补贴，进一步便利外籍人才办理入沪手续。第二，2016年上海市委市政府提出《进一步深化人才发展体制机制改革，加快推进具有全球影响力的科技创新中心建设实施意见》（以下简称人才30条），进一步加大紧缺急需的海外高层次人才引进力度。第三，2018年1月，中国公安部、上海市政府在上海推出“上海出入境聚英计划（2017～2021）”，为上海打造国际一流人才的汇聚之地、健全引才用才政策体系迈出更大一步。2018年开始首推三项以“团队式”引进方式的外籍人才新政，上海还将筹建中国首个“出

① 参考张维迎：《市场与政府》，西北大学出版社2014年版，第272～274页。

入境事务中心”，为吸引外籍人才提供便利服务。①

上海市政府为实施更积极、更开放、更有效的人才政策已经作出诸多努力，但不可忽视的事实是，上海市人才引进的格局不够开放，对本土高端人才的吸引力不够，与国际化都市地位还不够匹配。在人才政策方面上海已经较广州、浙江地区落后。广东省2010年就制定了《广东省引进创新科研团队评审暂行办法》，实施引进创新科研团队专项计划。广东省财政给予引进的每个创新团队1000万～8000万元的经费支持，最高可达1亿元。② 相比而言，上海每引进一个“千人计划”人才最高给予100万元支持，但在高昂的生活成本之下，上海的政策吸引力不足。更何况，上海在对具有创新精神的青年人才的培养方面，明显不足，高额的成本让青年人才无力承受，而青年人才可能是决定未来创新竞争成败的关键。

上海拥有在中国产业发展中占据举足轻重地位的一批老牌国企，也有大量外资企业和外资研发机构，应当考虑利用好老牌国企、外企资源优势。政府以更大的力度吸引高科技的外企、高层次的国际组织落户，这必然带来高端人才的入驻，推动城市国际化，带动研发活动和研发环境。政府不用过度担心外企研发成果不在中国申请知识产权，而要看到这些研发活动必然带动本土研发人才的兴起、本土研发热情的增长、本土研发氛围的增强，从而反过来带动更有利于创新人才培养和创新文化教育的环境的发展。

（二）“四新”服务券及对中小企业的资金扶持路径

1. 国家资本直接入场的可能排挤效应

在建设全球科技创新中心城市的系列举措中，“四新服务券”旨在发挥高校科技创新资源的作用，激发上海市中小企业创新活力。“四新”服务券试点的发放范围为建有区级企业技术中心的中小企业，支持范围为与上海高校开展的技术转让或技术开发合作。上海市有关部门表示，将通过小范围试

① 《上海首推三项外籍人才新政“团队式”引进“洋智囊”》，载 http://news.sina.com.cn/o/2018-01-17/doc-ifyqtycw8828144.shtml，最后访问日期：2018年1月21日。

② 参见《推动科技、人才与经济紧密结合》，载 http://www.360doc.com/content/15/0121/14/13987140_442569807.shtml，最后访问日期：2018年1月25日。

点，探索财政专项资金支持企业创新的操作路径，形成可复制、可推广的工作经验。2018 年则将在试点的基础上进一步扩大“四新”服务券的发放范围和支持范围。据悉，“四新”服务券将分为企业券（支持企业）和高校券（支持高校）两部分。获得“四新”服务券的企业，可获得政府 10 万元的支持额度（即企业券），合作高校则可获得 10 万元的支持额度（即高校券）。2017 年试点期间，全市发放“四新”服务券约 60 套。从该政策的意愿分析，应该能从一定程度上形成对于中小科技企业的资金上的支持，鼓励高校利用现有资源进行基于市场的研究与服务工作。

“产学研协同”是深具中国特色的说法，“硅谷模式”常常被用来作为这种协同的典范，以佐证“产学研协同”在促进创新提高生产力方面的积极效果。但是如果对硅谷模式进行深层的分析，就会发现其实硅谷创新活力的来源是行之有效的机制，而不仅仅是简单的地理位置上的接近或者企业与学院间技术上的合作，或者是由大学来创建或者衍生附属企业将技术向市场转化。基于人才、技术和资金因素的考虑，在政策的设计上，政府应该找准自己的定位，分析创新乏力的痛点，对症下药。创新创业企业固然需要直接的资金扶持，但授人以鱼不如授人以渔，政府对此应有清醒认识，急于求成而直接入场可能不是最佳选择，直接的投入对于形成公平的竞争环境、保护创新的动力未必有最好的影响。

在“大众创业、万众创新”热潮的带动下，上海投融资行业规模不断扩大，模式不断丰富，多层次资本市场正在建立。发展势头不错，但依然存在很多问题，如缺乏市场化的风险投资机制，政府主导下的筛选培育机制对市场存在一定排挤，天使投资方面较深圳、北京落后。2014 年上海天使投资的金额只有 6.3 亿元，不足北京的 1/4。① 此外，虽然上海引进了硅谷银行等科技银行，但业务进展缓慢。上海长期以来相对保守的态度，导致对草根企业资金扶持不足、风险投资制度不发达、天使投资不看好。缺乏投资融资机制，将无法充分保障高新技术企业集聚效应，导致上海难以建立世界一流的科技企

① 彭辉：《上海建设全球科技创新中心法治软环境研究》，上海社会科学院出版社 2016 年版，第 26 页。

业。德勤公司2017年12月公布的《亚太区高科技高成长500强》中前十名中有六个是中国企业,但没有一个上海企业上榜。

2. 国家资本的引导效应

上海社会科学院城市与区域经济研究中心主任左学金说,上海建设科创中心,关键是发挥中小企业的作用。目前,上海科学研究做得比较好,但企业创新相对较弱,上海的创新型中小企业无论是规模还是影响力都还有培育的空间。① 科技企业仍面临着缺乏早期资金的窘境。当政府出手扶持时,人们通常会因为过去的失败案例而心生怀疑(如政府对美国太阳能电池板制造商Solyndra的支持),但成功企业如特斯拉的项目获得的国家扶持却不那么为公众所知。扶持中小企业,国家和市场缺一不可,只是注重的角度不同。玛丽安娜·马祖卡托(Mariana Mazzucato)在其著作《企业型政府》(The Entrepreneurial State)中提到,iPhone使用的大多数尖端科技都是由公共项目资金支持的。值得注意的是,全球活跃着很多大型的对冲基金,但很遗憾,不仅是在上海,乃至在全世界范围内,都看不到多少基金作为大型天使投资人或风险投资者投资突破性创新。

在这样的背景下,政府引导作用就显得非常重要。正如清华大学国家金融研究院院长、国家货币基金组织前副总裁朱民所言,如果市场无法对新生的创新企业给予足够的支持,就应该效仿大部分发达经济体,由国家来提供支持。也许创立公共风险投资基金能够鼓励市场建立更多的私人基金。② 政府和市场好比科创之鸟的双翼,只有双翼齐振才能翱翔蓝天。期待政府能引导建立更多的这样的企业技术创新,新技术产业化的创新引导投资基金,提高科技创新投入资源的市场配置效率,优化科技创新的投融资法制保障,形成多主体参与的投融资机制,活跃中小企业投资通道,助力科创企业取得发展的源头活水。也许正是看到这一点,2017年9月23日,在浦江创新论坛科技金融专题论坛上,上海科创基金(上海科创中心股权投资基金管理有限

---

① 《上海市委书记李强:自贸区和科创中心建设是全市工作的重中之重》,载《21世纪经济报道》2017年11月17日。

② 朱民:《国家与市场应共同推动创新》,载《经济风云》2018年1月16日。

公司)正式揭牌成立,但究竟如何运作和效果,有待进一步观察。

(三)平台和渠道的服务功能

科技创新服务平台旨在帮助解决科技资源利用率低和大量的科技资源还未实现社会化共享等难题,通过企业的技术转化或者可见的市场预期,使企业有自身的造血功能。政府通过打造这样的平台可以为企业提供技术转化的渠道,也是市场资金进入"产学研"这个产业链,为其提供运营所需资金的渠道。然而,平台的建立和运作不是简单的政府资金的投入。其实,政府短期的资金扶持并不能维系科技创新的可持续发展,只有引导和推动市场与创新技术对接,而不是包揽和全权主导,才能形成"问渠哪得清如许,为有源头活水来"的良性循环。

在建设全球科创中心过程中,上海市政府应当立足于地理位置、资源特点引导、建立和促进合作研发平台、科技成果转化平台、衔接外企国企合作开发平台、创新创业公共服务平台等。政府通过功能型科技创新平台建设并不断扩展其作用,有利于资源集聚、资源共享,从而支撑创新体系。上海拥有复旦、交大、同济、中科院上海分院等一批知名高校和科研院所,有165名两院院士、626名国家"千人计划"专家、20.9万名研发人员(2015年的数据)。[①]基于科研资源优势,上海市政府搭建高校与企业合作平台,将有利于促进研究成果与市场衔接,加速科技成果产业化。上海市政府可利用较为全面的上海产业、企业结构,开拓开放透明的创新环境,落实支持外资研发中心发展的"16条政策"[②],发挥独特优势建设开放的全球科技创新中心。

(四)创业创新的开放社区

政府为区域内的创新创业企业打造可以分享经验和技术交流的社区,促进在沟通交流中激发企业的活力尤其重要。在现实中,许多成功的信息技术企业比如英特尔、苹果、微软都有开发者社区,形成了技术生态圈。这样的模

---

① 上官平:《科创中心为什么是上海?》,载 http://sh.eastday.com/m/20150525/u1ai8726378_K26520.html,最后访问日期:2018年1月22日。

② 2017年10月16日,上海市商务委会同市发改委、市科委、市知识产权局等共同发布《上海市关于进一步支持外资研发中心参与上海具有全球影响力的科技创新中心建设的若干意见》,共16条措施。

式让企业能够对市场的需求获得第一手信息，做出第一时间的反应，也让生态圈内的中小企业能够因此受益，走在技术的最前端。

北京的“回＋双创社区”是在昌平区人民政府引导下建设的创新创业资源共享社区。项目一期为2015年起建设的“回龙观双创社区”，总规模约45万平方米。项目二期为2016年起建设的“天通苑双创社区”，总规模约20万平方米。目前已有腾讯众创空间（北京）、乐邦乐成等一批标志性众创空间和创新服务机构入驻。社区依托两大地区聚集的创新人才优势和昌平区已有的产业资源优势，打造多位一体的创新创业生态圈，从而推动昌平成为北京市创新创业的新高地，为北京市乃至全国树立一个“业城融合”和“新型城镇化”发展的典范。① 上海市可借鉴该种模式，政府引导设立区域创新共享平台，通过打造“创业社区”提供更多层次的互动和服务，促进创业资源共享，提升资源使用效率，降低创新创业成本。

（五）法规政策的咨询服务

科研人员往往是技术上的专家，但缺乏运营的经验。企业面临着政府各种行政规定，但因为对政策法规的不熟悉，一个人事上的问题，一个进出口上的手续，可能会走很多弯路，并影响企业的生存和发展。在此背景下，政府如果可以提供相应的政策咨询，将能够降低初创企业的成本，解除他们的后顾之忧，使企业能够专注于自己擅长的领域。日本从1998年开始大力推行“技术指导员制度”和“经营指导员制度”，为中小企业提供技术和经营的咨询；指导费用由国家、地方政府和企业三方一起分担。② 北京中关村科技园区管理委员会每年将与中关村创新示范区有关的政策文件汇编成册，免费发放给科技园区内的创业者、创业组织和相关单位和机构，为其提供法规政策的指导和帮助。③

2004年，根据《上海科教兴市战略行动纲要》，上海创立了研发公共服务

---

① 《“回＋双创社区”——一个有文化味、有生活味的创业社区》，载 http://www.bc-tid.com/create/index.html，最后访问日期：2017年1月21日。

② 苏杭：《日本中小企业发展与中小企业政策》，中国社会科学出版社2008年版，第173页。

③ 傅强：《科技北京建设的法制保障研究》，知识产权出版社2014年版，第45页。

平台，为高科技企业和中小企业创新创业提供支持。但与北京相比，上海市公共服务平台聚集资源和服务方面存在不足。2015 年上海市政府提出将打造上海成为“全球具有影响力的科创中心”战略，与此匹配，政府颁布了一系列法规政策，并积极引导企业了解和学习，为企业提供咨询服务，这些举措有助于企业更好地利用法律法规进入市场，参与竞争。政府还通过官方网站为企业提供法律政策检索等免费服务，借鉴国外引入中介机构专业培训、在线指导等方式，为企业提供实时的知识产权信息服务。

（六）公开透明的评审监督

在现实中，人们经常可以看到政府为创新创业做出了大量的投入，但是资金却往往流向到会“编故事”的、会“跑批文”的企业，没有对真正需要的创新企业带来真正的帮助。为此，政府应该加强科技活动的评估监督，通过项目评审公开机制，充分利用社会资源对于创新成果进行评审及事后监督，有意识地防范滥用政策、套取资金的行为。[1] 在当今社会，政府科技监督应改变传统的自上而下的监督，建立上下结合、内外互动的双向监督模式，以发展促进监督。[2] 政府作为监督者，应建立健全各项科技创新项目立项、审批制度和监督体系，监督科技创新行为和评价科技创新效应，在立项和结项的过程中，政府可以委托第三方专家评审团介入监督。[3] 同时，政府还应该增加项目评估透明度，通过公开、透明的评估标准、程序和评估结果使项目接受各方面的监督。评估机构要实现制定和评估评审方案，使企业等主体充分了解评估的内容。为达到评估评审数据公开，政府要致力于建设评估平台。

（七）及时跟进的政策决策

随着“四新经济”（指“新技术、新产业、新业态、新模式”的经济形态）的发展，政府将面对许多新生事物和从未接触过的新问题。政府的行政能力体现在是否能与时俱进，是否能根据实际情况，及时调整，大胆革新，跟上时代

---

① 傅强：《科技北京建设的法制保障研究》，知识产权出版社 2014 年版，第 144 页。

② 李长健、伍文辉：《科技发展权：政府科技监督体系建构的新视角》，载《科学管理研究》2007 年第 2 期。

③ 傅强：《科技北京建设的法制保障研究》，知识产权出版社 2014 年版，第 50 页。

的发展。这对于传统的政府工作模式和思路，是个巨大的挑战。政府应当根据社会变化的新情况、新问题和新需要，对以往的有关立法进行重新审视、修改和论证，并做出相应的评价。① 与时俱进的制度才是科技创新中的取胜武器。引入科技法律政策评价机制是评估立法、政策质量并加以改进的重要途径。政府决策过程中要加强对评估结果的使用，以便更好地推动中国科技评估工作的发展。②

美国早在20世纪20年代就首先通过立法来保障科技评估活动的进行。1966年美国众议院的科学研究和发展委员会（Subcommittee on Science, Research and Development, SSRD）首次提出应该在立法部门设立技术评估机构。1972年《技术评估法》颁布并实施，根据该法，美国国会设立了技术评估的专门机构——技术评估办公室（Office of Technology Assessment, OTA）。该机构为美国国会提供技术含量较高的科技评估报告，是国会进行与科学技术相关公共政策的重要依据。日本政府也通过《科技技术基本法》《国家研究开发评价实施办法大纲指针》极大地推进了日本研究评价体制的建设和政策决策的及时更新。

政府决策的调整需要各主体的及时反馈和贡献。对于立法机构，立法后评估要与法律法规或者规章的清理、改废结合起来，使之成为立法活动的延伸。③ 对于司法机构而言，需要积极完善知识产权审判体制和工作机制，不断满足科技创新体系建设带来的新情况、新问题，及时发布司法解释和司法政策，增强司法服务的针对性和前瞻性，及时总结可行的司法经验，向立法机关和国家有关部门提出立法建议，推动激励创新的法律体系不断完善。④ 上海市政府以建立市场导向型的创新型体制机制为中心，围绕22条意见陆续出台了一系列措施，但缺乏及时跟进的政策措施。如对于“促进科技中介服务集群化发展”“建造更多开放边界的众创空间”“建设各具特色的科技创新

---

① 何敏、于波：《大国引擎》，上海人民出版社2016年版，第196页。

② 曹晟、田大山：《美国科技评估立法实践及其对中国的借鉴意义》，载《自然辩证法通讯》2004年第6期。

③ 傅强：《科技北京建设的法制保障研究》，知识产权出版社2014年版，第127页。

④ 傅强：《科技北京建设的法制保障研究》，知识产权出版社2014年版，第154页。

集聚区”尚未出台配套措施。

创新二字,本意就是不破不立,必然会对传统的模式产生一定的冲击。具有强大创新能力的企业的共同之处,就是提供鼓励创新、允许试错的环境,有了好的土壤,就会催生好的想法、好的产品。产学研协同创新机制是有成功范例的良好机制,相信在市场的引导下、政府的支持下,三方必定能够形成合力,推动上海国际科创中心的建设。

第二节　科研院所的角色和理念

一、科研院所在政产学研结构中的定位

(一)着力基础研究和源头创新

科研院所在政产学研结构中的角色定位与其使命密切相关。科研院所,不仅是基础知识的创造者、传播者、传承者,也是科技成果产生的重要来源。在基础研究[①]阶段,科研院所是最为核心的创新引擎,而在应用阶段,科研院所是创新链与产业链互动的主要参与者。当前中国最为重要的科技创新中心城市深圳和上海,在源头创新方面存在很大不足,最为重要的原因就是科研院所引领的基础研究不足,深圳正在举全市之力引进和集聚高校,[②]就是为了弥补这一短板;而上海虽然科研院所集中,但是亟待通过体制机制改革释放科研人员的研究热情和技术转化热情。2018 年 1 月 31 日,国务院发布了《关于全面加强基础科学研究的若干意见》,提出“突出原始创新,促进融通发展。把提升原始创新能力摆在更加突出位置,坚定创新自信,勇于挑战

① 基础研究是指为了获得关于现象和可观察事实的基本原理的新知识(揭示客观事物的本质、运动规律,获得新发展、新学说)而进行的实验性或理论性研究,它不以任何专门或特定的应用或使用为目的。2016 年全国科技经费投入统计公报中的指标解释,载 http://www.most.gov.cn/kjbgz/201710/P020171012374292508458.pdf,最后访问日期:2018 年 5 月 17 日。

② 俞陶然:《如何让上海有更多“独角兽”? 源头创新和消费创意都要扶持》,载《上观新闻》2018 年 2 月 6 日。

最前沿的科学问题,提出更多原创理论,做出更多原创发现”。表明中央已经意识到基础科学研究对引领当前科技创新的重要作用。

在创新的生命周期中,基础研究是创新发展的源泉。基础研究中的每一个重大突破,都意味着科学知识的重大创造,促进对科学技术的创新,对产业的形成也有巨大推动作用,这在当前最前沿的生命科学领域和信息通信技术领域尤为明显。但基础研究不仅仅是立足当下,更需要眺望未来,这也使基础研究的重大发现和突破往往具有长期性和艰巨性,但一旦打破研究和创新瓶颈,其效益也具有不可估量性,技术的颠覆性创新往往就依赖于基础研究的创新。基础研究成果在经过技术转化,进行产品应用,甚至形成产业链条时,将直接、深刻影响全人类的生活方式。

基础研究的重要性,早在1945年,美国总统的首席科学顾问万尼瓦尔·布什(Vannevar Bush)应罗斯福总统要求撰写的《科学:没有止境的前沿》一书中就多有着墨。这份报告提到,新产品等应用是基于新知识的储备,而那些新原理和新观念就是在基础科学研究工作中艰辛地开发出来的①。这在后来也发展成著名的布什线性模式,即“基础研究—应用研究—开发—生产(扩散)”。如今,基础科学创造的突破性创新已成为竞争新规则。而科研院所,拥有源源不断的专业科学研究人员队伍,具有深厚的知识积淀与技术基因,在基础研究创新发挥着主要推手的作用。根据诺贝尔基金会的官方数据,1901~2016年,超过60%的诺贝尔奖获得者来自高等院校,获奖的领域多来自基础研究领域的创新突破。其中,美国大学一直领先其他国家。麻省理工学院的资料显示,美国至2017年已有诺贝尔奖得主88位,这离不开美国对科研院所基础研究的大量投入与付出。

(二)中国科研院所的基础研究能力有待提升

中国高校的基础研究仍有待进一步加强。首先,基础研究的投入比例相对较低,反映中央政府部门对基础研究重要性的认识不够。根据2017年10

① [美]V. 布什:《科学:没有止境的前沿》,范岱年、解道华译,商务印书馆2004年版,第101页。

月国家有关部门公布的《2016 年全国科技经费投入统计公报》可得知[①],2016 年全国共投入研究与试验发展(R&D)经费15676.7亿元,其中按活动类型划分,全国基础研究、应用研究和试验发展经费所占比重分别为 5.2%、10.3% 和 84.5%;按活动主体看,企业、研究机构、高等学校经费支出所占比重分别为 77.5%、14.4% 和 6.8%。以上虽是不同数据组,但基础研究和科研院所占比重都位列末流。与世界各国比较,经济合作与发展组织发布的《OECD 科学技术和工业记分牌 2015》[②]报告显示,2013 年中国基础研究投入占总研发投入 4%,离经济合作与发展组织地区的平均投入值 17% 还相去甚远。

其次,基础研究的新问题、新方向较为少见,反映创新主体对基础研究重要性的认识不够。中国似乎缺乏坚持基础研究的历史传统,"四大发明"偏应用,文明的积累也在"破坏—重建"的循环中往复,"经世致用"是哲学文化的根源。当前中国社会普遍焦虑、浮躁,行政化、指标化、表格化、娱乐化、资本化等导致基础研究工作更为稀缺。原始创新能力较为薄弱。中国科研院所在基础研究和前沿突破领域的能力落后,过多地集中于软件应用层,是追逐效益最大化的反映。

二、宽容自由的创新环境

无论是基础研究还是应用阶段的创新,都有赖于科研院所宽容自由的学术环境。基础研究与学术自由之间尤其关系密切,学术自由和大学自治是西方的悠久传统,也被不少专家学者认为是现代大学的核心理念。学术活动必须在一个自由自在的、不受外界干扰和强制的环境中进行,学术自由是探索真理的根本保证;大学自治的核心则在于维护学者探究高深学问和忠实于真

① 《国家统计局　科学技术部　财政部 2016 年全国科技经费投入统计公报》,载 http://www.most.gov.cn/kjbgz/201710/P020171012374292508458.pdf,最后访问日期:2018 年 5 月 17 日。

② OECD Science, Technology and Industry Scoreboard 2015,载 http://www.keepeek.com/Digital-Asset-Management/oecd/science-and-technology/oecd-science-technology-and-industry-scoreboard-2015_sti_scoreboard-2015-en#.WmSr-SOtb_Q#page1,最后访问日期:2018 年 5 月 17 日。

理的权利，并为其创造条件和氛围。①探索未知，追求真理是现代大学发展的核心理念。科研院所中自由宽松的学术氛围，有利于培养创新人才，滋润创新土壤，推动基础研究和原始创新开花结果。

历史和现实中，有太多失败的例子可以用来说明学术自由的重要性。研究和对抗疟疾的历史中，尽管东晋的葛洪在《肘后备急方》中就记载了绞取青蒿汁以治疗疟疾的药方，尽管康熙曾经被治好疟疾，但是在这场东西方竞赛中，西方起点很晚，却实现了“弯道超车”。其中的启示非常之大，有观点总结道：仅仅有伟大人物不够，还要尊重他们的成果，保护他们的知识产权，鼓励他们自由研究、辩论和批判，他们才能拿出伟大的发现。仅仅有伟大的发现不够，还要有思想自由的学术空间，让谬误能迅速被排除，真理不至于被掩盖，发明家才能知道哪些发现是对的，将其转化为伟大的发明。仅仅有伟大的发明不够，还要有健康运转的自由市场，让企业家将其变成产品推广，从而造福亿万人类，不至于沦为奇技淫巧、家传秘方或统治者特供。②

观察中国当前的科研环境，尤其有如下两个问题关乎学术自由，值得重视。

（一）项目经费的使用

科研院所的管理运行机制应为科研活动服务，激励科研人员高效运转和热情投入，而不应该成为束缚创新的枷锁。当前中国科研院所的科研活动存在太多申报、审批、评级、经费报销等诸多环节，管理体制的僵化，间接促使科研人员疲于应付各种程序、表格和凭证，直接影响科研创新的活力和热情。就科研经费管理制度而言，如何正确使用科研经费是科研人员头疼的难题，非但科研活动的智力付出没有被充分尊重，而且还容易被举报和认定为挪用资金、贪污等犯罪行为。2014 年的褚健贪污案和 2016 年付林贪污及挪用公款案就是典型案例，但两位权威专家虽被司法审查指控犯罪，却受到所在单位、科技界的陈情、力挺，这难道不正好说明了有关科研管理办法和职务犯罪法律已经离常识和真相越来越远吗？

---

① 黄亚生等：《MIT 创新课》，中信出版社 2015 年版，第 163 页。

② 《要伟大的制度，不要伟大的个人》，载《新顶尖悦读》2018 年 1 月 19 日。

近年来韩国科技企业异军突起，有观点认为，韩国科技企业的知识产权竞争自由度较高，而且法律有效保障这种自由度。虽然指向企业主体，但刑法对创新人员的宽容度之高是很有参考意义的。韩国国家战略研究院认为，韩国法律架构使韩国科技企业的知识产权自由度在亚洲居于首位，而这种自由度依赖两大法律改革：一是刑法人性化改革，即人性化改革使韩国企业最惧怕的东西从违法犯罪处罚，变为社会评价和良心谴责，这激发了企业和个人内在的知识产权自由创造热情。韩国实施刑事判决前大部分犯罪嫌疑人交保获释，判决后被执行自由行的人较少和缓刑的人较多；2008 年开始试行美式大、小陪审团制度，进一步提高刑法的人性化水平及大规模赦免的运用。二是地方自治化改革，1995 年在全国实施地方自治，改变中央集权管理模式，公权力从管制型架构变为服务型架构，增强了企业和个人内在的知识产权自由创造勇气。例如，三星电子的总裁李健熙曾两次被指控多项犯罪，且罪行严重，最后也被判处自由刑，但均交保获释，并很快被赦免。李健熙领导了三星的全球崛起，被誉为韩国的“经济总统”。他宣布退休时发表演讲说：“国家宽容了我的很多错误，这激励我为三星，为韩国努力奋斗。”①

当下阶段的中国高校科研经费使用结构存在“重物轻人”等不合理现象，科研工作者的智力劳动投入没有得到应有的尊重。过分将科研经费物化为“购买书籍”等某些特定的支出，不仅分散科研人员宝贵的科研活动时间和精力，而且阻滞了科研人员从事科研活动的热情，抑制了科研人员科研能力的发挥，国家拨付的科研经费没有“物尽其用”。科研院所管理部门、国家经费的管理部门应当解放思想、更新理念，从根本上尊重科研人员的智力劳动，尊重科研活动的客观规律，尊重科研氛围的自由环境，通过大刀阔斧的制度变革松绑科研人员的经费管理办法，进一步激活、释放科研人员的从事科研创新的热情，减少甚至避免科研人员将宝贵的时间用在填表、报销等行政事务上。

---

① 《韩国科技企业崛起的主要原因》，载《知识产权竞争动态》2012 年第 21 期。

(二)科研评价和评审机制的僵化

科研院所的科研评价机制,对科研人员发挥主观能动性具有重要导向作用,对产学研的结合具有重大影响。中国的科研评价机制深受诟病,甚至有观点指出,目前的行政审批和评审制度下,颠覆性技术的创新是难以实现的。① 具体而言,一方面,由于基础研究的复杂性和长期性,其绩效表现往往是潜在、间接、多方位的,以论文发表的期刊等级、数量、影响因子等量化指标来衡量学者的研究能力,进而作为评聘职称或各种学术荣誉的标准,比较机械。另一方面,在应用阶段,对科研团队的考核,科技成果的社会效益比经济效益的指标比重更大,主要以论文为标准,而忽视成果的应用价值和产出能力。忽略科研团队在应用阶段所做的贡献,不仅容易导致科研应用研究脱离市场需求这一重要出发点,变成"为研究而研究、为科技而科技",也压抑了科研人员把技术成果转化为现实生产力的积极性,不利于产学研结合。

三、科研院所的创新激励机制

激发科研院所的创新热情,需要尊重科学研究的客观规律,在理念上需要秉持学术自由,一切以研究者为中心,尊重研究者的智力付出,依此理念塑造制度、政策和措施,特别是要改革以职务发明制度为核心的创新激励机制。如第一章阐述,团队创新成为当前科技创新的主要方式,职务发明制度关系团队创新的可持续性。国内外政治经济科技发展的新形势对中国职务发明制度的变革提出了新要求。职务发明制度的合理设计关系到市场主体特别是研发型企业、国立研发机构、高等院校的创新活力和成果转化的积极性,对推进落实国家知识产权战略具有重要意义。《国务院关于新形势下加快知识产权强国建设的若干意见》(国发〔2015〕71 号)强调要完善职务发明制度,鼓励和引导企事业单位依法建立健全发明报告、权属划分、奖励报酬、纠纷解决等职务发明管理制度。探索完善创新成果收益分配制度,提高骨干团队、主要发明人收益比重,保障职务发明人的合法权益。这一文件提出的精神和规

① 徐匡迪:《颠覆性技术在目前的行政审批和评审制度下,是难以实现的》,在"机械与运载工程科技 2035 发展战略国际高端论坛"上的讲话,2016 年 8 月 15 日。

定为中国职务发明制度的改革指明了具体方向。

（一）职务发明权属分配机制

1. 现状及问题

就职务发明的归属，中国一直奉行“雇主主义”，规定职务发明的专利申请权归雇主所有。对于何为职务发明，中国《专利法》采纳“职责标准”和“资源标准”，规定“执行本单位的任务或者主要是利用本单位的物质技术条件所完成的发明创造为职务发明创造”。此外，在职务发明的外延问题上，中国《专利法》还允许有条件的“约定优先”，规定“利用本单位的物质技术条件所完成的发明创造，单位与发明人或者设计人订有合同，对申请专利的权利和专利权的归属做出约定的，从其约定”。总体而言，中国对职务发明的现行规制较为原则，在相关概念的界定上亦存在模糊地带，容易导致纠纷。

职务发明的权属是处理职务发明法律关系需解决的首要问题，只有职务发明的权属明晰后，才能保障职务发明顺利得到应用并产业化，从而实实在在地推动创新。职务发明的权属制度调整的客体是雇员发明人与雇主之间的权利义务关系，应当有助于实现以下三个目标：其一为激励职务发明的产出，其二为促进职务发明的应用与产业化，其三为实现雇员发明人与雇主之间利益分配的公平。在这三个目标的指引下，首先要实现职务发明量的积累，这需要职务发明权属制度能够有效地维护技术的研发者——雇员的创新动力；其次，企业是创新的主体，从效率角度，职务发明权属制度应当能够方便企业应用与产业化职务发明；最后，从公平角度，职务发明权属制度应当能够体现雇员与雇主对职务发明的贡献，从而合理地分配他们对职务发明享有的权益。

2. 比较法及评价

从比较法的视角，职务发明的权利归属模式大致可分为“雇员优先模式”“雇主优先模式”以及“雇主选择模式”。“雇员优先模式”，以美、日为代表，将职务发明专利的申请权赋予雇员。英、法采用“雇主优先模式”，规定雇主享有职务发明专利的申请权。中国《专利法》亦采用这一模式。“雇主选择模式”是德国法的创新，当职务发明完成后，雇主享有选择权——可对职务发明主张所有权或非独占的使用权。在理论层面,这三种模式均有相当的理由作支撑。一般认为,"雇员优先模式"体现了个人私权保护观,意在保障员工权利、激励员工创新,从而增加职务发明的量;"雇主优先模式"有助于降低雇员与雇主间的交易成本,抑制雇员的机会主义行为导致的交易低效率,从而促进职务发明的应用与产业化;"雇主选择模式"源自代表雇员的工会与雇主签订的集体合同,意在更好地协调、平衡雇员与雇主之间的利益。

然而,评价一个模式的优劣并不能只看沙盘上的逻辑推演,更要在"制度—行动"架构中评估该模式的实施效果。这三种权属模式都在不同程度上与契约自由相结合,以体现人本主义的个人意愿至上观,尊重当事人对权属的自主安排。将职务发明的专利申请权赋予雇主的做法受到质疑,因为这一权属范式可能会降低雇员从事发明创造的积极性,从而影响职务发明产出的绩效。"雇主优先"的模式被质疑过于偏向雇主利益,有违雇员与雇主之间利益的公平分配。究竟哪一种模式最适合中国情况,需要进行深入全面的调研。

(二)职务发明的奖酬分配制度

1. 现状和问题

有学者认为,雇主以高于非研发人员的工资雇佣研发人员,既然承担了发明失败雇员的额外成本,就有权享有发明成功雇员的额外收益,雇主不给予发明成功雇员额外报酬是合理的。① 但国际上的立法趋势展示另一个图景,即立法者越来越重视保障雇员发明人的合理获酬权。② 尤其是大陆法系国家德国、日本均赋予雇员发明人合理奖酬请求权。③ 尽管赋予雇员发明人报酬请求权体现了对弱者的关怀,但奖酬请求权的执行成本变成困扰雇主的一个问题。当今社会发明以团队合作、多种技术叠加和跨国流动等各种方式

① Robert P. Merges, "the Law and Economics of Employee Inventions", 13 *Harvard Journal of Law & Technology* 1, p. 14 (1999).

② Donald J. Ying, A Comparative Study of the Treatment of Employee Inventions, Pre – Invention Assignment Agreements, and Software Rights, 10 U. Pa. J. Bus. & Emp. L. 763 (2008).

③ Employee Invention Rights in the Twenty – First Century, Labor Law Journal, Vol. 56, Issue 1 (Spring 2005), pp. 82 – 88.

呈现，确权实属不易。实证研究表明，德国的职务发明奖酬制度计算非常复杂，从数据来看，不但没有起到鼓励雇员发明的作用，反而给企业增加了不小的运营成本。①

职务发明创造的奖励和报酬制度，体现立法者对科技创新人才激励的政策导向。从1985年《专利法》及其细则到2009年《专利法》及其细则，中国职务发明创造奖励报酬制度主要经历了如下四方面的发展。第一，就职务发明奖酬的方式和数额引入"约定优先"原则，现行《专利法实施细则》第76条第一次提出该原则，《促进科技成果转化法》第45条也采取"约定优先"原则。第二，职务发明奖励报酬的支付主体范围逐渐扩大，由原来"国有企事业单位"到"所有单位"。第三，职务发明奖励报酬的支付标准不断提高，比如，发明专利的奖金由最低不少于200元，提高到不少于1000元；单位自行实施发明专利或者实用新型专利后从获得的利润纳税后提取职务发明报酬，从"0.5%~2%"，提高到"不低于2%"。第四，增强支付职务发明奖金条款的可操作性，现行《专利法实施细则》明确要求单位在专利权公告之日起3个月内支付职务发明奖金。

全球大多数国家都在法律上规定了职务发明奖酬制度，但不同国家就职务发明奖酬制度的细化和量化程度并不相同，这实际上体现了不同国家立法者的不同政策调控尺度。总体来说，中国职务发明奖酬管控程度在《专利法》的多次修订过程中得到了强化，立法者试图通过《职务发明条例草案（送审稿）》进一步大幅度提高管控程度，但遭到了来自产业界和学术界的强烈反对，至今未能出台。"当前中国职务发明奖酬规定太过原则、可操作性不强"，这一判断究竟是否准确？是本来就应该原则一些还是越细越好？为什么美国没有规定奖酬规定，但却一直是全球创新动力最强的国家？抓准职务发明奖酬管控的合理尺度和可创造性，无论对《专利法》进一步修改还是《职务发明条例》的起草都具有重要意义。问题在于，中国至今对职务发明奖酬制度实施多年以来的效应缺乏客观评估，比如立法者当初的立法目的是否真

① Harhoff, Dietmar, and Karin Hoisl. "Institutionalized incentives for ingenuity—patent value and the German Employees' Inventions Act". Research Policy 36. 8 (2007), pp. 1143 – 1162.

正实现？职务发明奖酬管控尺度的变化对单位行政管理成本、相关专利纠纷数量以及发明人收入等产生了何种影响？很显然，如果不去真正评估和调查这些问题，立法者无法准确把握当前阶段职务发明奖酬管控的合理尺度。

2. 改革方向

职务发明奖酬的制度安排一方面需要建立在合理的政策调控尺度基础上，单位与职工既有劳资对立的一面，又有作为利益共同体的一面，在制度设计时需要掌握平衡。物质奖励与鼓励创新之间的关系是否总是呈现出正比例关系？单位的奖励和报酬支付形式可否多样化？在此基础上分析“约定条款”与“法定最低标准条款”之间的关系、判定“约定条款”的效力，以及制定何种程度的细化或量化规定，比如要不要进一步将单位的补偿情形扩大到技术秘密、要不要进一步规定发明人实现其获得奖酬权的具体程序等。

另外，如上文提到，职务发明奖酬的制度还需要考虑制度的可操作性问题，如果某一制度根本没有操作的可能性，或者操作的成本明显过大，可能需要检讨规定这一制度的必要性。比如，《职务发明条例草案（送审稿）》规定单位应当考虑每项职务发明对整个产品或者工艺经济效益的贡献，以及每位职务发明人对每项职务发明的贡献等因素确定报酬数额，这种规定在实践中有无操作的可能性，或者操作的成本是否可控，全球性开放式创新和不同商业要素高度结合的背景下，在司法机关都无法精确计算专利侵权损害赔偿数额的情况下，单位有无可能准确计算出某项专利对产品效益的贡献？

传统理论均以劳动贡献为核心对职务发明奖酬管制的正当性提供理论支撑，这一思路并不足取。按劳分配和按资分配是传统社会最主要的两种分配形态，“创新”在决定当代社会财富分配上的比重越来越大。创新活动虽然是一种劳动，但与普通劳动的属性不同，与资本之间的关系也不同。在传统社会中，“劳动”为“资本”服务；现代社会中，“资本”却围绕“创新”展开。发明人参与职务发明所投入的智力劳动区别于“普通、抽象劳动”，不能用社会必要劳动时间加以衡量，这种智力劳动与抽象劳动的性质不可等同，这可能决定了立法者应当对智力劳动与抽象劳动做出不同定位和对待。职务发明奖酬制度安排，既要考虑单位与发明人之间的不平等地位甚至对立地位，

“零管控”或与“普通劳动者”同等管控可能都不能契合发明人在创新型国家建设中的地位，还要考虑单位与发明人是作为职务发明的利益共同体，“全方位管控”或“深度管控”可能反倒会挫伤创新、增加企业行政负担，甚至导致纠纷诉讼，阻碍资本与创新的有效融合。因此，要在两者之间寻求一个准确的政策着力点，这就是职务发明奖酬管控的政策尺度问题。

具体来说，第一，现代商业社会，产品从一个研发创意到推向市场并获利，是研发、市场、生产、工艺、职能等共同作用的结果，且高科技产品多为专利和其他知识产权密集型产品，是否有必要在这种背景下明确规定奖励报酬的因素以及应该明确哪些因素；第二，是否需要明确规定奖励报酬的支付条件（比如是否应以实施职务发明为条件）、支付期限、支付方式和支付程序；第三，是否需要明确规定发明人的知情权或单位就相关事项的告知义务；第四，在单位与发明人之间没有约定奖励报酬情况下，如何建立一个合理的法定标准以及如何规定“约定条款”与“法定最低标准”之间的效力关系。可否考虑采纳如下意见，即法律给出职务发明奖酬的基本原则、基本定义与基本规范，交由单位和发明人就奖酬的可实施性、实施方案等通过协商或劳动合同等做出安排。中国当前的创新市场中，创新人才的流动性比较高，创新市场的竞争态势必然要求单位主动提供或完善能够吸引、留住人才的激励机制，企业之间的竞争在一定意义上是这种激励机制的竞争，过于精细的职务发明奖酬管制可能并非效率最优的选择，不符合自治对创新的引导规律。因此，有些规定可能未必适合以强制性规范的形式纳入法律或行政法规等，可以考虑以指导性或指引性规范的形式进行规定。

四、科研院所的科技成果转化

（一）主要问题

2017 年 10 月 9 日，科技部和教育部联合发布的报告显示：80% 以上的国家自然科学基金项目由高校牵头；高校发表了 20% 以上的 SCI 论文，达到 22 万篇；高校是获得国家自然科学奖、国家科学技术进步奖、国家技术发明奖的主力,占比分别达到66.7%、80.9%、80.3%。① 美国自然科学基金会发布的《2016年科学与工程指标》中指出,中国是全世界科学和工程类本科生最多的国家;中国高校发表的全球科技类前1%高被引文献占比由2003年的0.4%提高到2013年的0.8%;2016年,中国共受理发明专利申请133.9万件,同比增长22%,连续6年位居世界首位。预计2017年发明专利申请总量将在160.4万件,同比增长20%。② 中国高校无论是在基础性研究还是在应用型研究领域均取得了长足进步和发展,在为社会输送人才方面亦取得了很大成就。但是在经济转型,经济结构调整的关键时刻,其科研成果的转化率显然达不到社会的期许。相关数据表示,虽然中国高校专利申请量、授权量在快速增长,但是中国高校专利转移转化的效率而言,确实差强人意。以截至2015年年底的数据为例,中国高校共拥有有效发明专利173,683件(职务发明),占全国职务发明专利有效量的20.7%。有效发明专利的实施率为13.5%,而同比企业有效发明的实施率为的67.5%,同期,中国有效发明专利的实施率为57.9%。用于生产出产品并投放市场的专利占有效专利的比率,分别为:高校2.2%、企业50.4%、个人28.6%、社会总体35.6%。专利许可和转让比率,也能较好反映高校的专利转化状况。据统计,有效发明专利的专利许可率分别为:高校3.3%、企业9.6%、个人13%,社会总体8.6%;转让率分别为:高校1.9%、企业6.7%、个人4.8%,社会总体5.2%。③

(二)主要原因

1. 高校专利转移转化效率低的内因分析

(1)中国高校的基础研究水平还有待提升

改革开放以来,随着经济发展,中国的科研实力取得了长足进步,但是中国整体科技水平与发达国家,尤其是与美国、德国、日本之间还存有差距。随

① 《中国普通高校创新能力监测报告》,载 www.moe.edu.cn/s78/A16/moe_789/201710/t20171012_316131.html,最后访问日期:2017年12月12日。

② 《2017—2020年知识产权市场规模预测报告》,载 www.sohu.com/a/214764553_712171,最后访问日期:2018年1月5日。

③ 国家知识产权局规划发展司、国家知识产权局知识产权发展研究中心:《2015中国专利调查数据报告》(2016年6月发布),第9页、第11页、第13页。

着全球经济、市场、技术的深度融合，美国、德国、日本等技术发达国家通过专利合作协定（Patent Cooperation Treaty，PCT）、《巴黎公约》等途径在全球市场进行专利布局，利用其先进技术抢占市场和机会，最大可能地争夺市场资源获取高额利润。发达国家高水平的基础研究为易于被市场吸收消化的专利提供了坚强的后盾。

举例而言，利用 Patentics 数据库对全球高被引专利进行分析，排在第一位的是 US4683202A，该专利被引用了 58407 次，涉及聚合酶链反应（PCR）技术，为生物领域极具价值的专利，开创了分子生物学研究的新时代。发明人 Kary Mullis 因此获得了 1993 年的诺贝尔化学奖。该项专利技术的实现依赖于 Taq DNA 聚合酶的发现［美国科学家阿瑟·科恩伯格（Arthur Kornberg），华盛顿大学教授］、人类基因组双螺旋结构的破解［美国科学家詹姆斯·沃森（James Watson）和英国科学家弗朗西斯·克里克（Francis Crick），DNA 双螺旋结构破解于剑桥大学的实验室］、基因在细胞内的复制过程的破解等基础性研究。Rachi 于 1991 年斥资 3 亿美元购买了该专利，而该专利后续的专利许可及获得的专利侵权赔偿亦高达数亿美元。

美国国家经济研究所的研究亦表明，美国的生物技术产业从 1975 年几乎为零，到 1989 年有超过 700 家活跃的生物技术公司，关键因素在于大学基础性研究的突破，即基因技术的发展。研究表明这些活跃的生物技术公司大多位于著名学府所在地，尤其是那些有“明星”科学家的著名学府。① 著名的生物制药公司基因泰克（Genentech，创始人之一 W. Boyer 博士是基因重组技术的开创者之一，总部位于加州大学附近）、安进（Amgen，其总部位于加州大学和加州理工学院附近）均得益于此。正是由于高校基础研究的出色表现，美国的生物医药产业取得了蓬勃发展。时至今日，生物医药产业已成为美国高技术核心产业之一，拥有全球最先进的技术和设备，也处于全球生物医药产业链的顶端，获取最高额的利润。

① Lynne G. Zucker, Michael R. Darby, Marilynn B. Brewer, “Intellecfual Capital and the Birth of U. S. Biotechnology”, Nber Working Paper Series, 1994, Working Paper No. 453.

(2)科研院所的科研活动需要对接市场需求

高质量专利的首要之义应为市场需要。中国高校拥有的专利数量从无到有,由量少到量多,除技术、经济发展因素外,政策因素(比如地方政府动用财政资金对专利申请进行资助)、科研项目的结题需要、高校教师职称评定需要等均对申请量有较大影响。这些高校专利申请一定程度上脱离市场需要。反观美国高校的专利申请,多数设立技术转移中心(Technology Transfer Organization,TTO)的高校也同时设立了技术评估中心,不仅在专利许可过程中对专利价值进行评估,在专利申请前对拟申请专利的技术成果进行市场需求度评估和授权可能性评估。Pressman 等的研究发现,约 70% 的大学 DNA 专利在获得之前就已经售出使用许可。①

从经济学角度对高校专利转移转化分析,以整个社会为视角,高校授权专利在成本上至少包括五个方面:①研发过程中人力资源和资金的投入;②申请过程中,专利代理成本;③专利审查和公告过程中,国家行政机关投入的公共资源;④其他就相同或类似技术主题进行申请而未获授权的其他专利申请人所投入的成本;⑤专利转移转化过程会涉及的中介机构、评估机构、运营机构等介入运行的成本。当专利转移转化后的价值难以覆盖前述五项成本时,社会资源或资本一定不会聚焦于该专利。中国高校授权专利中存在"垃圾专利",给社会造成高校拥有大量专利没有转移转化的假象,事实上,这部分专利由于违背了最基本的经济学原理,根本不可能被转移转化。

(3)科研院所的专利转化需要找准时机

如果将专利权类比于一个生命体,其不可避免地会经历产生(获得专利权)、蓬勃(专利权所涉的技术领域稳步发展)、衰亡(新的技术出现,替代原有技术)的过程。即使有高质量的专利,如果错过了转化的黄金时间点,由于技术本身的更替性,这部分专利最终难以被市场接纳。以现代分子生物学最常用的测序技术为例,到目前为止,已经经历了三代测序技术的发展。第一代和第二代测序技术运用了类似的原理,但第三代测序技术和第一代、第二

① Pressman L et al., "The licensing of DNA patents by US academic institutions: an empirical survey", *Nature Biotechnology*, 2006, pp. 2431 - 2439.

代测序技术的原理完全不同，并表现出了更多的优势，可以预期，基于第一代、第二代技术产生的专利授权后，虽然其权利要求的保护范围并未发生改变，但是其专利价值却因所属技术领域的技术发展受到很大影响。因此，高校所属的专利由于技术自身发展的规律，被新技术覆盖淘汰的概率也很大，这也是高校专利转移转化效率低的客观原因之一。

2. 高校专利转移转化效率低的外因分析

（1）法律、制度方面存有藩篱

中国在促进科技成果转化方面的政策法规是比较多的，如《科学技术进步法》《专利法》《技术合同法》《农业技术推广法》《促进科技成果转化法》《关于促进科技成果转化的若干意见》《中小企业促进法》《国务院关于印发实施〈中华人民共和国促进科技成果转化法〉若干规定》《教育部、科技部关于加强高等学校科技成果转移转化工作的若干意见》。但是现有的政策法规体系性不足且多为原则性的条款，缺乏可操作性。在专利转移转化过程中必须涉及的国家财政支持、税收政策、信贷优惠、中介机构、风险投资方面并没有专门的法律，这也给专利转移转化带来很大的障碍，需要在执行层面逐一理清。近年来，中国出台的各项鼓励高校科研成果转化的政策，大力提高科研人员的可得激励，但是科研人员并不具备在市场中寻找交易机会、价值评估、资本运作等方面的能力，这种激励看似力度很大，实则难以实现。

（2）高校自身将专利转移转化的能力欠缺

高校专利转化离不开与之密切相关的知识产权管理机构，截至 2015 年年底，仅 9.7% 的高校未设立知识产权管理机构，但高校已经建立的管理机构中，70.5% 的管理机构是兼职机构。而专职的专利管理机构中，机构人数在 5 人以下的占 97.3%，两人以下的占 87.9%。① 高校拥有的专利转移转化人力资源更是严重不足。

美国大学的技术转移模式大概可以分为三种：第一种模式是麻省理工学院的第三方模式，所得利益由第三方和学校按合同分配；第二种模式是斯坦

① 国家知识产权局规划发展司、国家知识产权局知识产权发展研究中心：《2015 中国专利调查数据报告》（2016 年 6 月发布），第 9 页、第 11 页、第 13 页。

福大学的技术许可办公室(Office of Technology Licensing,OTL)模式,此种模式下高校自己进行技术许可和转移工作,所得收益归于高校;第三种模式是威斯康星大学的基金会模式(Wisconsin Alumni Research Foundation,WARF),其特别之处在于,虽然它是大学的附属机构,但它独立于大学之外,享有独立的法律地位,在管理方面也是独立的。① 以斯坦福大学 OTL 为例,其分为许可授权部、企业合约办公室、信息部、许可联络部等 7 个部门,其工作人员均是具有相关领域很强专业知识的技术经理,而非普通的高校行政人员,需具备技术、法律、资本运作、谈判沟通等多方面的专业知识。专利转移转化过程本身也是技术、金融、法律、市场运作融合的过程,这个过程中需要大量具有专业知识的专门人才。中国高校的知识产权管理部门显然不能满足专利转移转化过程中对人力资源的高度需求。

2008 年中国发明专利金奖——生产内皮抑制素的方法而获得的产品"恩度"(为重组人血管内皮抑制素注射,用于治疗晚期非小细胞肺癌)(专利号:ZL00107569.1,申请日 2000 年 5 月 22 日,授权日 2005 年 10 月 14 日)完整地展现了从专利到市场的过程。2005 年 9 月 12 日,"恩度"被国家食品药品监督管理局批准为生物制品第一类抗肿瘤新药(批准文号:国药准字 S20050088),成为世界上第一个血管内皮抑制素抗癌新药。2006 年 3 月 29 日,弘毅投资以 2.1 亿元控股先声药业 31% 的股权。2006 年 7 月 23 日"恩度"上市,同时宣布先声药业以 2 亿元的价格收购了烟台麦得津生物工程有限公司(原名烟台荣昌生物工程有限公司)80% 的股份。麦得津生物工程有限公司是"恩度"的创造者罗永章教授团队为研发恩度而设立的公司,该项收购创造了当时单一医药品种最大金额的收购。2007 年 4 月 20 日先声药业在美国证券交易所上市。"恩度"作为先声药业的重要产品之一,从 2008 至 2012 年恩度的销售表明其对先声药业年销售额做出了很大的贡献。②

罗永章教授的研发团队在克服内皮抑制素产量低,复性折叠等技术问题

① 卜昕等:《美国大学技术转移简介》,西安电子科技大学出版社 2014 年版,第 29 ~ 35 页。

② 美国证监会公布的数据,载 https://www.sec.gov/Archives/edgar/data/1384360/000110465912028253/a12-9875_120f.htm,最后访问日期:2018 年 4 月 2 日。

中发挥了举足轻重的作用,没有该研发团队,就不会有恩度的问世。但后续药品上市销售、资本运作等是交由先声药业和弘毅投资来完成的。弘毅投资是中国本土最大的私募股权公司,通过资本运作方面的专业团队和丰富经验,帮助先声药业在美国证券市场完成了上市退市等一系列动作。而先声药业在引入弘毅投资之前也已在医药行业深耕20年,有着丰富的渠道、药品风险把控、流通管理运营经验,对市场的把握、竞争对手的产品布局也有其独特优势。“恩度”的成功产业化是多方资源和人才合力的结果,远非高校自身能够独立完成。

(三)如何提高科技成果转化率

就目前阶段而言,着力加强下述几方面的工作,对于提高科技成果转化率或有裨益。

1. 梳理专利类型,建立符合经济学原理的高校专利申请流程

高校产出的科技成果并非全部以可见形式转化入社会,目前高校所属的可见科技成果集中表现为专利,对这些专利进行分类梳理,是破解高校所属专利转化率低这一难题不可或缺的步骤。应将高校所属的专利按照经济学中产出和成本的关系进行大致的分类。

第一类是产出远远小于成本的专利。基于职称评审、课题结题、毕业生落户、各级地方政府动用财政资金资助的纯粹追求数量等获得的高校所属专利,往往脱离市场需要,无法纳入科技创新促进经济发展的框架中,反而造成了高校饱受诟病的专利转移转化效率低的现象。这样的专利,没有研发人员的智力投入,消耗了国家的财政资金,同时消耗了国家专利行政机关在审批专利时投入的成本和人力资源,在如此高的社会成本下,专利本身却并不解决任何实际的产业需求,这种类型的专利由于违背了经济学的基本原理以及资本的逐利性,根本没有转移转化的可能性。

第二类是产出可能会大于成本,但是由于专利文件的原因而降低了转化价值的专利。此种类型的专利往往由于专利申请过程中未对技术特征进行适当概括、未对核心技术进行层叠保护、未就核心技术形成专利壁垒等原因,造成了专利技术易于被规避,是披上了“专利外套”的公共知识产品。如果

将高校专利转移转化有限的资源过多地投入此种类型的专利，效果必然让人失望。

第三类是建立在高水平研究，确为产业需求，经过市场分析，产出大概率高于成本的高校所属专利。高校应将有限的人力和财力资源发力于此种类型的专利，方有可能提高高校的科技成果转化率。高校后续的专利申请，应充分考虑市场和产业的需求，建立申请前市场、技术评估机制和流程，防止高校脱离市场需求、为专利而专利的“垃圾专利”数量进一步增长。高校亦应逐步将专利数量与职称评审等脱离，转而与转化后的收益挂钩。

2. 充分发挥专利审查机构在高校专利转移转化过程中的作用

高质量专利是高校专利转移转化的起点，高质量的专利离不开高质量的审查。中国目前的专利审查机构包括国家知识产权局专利局，以及专利局下属的6个专利审查协作中心（北京、江苏省、四川省、河南省、湖北省、广东省），各审查协作中心均为独立的法人机构，有独立的人事、劳资、财务权，分布于不同地域。各审查协作中心在解决专利申请案件积压问题上，发挥了重要作用，根据世界知识产权组织公布的数据，中国的专利审查周期已经大大缩短至21.8月。① 各审查协作中心的共同上级单位，应着力提升审查员的外语水平；适时开展对专利审查员的多语种培训；在审查系统内建立制度化的机制保证所有拥有独立法人资格的各审查协作中心在同一审查标准下进行审查；亦需要建立制度化的机制不断更新专利审查员对现有技术的认知，以进一步提高专利审查质量，才能在专利申请与专利授权之间建立更有利于专利转移转化的审查机制。从社会成本的角度而言，高效高质的专利审查，是专利制度将技术创新融入新常态下经济创新发展必不可少的步骤，亦是提高高校专利转移转化率不可或缺的助力。

3. 提高基础研究水平，进而带动应用技术的研究和产出

无论是在中文还是英文的语境下，科学与技术都是两个不同的词汇，但

① 该数据由世界知识产权组织发布，本文所引用的数据来源于中国国家知识产权局的翻译版，载 http://www.sipo.gov.cn/tjxx/wjndbg/201704/t20170424_1310235.html，最后访问日期：2018年5月17日。

是随着科学与技术之间的联系越来越紧密，人们在使用这两个词汇时常常并列使用。事实上，高校的基础研究更多的是以科学为对象；应用型的研究，更多以技术为对象。而基于科学技术的广泛运用是现代经济增长的主要原因，这也是西蒙·库兹涅茨（Simon Kuznets）将现代经济整张的起点定于第一次工业革命开始时的原因。因此，在讨论高校专利的转移转化时始终需要明确的是，没有高水平的基础研究，就难有在市场上能够带来比成本更高收益的专利技术，这样的专利在转移转化的过程中将举步维艰。

为了使高校所属专利更好地促进经济创新驱动发展，首先应持续加大对基础研究的资金和人力资源投入，为高校引进更多高水平研究型人才，高校自身也应在进行基础研究和教育的同时培养和储备高水平研究型人才。用制度激励基础研究和科学发现，激发科研人员的研究潜能，这样才有可能培育高价值、易于为市场消化吸收的高校所属专利。

4. 发挥政府在高校专利产业化转移过程中的引导作用

随着高校科研实力的增强及科研产出的逐步增加，管理层已经意识到高校科技成果对国民经济发展的推动作用。以 2016 年 2 月 17 日国务院常务会议提出的支持科技成果转移转化的“一揽子”措施为例，会议提出了五大措施促进科技成果的转移转化，这些措施涉及科技成果转化过程中最为重要的处分权、激励机制等，也充分肯定了中介机构在科技成果转化过程中提供服务的价值，但是上述措施大多数仍然是纲领性的措施，难以推进。

在高校确实缺乏转移转化能力的现实状况下，政府应更多地尝试设立政府主导同时引入社会资本的科技成果转移转化（专利）基金，充分发挥政府的资源优势、信誉优势及社会资本的能动性，引领企业依托体制承接高校科技成果。中国目前主要的知识产权基金包括国知智慧知识产权股权基金、四川省知识产权运营基金等，这些基金通常以地域为立足点，基金的运营模式仍在逐步摸索中，在基金的利益分配机制、科技成果（专利）价值挖掘等方面仍有很大的可探索空间。

逐步引导、指导高校成立能够满足现实需要的知识产权管理机构，建立高校知识产权管理机构与市场企业之间的沟通平台，指导高校知识产权管理机构对有用信息尤其是专利需求信息的利用。政府部门主导设立类似于美国的大学技术经理人协会(Association of University Technology Managers, AUTM),提高技术经理人的水平,全面整合产、学、研、资本、政府资源,为高校和社会输送更多专业人才。对专利运营、服务机构应管理与培训并重,切实提高专利运营、服务机构的水平。整合技术、法律、金融、市场多方资源和人才,为科研成果的转化建立人才长效机制。

5. 充分发挥企业、科技中介机构等在科研成果转化过程中的作用

高校产出的科技成果,绝大多数是通过企业进行承载转化的,这种承载转化本身需花费资金且承担风险,因此,为企业制定有效促进科技成果转化的法规政策,降低其转化风险,最大限度地发挥企业的积极性,对科技成果转化大有裨益。政府通过为企业提供税收优惠、信贷优惠,帮助企业形成多元融资体系等方式,助力企业更加积极主动地融入高校科研成果转化的产业链中。在目前还未充分建立起企业和高校之间的信息集散中枢的现实状况下,科技中介机构在目前以及未来一段较长时间内仍然是企业技术需求与高校技术供给之间极为重要的一环,应在法律上明确科技中介机构的主体资格,使其更加顺畅地融入科研成果转化的产业中。政府对于科技中介机构的发展应发挥扶持和监督的双重作用,建立符合中国市场实际需求的科技中介组织法规体系。

第三节　市场主体的角色和理念

中国共产党的十九大报告明确指出要深化科技体制改革,建立以企业为主体、市场为导向、产学研深度融合的技术创新体系,加强对中小企业创新的支持,促进科技成果转化。据统计,2015 年,中国全社会的研发投入超过 14000 亿元,其中企业投入占 77%。这表明企业已经成为中国科技创新的重要主体;过去 10 年来,国有企业和私营企业对可再生能源和电动汽车的大量投资和创新,正在为更清洁的世界铺路。而人工智能、大数据和机器人等科

技创造和创新是持续增长的关键——世界需要更多创新。① 这些关键领域的创新突破，企业是重要的创新主体。近年来，中国企业在高科技领域的发展势头迅猛，2017 年 12 月，美国 CB Insights 发布的关于全球独角兽企业的数据显示，全部 220 家独角兽企业中，美国占据 109 家，中国 59 家，其余所有的国家加在一起 52 家。②

然而，企业并不是创新进程中唯一的市场主体，在一个成熟的创新生态系统中，企业、风险投资、孵化器、科技园区等主体之间相互支持和影响，比如硅谷是一个具有多元创新主体、发达风险投资体系、开放包容文化氛围的全球最具活力的"创新热带雨林"，形成了以"引擎企业"为核心，中小企业、初创企业共同构筑的创新网络。③ 本节关注企业等市场主体在创新生态系统中的角色和发展理念，主要研究有助于企业创新的市场要素，诸如企业团队、风险投资、孵化器、科技园区等；此外，作为创新进程中最为重要的市场主体，企业成长为大型、成功的高科技企业之后，正在转变传统意义上只关注其自身商业利益的角色，向提供公共物品角色甚至担当政府部分职能的角色转变。

一、中小型科技企业、风险投资及科技园区

在一个成熟的创新生态系统中，企业、风险投资和高科技园区是不可或缺的市场主体。企业的创立需要创业者资本、知识、人才、设备等各种要素，并且需要把各种要素在一定环境中组合起来。④ 美国第三大创业区域"硅滩"，截至 2017 年 12 月，拥有创业公司 1145 家、加速器 33 家、孵化器 45 家、联合办公机构 57 家、投资公司 73 家、咨询公司 319 家、众创空间 17 家。⑤

---

① 朱民：《如果市场无法对新生创新企业给予足够支持，亚洲经济体应该效仿发达国家，由国家扶持技术创新和创造》，载 http://club. kdnet. net/dispbbs. asp? boardid = 3&id = 12595241，最后访问日期：2018 年 1 月 16 日。

② 《中国独角兽企业群第一梯队，最低门槛市值千亿》，载 www. cb. com. cn/gdbb/2018_0316/1228153. html，最后访问日期：2018 年 3 月 16 日。

③ 《硅滩：正在崛起的全球科技创业中心》，载文汇网，最后访问日期：2018 年 1 月 17 日。

④ 姚望春：《高科技企业成长研究》，首都经济贸易大学 2005 年硕士学位论文，第 11 页。

⑤ 《硅滩：正在崛起的全球科技创业中心》，载文汇网，最后访问日期：2018 年 1 月 17 日。

（一）中小型科技企业

经济学家约瑟夫·熊彼特（Joseph Schumpeter）指出，经济的真正动力阶层在于企业家，他们把新的思想、新的技术，通过新的组织形式和新的制度投入市场，并且不断地开拓市场，这样使经济得以发展。众多市场主体中，企业的基本定位是：建立合格、积极主动、适应力强的工作团队完成创新活动或投资于创新活动，并将创新成果迅速地投入市场，通过强烈而公平的竞争以赢得市场。在各种类型的企业中，中小型高科技企业的发展应当最受政府关注，只有为这些中小型科技企业的诞生发展提供全链条的政策考虑，它们才有可能成长为独角兽，正向推动当地企业的创新氛围。

在从个人创新时代走向企业创新时代的过程中，团队逐渐成为企业创新的基本单位。团队的方式使拥有不同能力和信息的成员之间能够实现交换、合作和互动，以获得更好的解决方案或创新成果。所以，企业创新实质上是说研发团队的创新，为了完成技术创新任务，企业必须建设起适应力强的研发团队。企业建设研发团队的关键在于研发团队的成员选择以及研发团队的组织结构，团队成员的多元化以及组织结构的去中心化特点也成为影响创新的重要因素。全球化背景下的研发团队，通常是跨职能、跨层级的，由各种背景、不同专长的人，一起负责一个完整的工作项目或者提供整体解决方案。团队成员的配置对团队运行过程和结果会产生重要的影响。[①] 互联网大潮正猛烈冲击着传统企业的组织结构和管理流程，打造去中心化和扁平化、实现开放式组织是传统企业面临的重大课题。互联网时代的重要特征就是去中心化、组织小微化、零距离、全接触，从根本上改变了企业和用户之间的信息不对称，开放、互动、即时的互联网环境，倒逼企业必须更加扁平化、小微化，更加灵活，更加充满活力，才能全方位地响应用户的需求。

（二）支持创新的风险投资

风险投资最早出现在美国，之后被应用于其他发达国家以及一些新兴工

① 刘宁、贾俊生：《研发团队多元性、知识分享与创新绩效关系的实证研究》，载《南开管理评论》2012年第6期。

业化国家，对促进高科技企业创立与成长发挥了重要作用。① 一个创新活跃度高的区域，往往吸引较多风险投资基金的关注。比如正在成为全美第三大科技创业区域的硅滩地区，根据“商业银行洞悉”近期发布的《洛杉矶技术报告》，由风险投资支持的科技初创企业在2017年上半年的交易数量达到了208笔，该地区风险投资交易已连续四个季度增长，许多新兴行业受到青睐。②

1. 作为资金放大器的风险投资

科研成果从实验室走向市场，面临的最大障碍就是缺乏资金。间接融资、主板市场融资、政府财政资金在支持科技企业方面都具有局限性。从银行提供的间接融资角度看，商业银行在资源配置上存在一个“逆向选择”问题，即最需要资金、资金生产率最高的项目往往因为风险较高而得不到贷款，而发展成熟、收入趋于稳定的企业因风险较小而成为银行追求的对象。专为企业直接融资开辟的主板市场，由于其上市条件严格和投资者风险承受能力有限，也使高新技术企业难以获得有效的资金支持。风险投资公司以基金或合伙的形式，把银行、保险公司、养老基金、共同基金、大公司、富有的个人和外国投资者的分散资金集中起来，形成风险投资基金，然后通过专业的运作给急需资金的高新技术企业提供资金支持并获得高额回报。风险投资所具有的这种“资金放大器”功能，为硅谷科技成果转化和产业化提供了大量急需资金。苹果、英特尔、太阳、网景、思科、恒星等一批名闻遐迩的科技企业都是得益于风险投资。

2. 作为市场筛选机制的风险投资

风险投资家在做出投资决策之前进行严格的项目评估和市场筛选。在硅谷，风险投资公司通常要吸纳金融、管理人才，聘请科技界和产业界的资深人士作为投资顾问，设立科技和经济情报的收集、研究机构，定期对某个领域的技术和产业动向提出投资和经营的决策参考意见，然后由风险投资家根据市场吸收力、产品的独特性、创业者的管理能力、环境威胁抵抗能力等多方面

① 姚望春：《高科技企业成长研究》，首都经济贸易大学2005年硕士学位论文，第17页。

② 《硅滩：正在崛起的全球科技创业中心》，载文汇网，最后访问日期：2018年1月17日。

对项目进行一次、二次筛选。虽然风险投资家每年都会收到大量寻求投资的商业计划书，但风险投资家最希望见到的好项目只是合适的企业家在合适的时期掌握合适的技术，存在或者能够创造出合适的市场，最终带来丰厚回报的项目。因此，风险投资的决策过程，实质上也就是一个对高新技术产业进行大浪淘沙、市场筛选的过程。严格的项目评估过程使得任何一种有广阔市场前景、附加值高的技术，甚至当项目仅仅还只是一种创意时都会得到风险投资家的资助，实现产业化。同时，风险投资的高回报率强化了投资者之间的竞争，并突出了市场决定的功能。①

3. 对风险投资的风险监管

《财富》杂志的记录显示，2015 年超过 80 家创业公司获得的风投估值超过 10 亿美元。到 2016 年 1 月，这一数字已膨胀至 229 家。一方面，如今风险投资大大加快了企业的成长速度；另一方面，新兴产业对风险投资的过度依赖导致创新创业沦为资本的游戏，原本定位为创业天使的风险资本，有可能变成扼杀创业空间的魔鬼。2017 年 6 月，摩拜获腾讯领投的 6 亿美元 E 轮融资，融资后，摩拜估值在 20 亿到 30 亿美元之间。② 在疯狂的资本的推动下，即便共享单车尚没有一个扎实的盈利模式，众多共享单车企业仍争相向资本靠拢，以漂亮的数据作为吸引风险投资的手段，企图依靠风险投资抢占市场。然而就在短短几个月后，在资本的恶性竞争下，众多共享单车企业倒闭，散落各地的令人触目惊心的共享单车“坟场”成为整个社会的负担。③ 在这个过程中，共享单车的存在已经偏离了解决城市出行“最后一公里”的最初意义。踏踏实实专注于创新和用户体验的企业由于无法吸引到风险投资而被淘汰，而尝到一点资本甜头的企业又被更大的资本所支持的竞争对手淘汰，创新创业成了资本的游戏。

资本具有天然的投机性和逐利性，这本身无可厚非，但是中国的风险投

---

① 李永周：《美国硅谷发展与风险投资》，载《科技进步与对策》2000 年第 11 期。

② 霂深笙：《共享单车膜拜 E 轮融资后获 6E，风投的疯狂》，载 http://www.elecfans.com/xinkeji/527896.html，最后访问日期：2018 年 1 月 18 日。

③ 《厦门共享单车“坟场”令人触目惊心》，载 http://www.zhonghongwang.com/show-159-73818-1.html，最后访问日期：2017 年 1 月 16 日。

资行业起步晚，目前尚且没有一部专门的法律对其进行规制，一味地任其发展显然不利于企业的健康成长。目前中国的情况是，在风险投资领域存在严重的“炒概念”和跟风的现象，投资者和被投资者都有盲目自信趋向。再者，政府在出台相关产业政策的同时缺乏一定引导和监管，也同样导致了风险投资的混乱。2016 年 3 月 1 日，国家发改委联合中宣部、科技部、财政部等共十部委印发《关于促进绿色消费的指导意见》，明确指出“支持发展共享经济，鼓励个人闲置资源有效利用，有序发展自有车辆租赁，创新监管方式，完善信用体系”，结果凡是跟共享沾边的产业都获得了风险投资的青睐，导致市场上出现了诸如共享床铺等一系列五花八门缺乏实用价值的产品面世，造成资源浪费，这种缺乏引导的产业政策导致的结果将与其目标背道而驰。对中国目前面临的风险投资行业的乱象，以及为了进一步让风险投资向着有利于创新创业方向去发展，政府在推行产业政策的同时，应当推动与之配套的更健全的估值机制的建立，同时针对资本市场作假行为建立更严厉、更具执行力的法律追究机制。

（三）影响企业创新的其他市场主体

企业孵化器和高科技园区也是影响科技创新进程的重要市场主体，它们能够支持企业创新，在美国、日本、新加坡、中国台湾地区等国家或地区，企业孵化器和高科技园区成为提升企业经营活跃度以及推动市场创新的重要载体。企业孵化器在美国产生之后，很快被其他发达国家和新兴发展中国家采用，在提供引导基金、创业辅导及连接市场机会三方面对企业的成长起着积极推动的作用。高科技园区则在产业定位、管理体制、资金支持人才聚集方面都对企业的创新产生重要的影响，是重要的创新载体和创新发展的强大引擎。

二、大型高科技企业的角色转变

当一个个创意孵化成为众多极具影响力的大型公司后，这些大型公司反过来回馈社会、改善创新环境，它们能够制定规则、影响创新风气、扛起贸易自由主义的大旗、抵制政府不当的决策、担负更大的社会责任。因此，企业将越来越多地承担政府无法解决的社会责任，担当起更具公共色彩的社会角色，较为集中地体现在两个方面：第一，具有成功高科技产品的科技公司能够将大数据、人工智能、区块链等高科技运用于交通、司法等公共物品领域，从而提高效率、释放生产力，解决传统环境中无法解决的具体问题；第二，大型高科技企业通过投资于基础设施能够改善、提升创新生态系统，比如从事教育、科研、环境保护、技术培训、帮助穷人，以及支持大学研究，运用大数据等高科技手段提升立法、执法和司法的效率，帮助政府改进政策法律环境。

（一）帮助提升生产效率、克服技术问题

一些成功的高科技公司将自己的高科技产品运用于公共基础设施的提供过程中，能够解决传统技术无法克服的技术难题，从而改变公共基础设施或服务的提供方式。

1. 大数据分析参与诚信体系建设

诚信对商业环境的完善和政府等公权力机构的公信力建设等至关重要。长期以来，中国的商业诚信、司法执行中的“老赖”等问题非常突出，随着大数据科技和产业的不断成熟，通过借助技术的力量建立、完善诚信体系已经成为可能。2017 年 12 月，国家发改委与阿里巴巴集团在北京签署关于推进商务领域诚信体系建设合作备忘录，双方将在数据共享、联合奖惩、试点示范、研究共创等方面展开一系列的合作，为提升商务领域诚信意识，加快推进诚信体系建设，发挥信用体系在优化商业环境、促进产业发展方面起到重要作用。国家发改委副主任连维良表示，加强电子商务全流程信用建设，完善市场化评价体系，强化信用监管，对于当前完善社会信用体系建设具有极强针对性，也是社会信用体系建设的重要内容。阿里巴巴集团在推动电子商务领域诚信建设中做了很多积极有益的尝试和创新，并将信用管理嵌入了平台运营，为营造诚实守信的电子商务发展环境做出了积极贡献。随着合作备忘录的签署，全国信用信息共享平台将与阿里巴巴集团建立信息共享渠道，实时共享由全国信用信息共享平台归集的联合奖惩“红黑名单”等信用信息。阿里巴巴集团则向全国信用信息共享平台提供其 B2B 平台、大淘宝平台归集的清退企业名单等相关核查服务。[①]

2. 互联网公司参与司法服务的提供

一些科技公司与法院合作，使案件的立案、送达以及生效判决的执行等更为便利，尽管伴随一些争议，但在实践中逐渐获得更多认可，智慧法院的打造指日可待。如2012年7月，浙江省高级人民法院与淘宝网合作开通"司法拍卖平台"并完成首单，随后各地法院纷纷跟进。2016年8月3日，最高人民法院发布《关于人民法院网络司法拍卖若干问题的规定》，从此确认网络司法拍卖探索的合法性，并在司法解释中全面规范了网络司法拍卖。近年来，人民法院在智慧法院建设方面成果显著，也大胆借助新科技的力量。2017年11月17日，广州市中级人民法院与腾讯公司签署《共同建设"法律+互联网"战略合作协议》，并联合发布"广州微法院"3.0版本，法院通过微信与庞大的用户群体进行连接，实现网上立案、网上缴费、网上庭审、网上阅卷等"一站式"诉讼服务。[②] 杭州互联网法院从诞生之日起更是主动推出多项适应互联网发展的重大制度创新，比如异步审理模式打破时间空间限制，各审判环节均在网上诉讼平台非同步实施，指引当事人在信息对称情况下非同步完成诉讼，发问、辩论、最后陈述等适用《涉网案件异步审理规程（试行）》。[③]

（二）改善创新生态系统、转变传统社会治理模式

大型科技公司对教育、环境、培训等方面的投资，实际上也已经触及政府部门的传统角色，这些公共物品方面的投资能够改善创新生态系统，促进本土创新人才、创新意识、创新能力等创新要素的提升。比如英特尔公司在中国建立了稳定的大学合作计划，推出多核大学计划、联合培养人才计划，资助联合科研项目，支持职业教育，开设知识产权相关课程，通过这些方法开展与中国知名高校及研究机构紧密合作，将创新的思想转化为创新的技术，培养

---

① 《国家发改委与阿里巴巴共建商务领域诚信体系建设》，载 https://mini.eastday.com/a/161202180950307.html，最后访问日期：2018年1月1日。

② 《广州中院腾讯公司达成战略合作 推出"广州微法院"微信小程序3.0版》，载微信公众号"微信法务"，最后访问日期：2017年11月17日。

③ 《全球首创！杭州互联网法院"异步审理模式"上线》，载 http://news.sina.com.cn/o/2018-04-03/doc-ifyteqtq3146997.shtml，最后访问日期：2018年4月8日。

创新人才。为有效地促进教育公平、缩小数字鸿沟,英特尔公司还大力支持基础教育,在中国培训百万教师,近一亿学生受益,支持英特尔国际科学与工程大赛及全国青少年创新大赛,支持农村教育和社区教育,5 年内为中国农村学校捐赠一万台电脑。

数字经济时代的来临为传统社会的治理模式带来挑战,无论立法,执法还是司法机构均可借助高科技改变传统的政策法律供给、执行和适用的方式,进而带动理念转变,提升改善政策法律环境,比如金融监管层面,互联网、大数据、人工智能、区块链等科技驱动创新,产生了大量本质上区别于传统的基于工业革命而形成的商业银行、保险公司、证券交易所等各类新模式,具备根本上的颠覆性①,高科技与金融监管必将深度融合,并推动金融监管技术和理念的创新行业治理和技术治理的趋势将更明显。为此有观点指出:应以科技驱动型的监管思路应对新技术发展对于金融监管的挑战,采用与金融科技发展相匹配的科技驱动型监管模式回应金融科技监管的特殊性,以契合金融科技创新的技术性本质特征。②

(三)商业角色与公共角色的划分

网络技术改变了社会结构,形成了与现实社会并存的新形式。正是如此,互联网公司的平台治理与承担社会责任正在成为全行业集中争论的问题。大型科技公司的定位转型也为与科技相关的诉讼的解决带来了挑战。比如搜索引擎是否有义务和责任监管平台广告?游戏厂商是否有义务和责任防止过度沉迷?电商平台打击假货的法律边界何在?提供公共产品和服务的同时,如何防止这些企业不正当滥用其平台地位?这些问题是随着大公司角色变换带来的法律治理难题,需要予以思考并提出应对方案。

比如,网络产品或服务提供者有能力在提供公共平台或推送公共信息的同时扮演竞争者的角色,这意味着网络产品或服务提供者可以同时充当裁判员和运动员的角色。这种角色使网络产品或服务提供者容易借裁判员的权力来影响竞争秩序,一方面可能破坏竞争对手产品或服务的完整性或安全

---

① 杨东:《监管科技:金融科技的监管挑战与维度建构》,载《中国社会科学》2018 年第 5 期。
② 杨东:《监管科技:金融科技的监管挑战与维度建构》,载《中国社会科学》2018 年第 5 期。

性,另一方面可能在信息推送过程中发表不当商业评论,诋毁竞争对手或其产品、服务的商誉。360与腾讯之间的纠纷(3Q大战)为法院回应这个问题带来了契机。在这个案件中,QQ软件采用的是“免费服务平台上开展盈利业务以及推广其他产品和服务”的商业模式,在其QQ平台上设置了各种按钮和图标以便用户根据需要选用。360针对该QQ软件专门开发了扣扣保镖,在相关网站上宣传扣扣保镖全面保护QQ用户安全,并提供相关下载。在安装了扣扣保镖软件后,该软件会自动对QQ软件进行体检,并以红色字体警示用户QQ存在严重的健康问题,以绿色字体提供“一键修复”帮助。

该案之后的“插标”“屏蔽广告”等类似纠纷都涉及利用提供公共产品的机会干扰竞争者、截取或转移流量。3Q大战的终审法院认为360已经构成不正当竞争,经营者对于他人的产品、服务或者其他经营活动并非不能评论或者批评,但评论或者批评必须有正当目的,必须客观、真实、公允和中立,不能误导公众和损人商誉。经营者为竞争目的对他人进行商业评论或者批评,尤其要善尽谨慎注意义务。上诉人无事实依据地宣称QQ软件会对用户电脑硬盘隐私文件强制性查看,并且以自己的标准对QQ软件进行评判,并宣传QQ存在严重的健康问题,造成了用户对QQ软件及其服务的恐慌及负面评价,使相关消费者对QQ软件的安全性产生怀疑,影响了消费者的判断,并容易导致相关用户弃用QQ软件及其服务或者选用扣扣保镖保护其QQ软件。这种评论已超出正当商业评价、评论的范畴,突破了法律界限。①

为了防止产品或服务提供者混淆经营者和监督者、商业性和公共性之间的角色,终审法院在该案中一方面提出“最小特权”原则:在对其他计算机软件进行干预时必须以“实现其功能所必需”为前提,而且这种干预也要以客观、中立的方式加以实施。另一方面,坚守了公力救济的原则:②有关的市场主体在从事市场经营活动的过程中,在国家有关主管机关或具有相应资质的

---

① 最高人民法院(2013)民三终字第5号民事判决书。

② 北京市高级人民法院(2015)高民(知)终字第10号民事判决书。

权威机构未对需要运用专门知识进行分析、判断的专业技术问题发表具有科学依据的定论性意见之前，均不应仅凭一己之见即对其他市场主体特别是竞争对手的商业行为或产品质量等问题向社会公众发布具有倾向性的评述，从而通过使消费者对其他经营者的产品或服务产生先入为主的印象等不正当手段获取竞争优势。即使有关市场主体认为其对有关专门问题的判断确有依据，亦应当通过向国家相关主管部门反映等正当的法律程序予以解决，在此之前，以任何方式发布具有明确指向性、倾向性或定论性的，并可能对他人正常的生产经营活动产生不利影响的声明、评述等行为，均应当为法律所禁止。①

三、企业主体的竞争伦理及相关裁判的发展

当前中国经济社会的发展已经进入了一个全新的阶段，创新日新月异，竞争激烈残酷，新型商业模式和竞争行为不断涌现，经营者之间的竞争伦理的重要性凸显，与此同时，判断竞争行为正当性难度更大，传统竞争法层面的法律适用出现了全新的挑战。在这种背景下，《反不正当竞争法》第 2 条的适用案件大量增多，如何确定该条中的“商业道德”内涵成为案件审理的重要焦点，反过来也影响到创新商业模式的保护和发展。企业主体在实施经营行为和创新行为的过程中必须把握“竞争伦理”的内涵和尺度。

（一）动态的市场竞争及客观的“商业道德”

在当前商业环境中，市场主体之间的竞争样态已经发生了巨大的变化，法律对竞争行为的规制也应当做出相应的调整和更新。总体而言，市场竞争已经从静态的、理想的竞争演变为动态的、错综复杂的竞争。中国规制竞争行为的传统裁判模式几乎均建立在传统社会静态竞争理念的基础上。新古典经济学理论的理想竞争图景有些像风平浪静的大海，这是一种静态的、理想的竞争。现代市场竞争更像猛烈的风暴或潮汐波，这股永不停息的暴怒的力量推开旧技术，为新技术开路，它带来的破坏性当然更强，但它带来的经济

① 北京市第一中级人民法院（2011）一中民终字第 12521 号民事判决书。

增长步伐也远远超过更加稳定和保守的替代方式,[①]经济学统计表明20世纪前半叶每小时总产量翻番,其中近90%的部分源于创新和技术进步。[②] 现代竞争更具激烈性、动态性和复杂性。互联网竞争就是这种典型的现代竞争,软件干扰行为常承载着最前沿的互联网技术和商业模式创新,干扰行为背后交织的法律利益错综复杂,一方竞争利益的损害、竞争者"搭便车"或不劳而获等均不能绝对地等同不正当竞争行为。反不正当竞争立法或司法的整体理念要符合时代发展的趋向和创新市场的新特点,在认定不正当竞争时要更多考虑创新,更多赋予竞争自由的权重,尽量避免过度干预市场、对创新本身贴上反竞争的标签。现代竞争的这些新特点要求更新反不正当竞争的理念。

其中一个重要内容的更新涉及"商业道德"的内涵判断。中国法院传统上以"搭便车"或"榨取劳动成果"作为衡量"商业道德"的标尺,经营者被认为负有不得借用他人商誉谋取利益的义务,一旦违反该义务,即被认为违反诚实信用原则和公认的商业道德,市民社会中"好的撒玛利亚人"形象才是良好道德的典范。到2012年,最高人民法院在"马达庆"案中对《反不正当竞争法》一般条款构成要件进行解读,升华了"商业道德"的内涵,为"商业道德"的客观化迈出了重要一步。该案判决通过指出"商业道德"是"诚实信用"原则在反不正当竞争法中的体现,认为应当以"经济人的伦理标准"来衡量"商业道德",从而首次通过个案的形式区分"商业道德"和"诚实信用"。[③]

---

① [美]克里斯蒂娜·博翰楠、[美]赫伯特·霍温坎普:《创造无羁限:促进创新中的自由与竞争》,兰磊译,法律出版社2016年版,第268页。

② Robert M. Solow, "Technical Change and the Aggregate Production Function", *The Review of Economics and Statistics*, Vol. 39, No. 3, Aug., 1957, p. 320.

③ 最高人民法院(2009)民申字第1065号民事裁定书:诚实信用原则是民法的基本原则,是民事活动最为基本的行为准则,它要求人们在从事民事活动时,讲究信用,恪守诺言,诚实不欺,用善意的方式取得权利和履行义务,在不损害他人利益和社会公共利益的前提下追求自身的利益。在规范市场竞争秩序的反不正当竞争法意义上,诚实信用原则更多的是以公认的商业道德的形式体现出来的。商业道德要按照特定商业领域中市场交易参与者即经济人的伦理标准来加以评判,它既不同于个人品德,也不能等同于一般的社会公德,所体现的是一种商业伦理。经济人追名逐利符合商业道德的基本要求,但不一定合于个人品德的高尚标准;企业勤于慈善和公益合于社会公德,但怠于公益事业也并不违反商业道德。特别是,反不正当竞争法所要求的商业道德必须是公认的商业道德,是指特定商业领域普遍认知和接受的行为标准,具有公认性和一般性。

(二)“行业惯例标准”和“商业道德标准”的效率观

1.“行业惯例标准”

“马达庆案”之后,“行业公认的商业道德”的法律地位彰显,评判标准的客观性得到了提升。然而,由于商业道德具有流动性,且何谓“公认的商业道德”常常成为争讼双方的分歧所在,中国法院并未僵硬拘泥地援引行业内公认的商业道德作为评判不正当竞争行为的依据,而认为要对所谓的“公认商业道德”进行合理、正当的审查。

在3Q不正当竞争纠纷案中,广东高院审查了互联网行政管理部门的规章制度和互联网行业内公认的做法,并据此认定为公认的商业道德。① 该案二审过程中,当事人一方不认为部门规章或行业公约与公认商业道德之间的必然关系,最高人民法院就部门规章和自律公约的相关规定能否成为“公认的商业道德”,首次明确了审查标准:“该自律公约系互联网协会部分成员提出草案,并得到包括本案当事人在内的互联网企业广泛签署,该事实在某种程度上说明了该自律公约确实具有正当性并为业内所公认,其相关内容也反映了互联网行业市场竞争的实际和正当竞争需求。人民法院在判断其相关内容合法、公正和客观的基础上,将其作为认定互联网行业惯常行为标准和公认商业道德的参考依据,并无不当。”②随着高科技的不断涌现并细化,行业公约在高科技领域的治理地位会继续提升,这一判决无疑具有前瞻性。

2.“商业道德标准”的效率观

3Q案虽然确立了认定和审查“行业惯例”的基本方法,但是科技发展日

---

① 广东省高级人民法院(2011)粤高法民三初字第1号民事判决书:无论是互联网行政管理的部门规章还是互联网业界公认的商业道德,都禁止互联网信息服务提供者欺骗、误导或者强迫用户使用或者不使用其他服务者的服务和产品,或者恶意修改或者欺骗、误导、强迫用户修改其他服务者提供的服务或者产品参数,也禁止针对特定信息服务提供商的合法广告进行拦截。

② 最高人民法院(2013)民三终字第5号民事判决书:在市场经营活动中,相关行业协会或者自律组织为规范特定领域的竞争行为和维护竞争秩序,有时会结合其行业特点和竞争需求,在总结归纳其行业内竞争现象的基础上,以自律公约等形式制定行业内的从业规范,以约束行业内的企业行为或者为其提供行为指引。这些行业性规范常常反映和体现了行业内的公认商业道德和行为标准,可以成为人民法院发现和认定惯常行为标准和公认商业道德的重要渊源之一。当然,这些行业规范性文件同样不能违反法律原则和规则,必须公正、客观。

新月异，在很多细分的市场中可能根本尚未形成所谓的“行业惯例”，这些情况一方面为不正当竞争行为的判定带来了新的问题和挑战，另一方面也为进一步明确“商业道德”的规范内涵及判断方法提供了契机。与此同时，在全球范围内存在从公平的竞争观向效率的竞争观转变的发展潮流，尤其体现在具有厚重传统的欧洲。源于欧洲国家保持社会凝聚力和调和竞争者之间关系的传统观念，欧洲国家形成了一种不以欺骗行为为基础的“侵占”（misappropriation）规则，但自1980年代开始，这种“正当”竞争的观念逐渐为经济效率的观念所取代，即不再特别寻求保护消费者和不再更多保护竞争者，更加强调优胜劣汰法则，只要能以其产品优势赢得消费者就能够获得成功，这种基于经济观点的效率竞争观是当今主流的以促进竞争为导向的竞争观。[①] 中国法院的反不正当竞争裁判也体现了这种思潮的转变，最典型的体现是裁判说理的过程更注重通过个案中多因素的评估来认定是否违反商业道德标准，有些判决甚至明确评估竞争行为产生的正面和负面效应。

如大众点评诉百度案的二审法院指出，互联网竞争行为虽然损害了其他竞争者的损害，但可能同时产生促进市场竞争、增加消费者福祉的积极效应。百度公司的商业模式创新在一定程度上提升了消费者的用户体验，具有积极效果，但是也对市场秩序产生一定的负面影响。[②]“斗鱼直播案”二审法院明确指出反不正当竞争法的竞争法定位，以其他经营者的利益是否受到损害、消费者福利是否提升、行业竞争秩序和效率是否促进为评价竞争行为正当性的三维坐标。[③]

一般条款的适用到“大众点评案”“斗鱼直播案”之后，可谓达到了一个新高度。反不正当竞争法从权利保护色彩浓厚的定位逐渐转变为以效率竞争为中心的竞争法定位，这与《反不正当竞争法》第2条的修订理念一脉相承。商业道德判断的竞争效应评估思路，尽管提升了标准适用的客观性和透明度，但容易走向“形式”，需要进一步在自由竞争、科技创新、文化繁荣等更

① 孔祥俊：《论反不正当竞争法的新定位》，载《中外法学》2017年第3期。

② 上海知识产权法院（2016）沪73民终242号民事判决书。

③ 武汉市中级人民法院（2017）鄂01民终4950号民事判决书。

多元基本政策的引领下做出判断。比如有判决强调利用作品元素的表达自由颇具意义：如果他人对该作品中相关元素的使用有利于消费者利益，又不会给权利人造成损害或损害过于轻微，也不至于损害到竞争秩序，那么就应当允许这种使用行为，充分发挥该作品的公共属性功能，促进市场竞争自由。[①]

比如有判决对利用作品元素的表达自由价值的强调，就颇具意义：如果他人对该作品中相关元素的使用有利于消费者利益，又不会给权利人造成损害或者损害过于轻微，也不至于损害到竞争秩序，那么就应当允许该种使用行为，充分发挥该作品的公共属性功能，促进市场竞争自由。[②]“大众点评案”二审判决强调模仿自由是基本公共政策，并突破中国法院传统的禁止榨取劳动成果裁判模式，为谨慎划定自由竞争和法律干预之间的界限而采取积极效果和消极效果相权衡的竞争法评估思路。但是二审法院在阐述数据抓取利用行为已经超出了必要限度以及会对竞争秩序造成负面影响的问题上，可能仍然停留在“好的撒玛利亚人”标准[③]因而过于主观，未能在理念上、体系上、法经济学上完成突破因而仍然限于数据保护主义的理念困局中。“斗鱼直播案”中涉及竞争者高薪引诱致使违约的基本评价政策，提出要根据直接攫取的“人才”是否属于企业“核心竞争资源”做出区分对待。这似乎又使不正当竞争的裁判重新回到权益保护法的老路，与“马达庆案”判决以及传统民法关于侵害债权的基本态度似乎相悖。

---

① 北京知识产权法院(2017)京0105民初10025号民事判决书。

② 北京知识产权法院(2017)京0105民初10025号民事判决书。

③ “好撒玛利亚人”源自《新约圣经》“路加福音”中耶稣基督讲的寓言：一个犹太人被强盗打劫，受了重伤，躺在路边。有祭司和利未人路过但不闻不问。唯有一个撒玛利亚人路过，不顾教派隔阂善意照应他，还自己出钱把犹太人送进旅店。

第三章

中国科技政策法律的制定

科技政策法律的可预见性

科技政策法律的自治性

科技政策法律的统一性

法律制度正常进化的过程是缓慢递进的，但不论是铁路还是互联网，颠覆性技术最终都会要求剧烈的制度变革。① 当前科技创新的开放性、全球化、网络化趋势给科技立法带来了什么启发？颠覆性技术要求科技政策法律做出怎样的变革？需要什么样的科技政策法律？这些问题值得深思。政策法律的制定及其效能，与营商环境的改善息息相关。营商环境，是指一个国家、地区经贸制度体系的法治化、国际化、便利化的程度，②营商环境的核心是法治化。习近平总书记2017 年在中央财经领导小组第十六次会议上指出："要改善投资和市场环境，加快对外开放步伐，降低市场运行成本，营造稳定公平透明、可预期的营商环境，加快建设开放型经济新体制，推动我国经济持续健康发展"，并要求"北京、上海、广州、深圳等特大城市要率先加大营商环境改革力度"。

本章所提及的"政策法律"，不仅是指中央层面的法律、行政法规、部门规章，还指地方层面的地方性规章、规范性文件以及各种政策做法，在实践中，地方的立法和司法实践在重要性上并不亚于中央的立法和司法实践。③ 有分析认为，中国当前的央地关系已经出现了与单一制大相径庭的"合作型联邦制"的端倪。④ 正是在这个意义上，必须至少同等程度地观察央地政策法规文件的制定对创新活动的影响。由于政策制定的程序要求远低于法律，且通过政策的时间效率高、被审查或被拒绝的风险低，中国政府部门或官员往往偏爱政策。但正是这些特点，"政策"对外资而言大伤脑筋。是否制定、何时制定、何时施行、施行后的过渡期限如何安排、施行后的执法尺度究竟如何，这些问题常令人捉摸不透，却关系企业或业务的生死存亡。

---

① ［美］拉里·唐斯：《颠覆定律：指数级增长时代的新规则》，刘睿译，浙江人民出版社 2014 年版，第 3 页。

② 秦德君：《上海距离国际一流营商环境还有多远，这个短板怎么补》，载《上观新闻》2018 年 2 月 6 日。

③ 程金华、柯振兴：《中国法律权力的联邦制实践——以劳动合同法领域为例》，载《法学家》2018 年第 1 期。

④ 林彦：《合作型联邦制——执法检查对央地关系的形塑》，载《中外法学》2017 年第 4 期。

第一节　科技政策法律的可预见性

一、可预见性是法律的基本特征

（一）古今中外概莫能外

从国外的《汉谟拉比法典》，到中国的《唐律疏议》《养老律令》，人类依赖法律对社会的治理具有非常久远的历史。早在《尚书》《左传》等文献中，已经有了对一些法律用语如法、刑、罪、宪、盗、讼、墨、刖、宫、大辟等的释义。[①]中国历史上留下了无数的有关法律治理的名言警句。《墨子·法仪》：天下从事者，不可以无法仪，无法仪而其事能成者无有也。《管子》：君臣上下贵贱皆从法，此谓为大治。《史记·循吏列传》：法令所以导民也，刑罚所以禁奸也。唐高宗永徽三年（公元652年）下诏："律学未有定疏，每年所举明法，遂无凭准。宜广召解律人条义疏奏闻，仍使中书、门下监定。"[②]具有无上地位的君主们尚且施行法律的治理，是因为这是一种成本最低的、最具持续性的治理模式，能够为所有的平民百姓提供一个事先可预见的行为模式，百姓和统治者都希望有法可依，为人们的行为提供法律后果的可预见性。可以说，可预见性是法律的基本特征。

相反，朝令夕改的政策法令将破坏人们的预期，以至于民众无所适从，是社会治理失败和政府信用减损的重要原因。在西汉文帝统治后期，当时的政治家、文学家晁错上书汉文帝，提出著名政见——《论贵粟疏》，反映当时农民备受残酷压榨和剥削，大量农民破产逃亡的现实状况。晁错在《论贵粟疏》中指出，农民终年辛勤劳苦，遭受水旱灾害和各种赋税的盘剥，且这些沉重的赋税没有明确时间，往往很突然，早上的规定，到了晚上又改变了。这样变化无常，逼得农民有粮食的只好半价出卖，没有粮食的只好借高利贷。农

① 何勤华：《中华法系之法律学术考》，载《中外法学》2018年第1期。

② （后晋）刘昫：《旧唐书》卷五十，"刑法"，中华书局1975年版，第六册，第2141页。

民被迫卖地卖房、卖儿卖女，以此还债。西汉外戚王莽建立新朝（公元8～23年），王莽称帝后进行了多项改革，主要包括：推行王田制，限制私有土地；推广国营事业；改革币制等；由于新朝政令烦琐，朝令夕改，改革失败，导致新朝急速灭亡。

（二）从源头上确保执法和守法的可预见性

当今，纵观全球股市风云，引起巨大波动的往往与政策法规的不确定性相关。中国股市一定意思上讲还是一个“政策市”，从1992年至2000年2月上海股市异常波动情况的统计分析表明，政策是造成股市异常波动的首要因素。[①] 2007年5月29日国家税务总局有关负责人澄清没有上调印花税的政策，社会上的说法纯属谣传。而仅仅过去了5个小时，即5月30日2时各媒体同时报道从当天起印花税提高到3‰。这一举动引起了中国股市连续5天的暴跌，政府公信力受到巨大的损害。2015年资本市场的悲剧重新上演，这次仍然与政策因素脱不了关系。2015年前后，中央相继提出了“互联网+”、工业4.0的发展政策，并且发布了促进全民创业等一系列经济利好政策。由于对政策的过度解读，大量热钱流入股市的同时伴随着大比例的券商融资和场外配资，上证指数在非常短的时间内冲上5000点。国家为了挤压股市的泡沫，开始干预市场并禁止券商为场外配资提供通道，加上投机等因素，股市开始大跌。

实现法律条款的可预见性是源头治理，可确保执法和守法可预见性。中国的政策法规体系庞杂，固有的执法传统和执法文化为法律的可预测性提出了更高的要求。“法律”层面的不确定概念或弹性条款，或许在立法上乃常见现象、不可避免之技术，但可能为执法机关出台名目繁多的政策留下了巨大空间，从而导致执法的任意性增加、守法成本增加，中央和地方各级执法机关可能借着这些不确定概念或弹性条款的“口袋”出台各种政策进行执法或监管，甚至由此绕开立法本意的情形亦不罕见，“法律条款”的可预见性荡然无存。所以从这个层面看，就非常有必要在立法源头上尽量考虑到执法或守

① 邹昊平、唐利民海：《政策性因素对中国股市的影响：政府与股市投资者的博弈分析》，载《世界经济》2000年第11期。

法中可能出现的问题,确保法律条款的涵摄范围确定、唯一,具有可预见性。

二、不确定性带来的公司运营风险

(一)政策法律的刚性叫停

科技政策法律的制定过程中,要遵守基本的立法原则,比如启动立法项目要有充分的民意基础和立法理由,整个制定过程要保持透明度,要广泛调研破解真正需要解决的问题,要具有可执行力推动条款的落地和适用,要有公信力而不是朝令夕改等。创新创业者最害怕的就是政策的刚性叫停,政策制定者要保持政策定力,不能只看到表面现象,不易被社会热点的舆论所左右。立法工作者应当有深厚的法律理论基础和立法技术水平,还应具备丰富的行业经验。以下以中国无人机、比特币等的政策管控为例子。

1. 中国无人机技术的政策管控

凭借强大的自主创新能力,中国民用无人机技术和产品市场占有率领先全球,在植保、安防、能源、基础设施、测绘方面等特定行业的应用前景非常乐观。中国民用无人机技术飞速发展背后,政策法律却长期缺位,无人机的飞行领域、无人机的销售控制等问题在长时间内没有受到应有的重视,给居民隐私保护、民用和军用飞机的飞行安全等带来了全新的挑战,一旦失控还将滋生恐怖主义行动。2017 年 4 月,成都双流机场发生无人机"黑飞"事件,[①]无人机的生产、销售和飞行管控迅速成为中央和各地政府部门高度关注的领域。与此前几乎不管控的局面相比,部分地方政府一度对无人机的飞行区域等进行了非常严格——如果不是过度严格的话——的管控,政策的急剧变动使无人机的销售和生产受到了非常负面的影响,创新者担心政策还会走向更为严格的方向。

《无锡市民用无人驾驶航空器管理办法》《四川省民用无人驾驶航空器

① 成都金牛公安 4 月 22 日微博:4 月 19 日晚 17:30,我局接市局指挥中心指令,金泉辖区兴科北路有人在放飞无人机。巡查民警立即赶到现场,将正在双流机场净空区违法操控无人机的赵某(男,33 岁,本市人)抓获。鉴于赵某的行为尚未影响机场航班的正常起降,目前,我局依据《治安管理处罚法》第 23 条第 2 款之规定,以扰乱公共场所秩序对赵某处以行政拘留 5 日的处罚。

安全管理暂行规定》相继通过，势必开启一轮无人机管控“各地为政”的局面。为实现对无人驾驶航空器的依法、统一管理，2018 年 1 月 26 日，国务院、中央军委空中交通管制委员会办公室组织起草的《无人驾驶航空器飞行管理暂行条例（征求意见稿）》通过工信部网站发布，在 2 月 28 日前向公众征求意见。该条例稿是继工信部《关于促进和规范民用无人机制造业发展的指导意见》后，对中国无人机进行规范管理的更顶层的法规文件，对推动无人机健康有序发展，意义十分重大。

无人机管控关乎中央与地方事权、行政管控与科技创新之间的微妙关系，又涉及法律供给的充足与不备、进而采取独立规制模式还是分散规制模式等技术问题之判断，还衔接数据保护利用、公共安全维护、空域管理等法律问题，需要社会治理者深入调研、充分讨论并就上述问题凝聚共识。至少如下具体问题需要进行充分的研究：（1）机场净空区是否应该完全禁飞？例如很多地方将机场净空范围设定为 20 公里乘以 40 公里，如果一个城市有两个或者两个以上机场，那么几乎整个城市都无法飞无人机。另外，如果整个机场净空区都禁飞，民航局公布的障碍物限制面是否有意义？净空范围与限制面不一致时，如何解决？（2）对无人机不加分类的统一管理是否合理（例如不管无人机重量多大，一律采取限制飞行的态度是否合理）？对无人机进行分类管理的必要性及分类方法是什么？（3）低空空域的飞行监管可否由社会第三方来运行？政府是否可以通过规范性文件的形式将空域交给社会第三方运营？如果可以，第三方的评选标准是什么？（4）《民用无人驾驶航空器实名制登记管理规定》要求无人机销售者、民用无人制造商在登记系统中填报其产品的名称、型号、最大起飞重量、空机重量、产品类型、无人机购买者姓名和移动电话等信息，这就要求在销售环节获取消费者的这些信息，这种获取个人信息的行为是否有上位法的授权？（5）对于小型无人机（净重 4 公斤以下或者起飞重量 7 公斤以下的无人机）的飞行监管，黑名单（即除了绝对必要禁止飞行的地方之外都可以飞行）还是白名单（仅仅在政府划设的几个小地方飞行）更合理？（6）无人机监管，应该如何权衡技术创新、产业发展与空中安全之间的利益？如何确立监管思路？行业协会在无人机管控中的地位和自律规范的效力如何？（7）对无人机销售或飞行的惩罚依据是什么？《治安管理处罚法（修订公开征求意见稿）》第46条规定，违反国家规定，在低空飞行无人机……的，处5日以上10日以下拘留；情节较重的，处10日以上15日以下拘留。这一规定是否合理？（8）省级或者省级以下政府是否有划分空域的事权？《四川省民用无人驾驶航空器安全管理办法》将空域划分为管控、报备、自飞三种类型，是否具有合法性？

2. 比特币等数字货币的规制

2017年年底和2018年年初的比特币价格好比过山车，归根结底还是在于政策法律对这一新生事物的前途有生杀大权，政策的变化直接推高或拉低了比特币的价格。不明确的法律走向，导致投资者跟风炒作，在巨大的利益面前，投资者往往忘记了理性，见风就是雨，无独立判断。2017年，比特币的价格连创新高，并在12月一度达到2万美元，数字货币成为"一夜暴富"的代名词。但此时，数字货币的投资却蕴藏着巨大的投资风险。这一新生事物，其产生和交易之初并未引起政策制定者的关注，直到此时引发过度投机、洗钱、逃税和欺诈等刑事犯罪行为之后，各国政府纷纷出台措施打压虚拟货币的交易。比特币的价格便遭遇了持续的下跌，在一个多月的时间里下沉到6000美元。

全球各国对这一新生事物的监管口径和监管尺度不同。总体来说，日本、美国、瑞士、新加坡等国家承认代币发行融资活动（Initial Coin Offering，ICO）的合法性，同时有监管趋严之势。① 2017年4月，日本政府修订《资金结算法》，比特币作为虚拟货币支付手段的合法性得到承认，但应遵守相关法律法规，严格履行相关职责义务。② 美国和新加坡都从证券规制的角度对ICO进行调整，意味着并不全面禁止ICO，如新加坡金融管理局（Monetary Authority of Singapore，MAS）于2017年8月发布《数字代币发行指南》，指出

① 陈劲松：《区块链项目的国内外监管环境、投资路径及重点关注问题》，载《中国知识产权杂志》2018年3月17日。

② 陈劲松：《区块链项目的国内外监管环境、投资路径及重点关注问题》，载《中国知识产权杂志》2018年3月17日。

如果数字代币构成 MAS 负责管理的证券法规定的产品，则数字代币的发售或发行必须遵守所适用的证券法。① 英国、瑞士和加拿大等国对 ICO 的立场与上述国家没什么实质上的不同，但不同的是，英国和加拿大采用监管沙盒（regulatory sandbox）机制，允许金融创新企业（通常要求具备创新性、将来能为消费者带来显著好处以及不适合现有的监管体系甚至可能不满足现有监管要求等要素的企业）在真实的市场环境中测试其创新类型产品、服务和商业模式，而无须在相关活动碰到问题时立即受到监管规则的约束。②

中国对区块链的应用持鼓励态度，但目前对 ICO 活动则采取全面禁止的立场。2016 年 12 月，国务院印发了《关于印发"十三五"国家信息化规划的通知》，指出鼓励企业开展基础性前沿性创新研究，强化区块链在内的前沿技术的超前布局。2017 年 9 月，中国人民银行等 7 部委联合发布的《关于防范代币发行融资风险的公告》中明确指出，ICO 行为涉嫌非法集资、非法发行证券以及非法发售代币票券等违法犯罪活动，任何组织和个人应立即停止从事 ICO 的行为。数字货币作为一种新兴产物，虽然宣称有着自己的法则和秩序，但是仍需要统一的监管，否则导致的将会是无序的发展以及各种漏洞。③比特币的交易疯狂是不是与区块链的鼓励政策有一定关系？如何避免过度投机和欺诈、洗钱等犯罪行为？比特币作为区块链的一种应用，是不是有可宽容之处？是不是可以进一步规范比特币的交易？把比特币的交易封杀了，市场上比比特币更疯狂、更具危害性的其他数字货币的监管如何跟上？

（二）政策法律条款的明确性

法律可预见性，当然要求法律条款应当具有明确性。政策法律的制定者应当避免制定具有歧义的条款。在劳动合同法、消费者权益保护法、税法等与市体主体营商成本直接相关的法律领域，立法者需要进行系统检视和国际

① 陈劲松：《区块链项目的国内外监管环境、投资路径及重点关注问题》，载《中国知识产权杂志》2018 年 3 月 17 日。

② 陈劲松：《区块链项目的国内外监管环境、投资路径及重点关注问题》，载《中国知识产权杂志》2018 年 3 月 17 日。

③ 《比特币离最严谨货币还距离　未来市场监管将继续趋严》，载 http://tech. sina. com. cn/i/2018 - 03 - 02/doc - ifwnpcnt0516015. shtml，最后访问日期：2018 年 3 月 2 日。

比较,避免高房价、高税负等成为产业转移和技术创新的负担。

1.《劳动合同法》第 14 条第 2 款的模糊性

自诞生之日起,《劳动合同法》第 14 条第 2 款便吸引了市场主体、执法机关、法律适用机构的高度关注,根据该款规定,用人单位与劳动者协商一致,可以订立无固定期限劳动合同。有下列情形之一,劳动者提出或者同意续订、订立劳动合同的,除劳动者提出订立固定期限劳动合同外,应当订立无固定期限劳动合同:(1)劳动者在该用人单位连续工作满十年的;(2)用人单位初次实行劳动合同制度或者国有企业改制重新订立劳动合同时,劳动者在该用人单位连续工作满 10 年且距法定退休年龄不足 10 年的;(3)连续订立两次固定期限劳动合同,且劳动者没有本法第 39 条和第 40 条第 1 项、第 2 项规定的情形,续订劳动合同的。

在实践中,用人单位与员工之间产生了大量围绕上述条款的争议,归根结底在于用人单位和员工对该条款的理解存在偏差,全国各地仲裁机构、法院,甚至同一地区的不同仲裁机构、法院都存在不同理解,给用人单位带来了非常大的合同解除风险。第 14 条第 2 款的焦点问题在于,劳动者在满足所列举的三种情形时,用人单位在签订无固定期限合同的问题上究竟有无选择权。实践中,上海至少存在四种观点:

第一,第三次签约时,如果劳动者提出签订无固定期限合同,需公司同意,方可签订无固定期限合同,但公司不是必须同意。第二,第三次签约时,只要劳动者提出签订无固定期限合同,公司则应当签订无固定期限,但是,如果第三次签约仍然是固定期限合同,则第四次签约时,劳动者提出要签订无固定期限,公司有权利拒绝。第三,只要连续工作满 10 年,劳动者提出无固定期限要求,则应当建立无固定期限合同,在陆贞珍一案中,判决书写道:"陆贞珍自 1996 年 5 月 1 日入职汤臣公司,在汤臣公司已连续工作满十年,故在陆贞珍向汤臣公司提出续订无固定期限劳动合同的情况下,汤臣公司应依法与陆贞珍续订无固定期限劳动合同。因此,汤臣公司未应陆贞珍要求签订无固定期限劳动合同并单方面为陆贞珍办理退工的行为属于违法终止劳动合同。”①第四，劳动者符合签订无固定期限劳动合同条件，但与用人单位签订固定期限劳动合同的，该固定期限劳动合同对双方当事人具有约束力，合同期满时，该合同自然终止。陆贞珍在汤臣公司工作满10年后，双方续签了固定期限劳动合同，该固定期限劳动合同对双方均有结束力。现陆贞珍以其在该劳动合同期满前曾要求签订无固定期限劳动合同为由，主张其与汤臣公司在劳动合同期满后仍存在劳动合同关系，但是，汤臣公司在劳动合同期满时并未表示愿意续签劳动合同，故双方劳动合同期满终止。②

这种在法律条款的理解层面所出现的诸多争议及偏差，究竟是自由裁量的原因还是法律制定的问题？可能主要还是法律制定有一定问题，第14条第2款给予法律适用主体的裁量空间并不大，从字面上看，这个条款的含义是很明确的，立法者出于保护劳动者的意图也非常清楚，因此这不是一个典型的“不确定条款”或“裁量性规范”。但是，考虑到中国经济发展的阶段性，司法机关在适用法律的过程中已经普遍感受到了法条与实践的脱节，如果严格执行的话，可能会给用人单位带来过高的成本，从而导致不公，所以才出现了一些法律适用机构自行解释条款，产生了各地、各院之间的不同“解释文本”。对市场主体，尤其是广泛的外资企业而言，究竟应当相信哪个解释文本？需要深度思考的是，立法者在法律制定的时候，有没有经过真正充分的市场和国情调研？当发现了存在这种明显的法律适用不一致及不公正的现象时，立法者有没有及时启动相关程序修正该条款的内容，使其更适应当前阶段的市场状况？

2. 加密技术进口的例子

法律的模糊不清降低了法律的可预见性。以加密技术的进口为例，根据1999年国务院发布的《商用密码管理条例》第3条规定，商用密码技术属于国家秘密，国家对商用密码产品的科研、生产、销售和使用实行专控管理。该条例第2条规定，本条例所称商用密码，是指对不涉及国家秘密内容的信息

---

① 上海市浦东新区人民法院(2016)沪0115民初46202号民事判决书。

② 上海市第一中级人民法院(2016)沪01民终13530号民事判决书。

进行加密保护或者安全认证所使用的密码技术和密码产品。该条例第13条规定,进口密码产品以及含有密码技术的设备或者出口商用密码产品,必须报经国家密码管理机构批准。任何单位或者个人不得销售境外的密码产品。但是,在商务部公布的《禁止进口限制进口技术目录》中,"加密技术"既不属于限制,也不属于禁止进口之列,《禁止进口限制进口技术管理办法》第8条的规定也过于原则,无法做出判断:限制进口技术的技术审查应包括是否危及国家安全、社会公共利益或者公共道德。一时间,把装有本身带有加密能力的微软视窗软件的电脑携带入境,是否存在法律风险成为热门话题。许多跨国公司为避免发生法律风险,规定其进入中国的差旅人员不得携带电脑。不少贸易团体公开要求有关部门做出解释,最后相关部门提出"核心功能说"了却了这个话题,但核心功能到底界限在哪里,依然无法考证,对来华的外国投资经营者来说依然存在风险。这种由政策法规的模糊性所产生的经营风险,就应当尽量在政策制定层面予以避免或者最小化。

三、政策法律的制定者需要有前瞻性

前瞻性,一方面意味着法律法规要有稳定性,不能朝令夕改。在立法技术上,要确保法律条文要有普适性,避免阶段性、情景性的条文。如新修订的《反不正当竞争法》第12条第2款①虽来自司法实践中的个案,但各项行为的构成过于具体,个案的案情较为复杂,常常仅具有一时的情景性,从个案中提炼的具体规则未必具有普适性,为后续法律适用带来了难题。另一方面还意味着要"主动作为"。政策法律的制定者,要关注新技术及相关产业的发展,要展开深入、全面调研,提前观察到新技术从研发阶段到转化阶段所存在的政策法律和伦理道德风险,以及对现行体制机制、传统政策法律所带来的

① 经营者不得利用技术手段,通过影响用户选择或者其他方式,实施下列妨碍、破坏其他经营者合法提供的网络产品或者服务正常运行的行为:(1)未经其他经营者同意,在其合法提供的网络产品或者服务中,插入链接、强制进行目标跳转;(2)误导、欺骗、强迫用户修改、关闭、卸载其他经营者合法提供的网络产品或者服务;(3)恶意对其他经营者合法提供的网络产品或者服务实施不兼容;(4)其他妨碍、破坏其他经营者合法提供的网络产品或者服务正常运行的行为。

挑战等，提前做好布局和应对。

（一）人工智能产业的政策法律布局

当前人工智能已经从学术和研究驱动迈向了应用驱动，但目前较为迫切的问题就是要进行提前的法律布局和应对。如果不提前布局和应对，当创新产品在应用阶段出现问题、造成后果时，国家进而禁止或限制，或者发生了政策导向或态度转变，这就会产生“秋后算账”的后果，企业浪费了前期的经济投入，创新热情因而也会受到影响。所以，面对高科技甚至颠覆性技术，立法者需要有前瞻性，制定出具有前瞻性的法律，释放创新的因子。几乎所有的新技术在产生和投入应用之时，相关公司、产业都面临着政策方面的担忧，都具有强烈的政策需求，这个需求就是要有可预见的、明确的政策法律，而立法部门和学者要有这份担当。正如扎克伯格所说，我们正在进入“算法”而不是法律统治人的时代，算法在表面上缺乏法律的无偏私性和一般性，它毫不遮掩地服务于设计者植入其中的目的，这种背景就带来了“法律究竟如何规制算法”的问题。

2017 年 12 月 12 日，美国国会提出两党法案——“人工智能未来法案”（FUTURE of Artificial Intelligence Act of 2017），该法案要求设立联邦人工智能发展与应用咨询委员会，汇聚各方利益群体和相关政府部门共同探讨人工智能相关问题，为后续立法及行政措施的出台做准备。① 2017 年年底欧盟将人工智能伦理确立为 2018 年立法工作重点，要在人工智能和机器人领域呼吁高水平的数据保护、数字权利和道德标准，并成立了人工智能工作小组，就人工智能的发展和技术引发的道德问题制定指导方针。② 2018 年 3 月 9 日，欧洲科学与新技术伦理组织（European Group on Ethics in Science and New Technologies）发布《关于人工智能、机器人及“自主”系统的声明》（Statement on Artificial Intelligence, Robotics and “Autonomous” Systems）。在联合国常规武器公约会议上，世界各国领导人考虑出台相关方案以禁止使用“机器人

① 曹建峰、杨晓洁：《美国提出“人工智能未来法案”应对人工智能机遇和挑战》，载《腾讯研究院》2018 年 1 月 23 日。

② 曹建峰：《欧盟眼中的人工智能伦理问题》，载《腾讯研究院》2018 年 3 月 16 日。

杀手”，澳大利亚、加拿大、德国、英国均已正式公开谴责开发或使用自主武器，以远离人工智能使用中所涉及的伦理困境和政治争议。① 还有专家报告对人工智能技术的潜在威胁发出警告，人工智能技术可能在未来5到10年催生新型网络犯罪、实体攻击和政治颠覆。②

这些措施的制定者显然已经意识到了人工智能技术的颠覆性及可能带来的不可控的后果，因而尝试通过法案或政治协商的方式，对人工智能技术的应用进行提前规划，消除新技术发展过程中的不确定因素。在中国，与AI相关的政策问题已经引发了相关产业和政府监管部门的担忧。比如医院等事业单位和政府部门试图利用或者开放病人的诊疗数据，并通过AI和专家力量突破某些医疗难题，那么医院等部门究竟有没有权利开放这些数据？政府部门在执行特定公务过程中搜集的数据，究竟有没有权利将这些数据开放给特定市场主体供后者利用或者研究？从事特定数据的开发利用的主体，究竟是否要设定特定资质条件？在从事相关数据开发行为之前，是否要对这些数据进行匿名化等处理？针对人工智能可能带来的大面积失血问题和再就业，是否需要重新对现行教育体系、培养方案和课程纲要进行重新梳理？能否就人工智能的发展和应用伦理达成全球共识，如仍然适用阿莫西夫机器人三定律（不得伤害人类、服从人类指令、保护自己）？人工智能产业的进一步发展面临诸多政策法律的模糊地带，尤其在伦理、数据保护和利用的法律领域，亟须凝聚各方面的智慧提出解决建议。从产业的长远发展计，中国就人工智能产业发展带来的伦理问题、失业问题、隐私问题、主体资格问题以及技术运用禁区等问题也需要进行全面的政策法律研究和评估，“人工智能社会的宪法”的制定或生成需要法律人和程序员、人工智能专家的合作，以便使算法进入法律，法律进入算法，③这种对算法的法律规制已经迫不及待地需要人类积极应对，为人工智能产业发展做出提前规划和布局。

---

① 《将AI用于武器研发？德国承诺不使用“机器人杀手”》，载 http://tech.163.com/18/0220/16/DB3QQVGC00098IEO.html，最后访问日期：2018年2月20日。

② 《全球14家机构专家发百页报告：警惕人工智能》，载 http://www.sohu.com/a/223684218_644547，最后访问日期：2018年2月23日。

③ 郑戈：《人工智能与法律的未来》，载《探索与争鸣》2017年第10期。

（二）无人驾驶技术的政策法律布局

法律对规则和后果不做明确规定，技术商品化的风险就会升高，投资者就会战战兢兢、如履薄冰，甚至选择观望，导致创新减速。新技术和新产品从研发到应用的过程，需要研究者、产业界和决策层之间的不断谈判和妥协，最终形成明确规则。很多时候，技术和创新的发展势头倒逼科技政策的出台，倒逼科技法律规则变得越来越清晰，倒逼政府开放的决心变得越来越大。

无人驾驶技术的法律调控也印证了这一观点。无人驾驶的产业化非常可观，目前全球多家顶尖高科技公司都在追逐这一产业。多家国际权威机构均预测，未来全球无人驾驶汽车将形成万亿级甚至数十万亿级的产业规模。① 中国的无人驾驶技术也逐渐从研究走向应用。2018 年 2 月 15 日适逢春节，由百度 Apollo、比亚迪、金龙、智行者联手打造的新能源乘用车、微循环巴士、扫路机和物流车组成的无人驾驶车队，精准流畅地在港珠澳大桥走出“蛇”形路线。② 比较遗憾的是，尽管国家在政策层面比较鼓励无人驾驶技术的研发，但中国法律的应对和规制仍然相对空白。无人驾驶汽车测试究竟是否合法？可以在什么路段进行测试？发生交通事故后，如何适用法律？无人驾驶汽车的运营，是否应当设置资质条件？是否应当限制用途或应用领域？是否应当对购买人的驾驶技术等进行审核？无人驾驶汽车的上市，有无标准或门槛？等等问题，已经迫切地需要立法做出应对。2017 年 7 月，李彦宏乘坐红色无人驾驶汽车开上北京五环参加百度 AI 开发者大会，在行驶过程中，无人车并线时轧过实线车道线。随后，李彦宏表示吃到一张罚单。问题在于，无人驾驶汽车的上路究竟有无合法性？目前的交通法规无法做出非常明确的回答。2017 年 12 月 18 日，北京市交通委率先在全国发布自动驾驶实际道路测试规范指导文件，赋予无人驾驶路测合法化地位，对测试主体的资格、保险等做出明确规定，并开始建设自动驾驶测试场和测试道路。2018 年 3 月

---

① 《中国无人驾驶汽车“开跑” 技术与商业双向突破》，载 http://finance.ifeng.com/a/20180226/15997621_0.shtml，最后访问日期：2018 年 2 月 26 日。

② 《中国无人驾驶汽车“开跑” 技术与商业双向突破》，载 http://finance.ifeng.com/a/20180226/15997621_0.shtml，最后访问日期：2018 年 2 月 26 日。

1 日,上海市经信委和上海市公安局、上海市交通委联合正式发布了《上海市智能网联汽车道路测试管理办法(试行)》,对无人驾驶道路测试的条件、审核、交通事故的认定、违规操作等事由进行了规定。之后,工信部等三部门也颁布了相应规定,为无人驾驶在一定区域范围内的上路测试,提供了规则。

国外发达国家对无人驾驶技术之前走过了多年的研究之路,谷歌已经进行了 7 年的自动驾驶技术研发,Uber 的无人驾驶汽车 2016 年就已经在宾夕法尼亚州提供约车服务,在这过程中美国相关政府一直在关注无人驾驶汽车的规制问题,其中加州是典型代表。2014 年加州正式发布自动驾驶汽车路测规定。2015 年 12 月 16 日,加州的汽车行业政策制定者们第一次为全自动无人驾驶汽车制定法律规范,但要求无人车测试时必须有一名司机,以防万一。2017 年加州机动车管理局(Department of Motor Vehicles,DMV)再提出新提案,允许无人驾驶汽车在即使没有驾驶员的情况下也可以行驶在加州的高速公路上,而这一规定最早将于 2018 年 6 月实行。这一新规定代表了加州与汽车和科技公司的妥协,这些公司反对该州先前提出的许多针对无人驾驶汽车的要求。[①] 2017 年 10 月,美国众、参议院相继批准首部规范美国自动驾驶汽车产业发展的立法——SELF - DRIVE Act(自动驾驶法案)。2017 年 6 月,德国联邦议院颁布了《道路交通法第八修正案》。该修正案规定了自动驾驶汽车应该满足的六个要求,比如在任何情况下驾驶员都可以手动取代或关闭自动驾驶系统并接管车辆;自动驾驶系统应可以识别出需要驾驶员亲自操控的情形,并在移交接管前向驾驶员做出足够的提示等;大幅提高了责任人的最高赔偿金额。除了道路交通法以外,德国还公布了全球第一个针对自动驾驶的道德准则:道路安全优于出行便利;个人保护优于其他功利主义的考量;法律对技术的规制方式是在个人自由与他人自由及他人安全之间取得平衡;对人身权益的保护必须优先于对动物或财产权利的保护;不得对于必

---

① 《美国加州修改规定:允许无人驾驶汽车无司机上高速》,载 http://www.xitongzhijia.net/news/20171012/108893.html,最后访问日期:2018 年 2 月 4 日。

须在两个人的生命之间做出选择的极端情况进行标准化设定或编程等。[①]这些新的动向值得我国政策制定者密切关注。

第二节 科技政策法律的自治性

面对颠覆性技术的创新发展，立法者不可能总是前瞻地应对新技术带来的挑战和要求，因此法律总是具有滞后性，这就要求立法工作秉持谦抑性理念，在没有把握最合理的法律应对措施之前，容许创新主体、行业协会、司法机构的自治性质的探索，留足自治的空间，比如就人工智能的产业发展，有观点就指出：人工智能与传统产业融合将催生大量新业态、新模式，要推动监管方式适时革新，从有章可循式的细则性管理转向"法无禁止即可为"式的调控式管理，为创新行为预留尽可能充足的发展空间，在财税和立法领域予以一定宽松环境，鼓励新生事物诞生和成长。[②] 调整科技创新的法律管控中应当包含自治性，科技政策法律的制定具有自治性特征。

一、自治性是科技法律应对创新发展的重要特征

（一）市场自治是应对技术创新的有效方式

现有研究已经指出了立法机构、执法机构和司法机构在应对技术变革时的不足。如有观点指出，为颠覆性技术制定规则时，市场往往比传统的政府做得更好，我们会觉得市场动力可能不是促进数字生活新法典形成的好选择，但我们发现，其他选择更糟糕。专业知识或经验是了解创新性技术特征的必要途径，而法官们却很少会接触到这两者；除立法者与司法系统分离之外，立法权还受到了有意的约束，这些约束包括来自互相竞争的国际、联邦和地方团体的各种制衡制度；立法者对特殊利益和游说人士的关注要比对其自

---

① 《李彦宏把无人驾驶汽车开上五环，北京开出一张罚单后，又有大动作》，载 http://tech.ifeng.com/a/20171219/44810246_0.shtml，最后访问日期：2017 年 12 月 19 日。

② 中国电子学会：《新一代人工智能发展白皮书（2017 年）》，第 90 页。

身的机构多;监管机构还频频成为被监管行业的代言人,特别是在这些行业受到创新的威胁时。[①] 随着真实生活和数字生活不断融合,法院和监管机构最好不做出任何行动,让市场力量去监管变化快速、本质特殊的新型互动。[②] 不管颁布了什么规则,执行过度和不足的可能性都很高。[③] 互联网之所以能运转得如此有效,可能是因为中立在其体系结构中一直是持久稳固的部分,也可能是因为政府对其设计和运行管理得最少,或许二者兼而有之。[④]

在谈到欧洲和美国在这一轮科技革命中的表现时,有观点就认为"自治"是两个地区治理差别的关键所在。这种观点认为,在全球知识经济产业,欧洲正在被边缘化,这可能是欧洲经济将持续衰退的根源。就欧洲衰落的制度根源而言,路德维希·冯·米塞斯研究所的托马斯·伍兹博士(Thomas E. Woods)认为,其原因在于它没有能够对科技创新进行分散化治理的竞争型自治制度,同时也没有能够对科技创新进行实验型治理的陪审团制度和判例法制度;恰恰这三大制度——自治制度、陪审团制度、判例法制度是维护自生自发秩序的制度基础。科技创新需要一个持续的自生自发进程,需要一种分散化和实验型的法律治理结构;法律治理结构对自生自发进程的维持力更强,其推动自主创新的能力更强。这种观点认为,"自治是美国新一轮知识产权崛起的土壤",其核心价值是保护社会的"小众化治理",信息技术兴起后,美国兴起了很多科技产业聚居区。这些聚居区往往以少数几个产业或者少数几个企业为主,形成了企业化政府,即这些产业、企业的居民通过选举活动逐步控制了自治市的立法权、行政权、警察权、审判权、财政权、人事权,形成了这些产业、企业主导的本地造法、司法和行政活动的治理模式。"美国主要通过选区内的陪审员,给具有高度价值弹性和主观性的知识产权进行定

---

① [美]拉里·唐斯:《颠覆定律:指数级增长时代的新规则》,刘睿译,浙江人民出版社2014年版,第4页。

② [美]拉里·唐斯:《颠覆定律:指数级增长时代的新规则》,刘睿译,浙江人民出版社2014年版,第57页。

③ [美]拉里·唐斯:《颠覆定律:指数级增长时代的新规则》,刘睿译,浙江人民出版社2014年版,第120页。

④ [美]拉里·唐斯:《颠覆定律:指数级增长时代的新规则》,刘睿译,浙江人民出版社2014年版,第121页。

价。美国原告往往会在有利于自己的选区内发起诉讼，从而促进选区内的'熟人'给自己的知识产权判出高价。""从这个角度看，自治是美国新一轮知识产权崛起的土壤，法治仅仅是肥料。"①这些观点对新时代背景中的法律调控方式有深刻的观察，确实有很大的参考意义。

（二）"服务协议"等是数字利用的"大宪章"

在当代的数字生活中，随着用户（数据主体）权利意识的觉醒，数据管理者和数据利用者的技术能力和资本力量的增强，数据管理者、数据利用者和数据主体之间的权利义务关系首先是通过数据管理者或数据利用者发布《用户隐私政策》等类似的法律文件来界定的，当相关问题的认识和理解逐渐趋同或讨论充分时，数据保护和利用的法律才告出台，并成为执法机构进行执法的依据。所以，协议服务条款、保密条款、授权协议和其他法律文件成为数字生活中的指导性工具，是数字生活的《大宪章》《宪法》和《世界人权宣言》，同时也是新法律制度的起点——一种民治、民享的体制。② 尽管中国立法者此前已经通过《民法总则》（2017）的修订和《网络安全法》（2017）的制定，就大数据时代的数据保护和利用行为的调整安排了框架性规定，但同时留下大量空间给行业协会制定自律规范，中国国家标准化管理委员会就在2018年1月发布《个人信息安全规范（GB/T 5273—2017）》国家标准，正是这种自治精神的体现。

研究美国西部的历史学者弗雷德里克·杰克逊·特纳（Frederick Jackson Turner）主张，边境法律要适用其所处环境的独特特点。就像毛皮贸易商要被大农场主取代，大农场主又要被铁路巨头取代一样，为了适应不断变化的需求，法律也要不断发展，于是不成文的规定逐渐成为宪章、地方性法规和州宪法。③ 边境法律管制的独特性，源自边境环境的复杂性和动态性，这如同科技领域创新发展的复杂性和动态性，边境法律管制的"不成文化"的特

---

① 《自治是美国新一轮知识产权崛起的土壤》，载《知识产权竞争动态》2012年第21期。

② ［美］拉里·唐斯：《颠覆定律：指数级增长时代的新规则》，刘睿译，浙江人民出版社2014年版，第18页。

③ ［美］拉里·唐斯：《颠覆定律：指数级增长时代的新规则》，刘睿译，浙江人民出版社2014年版，第19页。

点显然也符合科技巨变时代的背景，如有观点认为，数字生活中的原则并非由法院或立法机构所制定，而是由摩尔定律、梅特卡夫定律及其自身所塑造，是解决当前现实生活和数字生活交界处最尖锐冲突的关键。① 管理创新的最好方法就是对它撒手不管。立法者制定的关于互联网的最大胆的决定是，创新不受包括立法者在内的外界干预。②

从法经济学的研究进路看，在网络安全、数据治理、人工智能等前沿科技领域，亟须推行低成本的治理模式，以在行业内最快速地寻求相关问题的解决方案。如果法律规制的成本过高，比如条款不精确、模糊，规定不到位、不痛不痒，或者无法操作等，就会导致行业寻求其他治理的模式，使社会治理的模式发生转变。最熟悉相关行业问题和需求的行业自律规范和技术标准就会增多，依据自律规范和技术标准解决相关问题的成本远低于法律规范，其事实上的地位也会上升。结合晚近以来法律规范对自律规范、技术标准等作为法律渊源地位的认可趋势，以及自律规范、技术标准越来越多地嵌入强制规范、惩罚条款的趋势，自律规范和技术标准的治理成本确实大幅下降，而成为一种重要的社会治理模式，于是在前沿科技领域出现了法律治理和技术规范之间的治理范式迁移。

二、自由竞争与行业自律

（一）自由竞争与商事自治

世界法律发展中的自治特征，尤其体现在商事自治原则。商法起源于中世纪的《商人习惯法》，该法是扩展中世纪的贸易路线和市场时产生的规则，贸易商人并没有把纠纷带到为解决封建所有制的纠纷而成立的法庭上，而是制定了自己的规则，并将其应用到由德高望重的贸易商监管的经过简化的诉讼中。有效而明确的《商人习惯法》是现代美国《统一商法典》的起点，并快

① ［美］拉里·唐斯:《颠覆定律:指数级增长时代的新规则》，刘睿译，浙江人民出版社2014年版，第19页。

② ［美］拉里·唐斯:《颠覆定律:指数级增长时代的新规则》，刘睿译，浙江人民出版社2014年版，第55页。

速促进而非阻碍了新商业形态的发展。①《商人习惯法》的行业自律和自治特征非常明显,是全球商事法律的发展的范本,因此各国商法的主要内容具有同源性,商法最为发达的国家往往影响全球商法的制定和发展。美国公司法上的商业自治原则,其核心教义就是尽量将商业领域的判断交给商人,法官不应介入商人的判断。这既在美国公司法上确立了明确的规则,又为公司事务的治理留下了空间,成为全球公司治理的重要原则。中国现行《公司法》上大量的"公司章程另有规定的除外"或者"全体股东另有约定的除外",也是这种精神的体现。

近现代以来法律全球化、区域化的初衷就是为了减少各国法律之间的差异性,为全球贸易、投资的开展减少政策法律上的摩擦。法律统一化最为成功的地区是欧盟,但仍然允许成员国根据本国既有法律及传统进行转化。以反不正当竞争法为例:欧洲成文法国家通常都有统一的《反不正当竞争法》,英国在历史上一直没有专门立法,但欧盟立法慢慢改变了英国这一领域的面貌。现代反不正当竞争法理论通常将不正当竞争行为划分为"与消费者间的不正当竞争行为"和"与商人间的不正当竞争行为",在实质意义上,英国碎片化的成文法案和普通法诉因共同组建了这一现代法意义上的反不正当竞争体系。受到欧盟法的影响,英国议会在2008年转化了《欧盟不正当商业行为指令》和《欧盟误导性及比较广告指令》,实质上吸纳了所有与消费者间的不正当竞争行为,包括误导性商业行为和侵犯性商业行为,这是法律统一性的一面。而有关欧洲反不正当竞争体系的另一分支,即与商人间的不正当竞争行为,则保留自治的传统,英国则有仿冒之诉用于规制"榨取劳动成果"的案件,以及商业侵权之诉(economic tort, interference with business by unlawful means)用于规制特定损害竞争者的案件,普通法还设有恶意中伤(malicious falsehood)和商业秘密之诉(breach of confidence)。这样,成员国既保留了本国特色的法律自治,又在欧盟区域法框架内实现了法律的统一。

英国至今仍然没有制定统一的《反不正当竞争法》,并在一些重要的领

---

① [美]拉里·唐斯:《颠覆定律:指数级增长时代的新规则》,刘睿译,浙江人民出版社2014年版,第244页。

域坚持商业自治的核心，维护自由竞争的灵魂。英国反不正当竞争法的自治，尤其体现在一般条款的立场问题上。长期以来，英国知识产权界存在一种声音，认为诞生于古典社会中的假冒之诉已经难以适应近现代工业社会的复杂背景，他们主张将欧陆国家普遍存在的禁止不正当竞争的一般条款吸收到英国法中，创制新类型的不正当竞争诉因，以便为创新成果提供兜底保护，对此，L' Oreal v. Bellure① 的判决意见振聋发聩。被告抄袭了一种用于防止给固定的使用者造成痛楚的气垫。Jacob 法官认为，由于该产品没有版权，也没有外观设计专利，且不存在不实表征，原告关于抄袭行为构成不正当的主张不能成立……一旦超出了欺诈要件的范畴，要在正当与否之间划定一条清晰理性之界限真的很难。更重要的是，竞争不仅是合法的，还是经济发展的引擎。立法者已经注意到应当有例外，版权法、商标法、专利法和外观设计法就是为这个目的而设置的。这每一项权利都有存在的规则和存续的特定期间（商标除外）。法官不得越权去创制新类型的知识产权。其结论是：假冒侵权之诉不能也不应延展为反不正当竞争法的一般条款。这一结论成为英国学术界和司法界的通说。在此案之前，Jacob 法官也曾经指出，竞争自由或贸易自由乃欧盟的重要基石且只有在有必要的时候才进行限制，被告通过进入他人建立的市场并与创建者进行竞争，这是自由竞争的应有之义。很难在公平竞争和不公平竞争之间划定一条界限，一旦划定则会抑制竞争。②

（二）特别规范与行业自律

在大陆法系国家，私法自治是传统民法的核心要义，政府更多是扮演“守夜人”的角色，自治当然是浸透到私法中的精髓。但是，近现代的大陆法系国家，其法律发展却出现了一个重要趋势，即特别规范和例外规定不断增多，出现了所谓的“解法典化”现象。“解法典化”是指在民法典的国家，层出不穷的法律特别规范造成传统民法的内外体系逐步分解的现象，其根源在于，以自由至上主义为核心的传统民法无法完全适应现代社会经济结构和组织关

① ［2007］EWCA Civ 968 at［138］；［2008］R. P. C. 8，CA.

② Cadbury – Schweppes Pty. Ltd. v. The Pub Squash Co. Ltd.（1981）R. P. C. 429 at 491.

系的巨大调整。① 这种现象可能意味着法典正在国家治理中扮演越来越边缘化的角色,而针对特定领域、特定现象、特定事务的特别规范呈现增多的趋势,这当然并非是对私法自治的背离,这种趋势在科技政策法律领域体现为行业自律性规范的增多。

近半个世纪以来,伴随着创新成果的井喷和创新活跃度的增强,行业性自律组织、非政府性国际组织立法的趋势明显加强,在决定政策法律发展方面起到了很大的引领作用。比如数据治理领域最为权威、影响最为广泛的政策法律文件就是来自经济合作发展组织在1980年制定的《隐私保护和个人数据跨境流通指南》;中国首个个人信息保护国家标准——《信息安全技术 公共及商用服务信息系统个人信息保护指南》,是由全国信息安全标准化技术委员会提出并归口组织,中国软件评测中心牵头,联合多家单位制定;《网络安全法》生效后的首部《信息安全技术 个人信息安全规范》,也是由中国国家标准化管理委员会正式发布。这些规范虽然不具有法律的强制力,但无疑对法律的施行具有重要的意义。

在电子商务领域相关标准的发展方面,国际组织和中国国内行业协会也发挥着引领作用。2015年9月9日,马云在夏季达沃斯论坛进行"互联网经济:发展与治理"的主题讨论时提出,要基于现行世界贸易组织(WTO)框架体系,在自愿基础上建立互联网领域的政府间国际性组织,建立电子世界贸易平台(e-WTP),推动国际电子贸易关税协定、关务规则、准入协定、质量管理、贸易服务等的监督、管理和执行。马云认为,对于本地价值和互联网全球化的冲突,其核心是管理,②管理即需要规则的制定,各国政府、企业、民间应该进行协作,但由于利益上分歧,要达成一致,签一个条约很困难,所以需要一个互联网版本的WTO,也就是由商界达成一致,由各国政府的首肯之下制定的规则。③ 就中国国内电子商务的统一标准而言,虽然近年来国家标准

---

① 陆青:《论中国民法中的"解法典化"现象》,载《中外法学》2014年第6期。

② 参见《马云:互联网应建立自己的WTO》,载http://new.qq.com/cmsn/20150909/20150909047541,最后访问日期:2018年2月13日。

③ 《马云谈互联网经济:应让WTO升级为EWTO》,载https://www.ithome.com/html/it/174955.htm,最后访问日期:2018年2月13日。

委先后发布了几十项电子商务相关标准，但对于常用的电子商务业务仍然缺乏统一的标准。2016 年 4 月 6 日，“全国电子商务质量管理标准化技术委员会”在杭州成立。

这些情况都体现了当前创新和互联网时代对行业自治的迫切需要，行业自治能够最大效率地实现行业治理。在充电桩的标准统一方面，世界各国的标准不统一，主要有四种标准：中国标准、日本标准、特斯拉标准（这三种在技术上非常接近，都采用的 CAN 总线通信），以及欧美标准（普遍为 PLC 通信）。欧盟曾经致力于 2017 年统一成员国范围内的标准，恐怕已难以实现。充电桩标准的不统一，严重影响着相关产品的市场化，反过来影响相关产品的研发。经过一年多的协调，中国和德国的电动车可以在同一个充电桩上实现充电，但在实际应用中却没有多大价值，因为按照中国的标准，德系电动车在国家电网公司的充电桩上只能实现慢充，而不能快充。① 这些由于不同国家法律规定的差异性现象，在客观上就可能催生一个新兴的国际组织或行业协会，需要一个透明、具有公信力的机构调和各方面的思维和利益，出具相对统一的标准。这些现象当然也是自治的体现。

三、自治、统一、可预见之间的辩证

“自治”“统一”“可预见”是本章下设的政策法律制定的三大特征，换言之，在商业、科技与法律更趋融合的时代，政策法律的制定应当更具可预见性、自治性和统一性。有时候，“可预见性”似乎要求更多的确定性，政策法律的制定者要有更积极的介入；“自治性”似乎又要求政策法律的制定者要放任，留给科技和商业的发展更多的空间；“统一性”要求政策法律的制定者减少各地区之间政策的差异性，加强中央集权。三者之间似乎有一定的冲突，需要把握三者之间的辩证关系。

---

① 《车视点：充电桩标准统一了，然后呢?》，载 http://auto. qq. com/a/20151230/040760. htm，最后访问日期：2018 年 2 月 13 日。

（一）自治与统一的辩证

1. 试点过程中的自治与统一

中国的地方政府在政策法规制定上向来都有一定的自主权，只要在法律允许的范围内，地方政府的政策制定都具有合法性。很多重要的中央立法文件，往往都是由地方政府“先试先行”或者“试点”之后，慢慢向其他地方推广，再由中央通过法律的形式加以明确。比如有专家对中国劳动法的发展进行了研究，发现当时中央政府并未进行立法，而是由各地开始进行劳动合同制的探索，由中央逐步予以肯定。在1994年全国人大通过《劳动法》之前，国家已经把广东省、上海市、浙江省作为劳动合同制的试点地区，这些试点地区相继推出了合同工制度。之后，国务院和全国人大在总结各地立法经验的基础上，制定了《劳动法》等中央层面的法律。反过来，这又促使了中央和地方执法部门、司法部门的政策法律制定活动，地方立法机关和地方法院的“司法解释”齐头并进，创设了不少新制度。①

所以，中国的立法活动常常不具有“单向性”，既不是纯粹的“中央集权”，也不是纯粹的“地方割据”，中央和地方之间具有互动性，是统一性和自主性的辩证，学者将这种结构归纳为“单一制基调＋联邦制色彩”的国家结构形式。② 在调整科技创新活动的领域，统一性和自治性的辩证互动特征也比较明显。在中央立法的过程中，往往先在试点地区进行政策法律的先试先行，试点地区形成可复制可推广的经验后，其他地方随后跟进，并由中央总结经验进行立法。同样的道理，在考虑科技公司数据收集利用、隐私政策等经营行为的合规性时，在国际组织对中国营商环境进行评估时，不可局限在中央层面的法律规定，还要从中国整个法律体系的角度、全盘对错综复杂的政策法规进行评估思考。

---

① 程金华、柯振兴：《中国法律权力的联邦制实践——以劳动合同法领域为例》，载《法学家》2018年第1期。

② 程金华、柯振兴：《中国法律权力的联邦制实践——以劳动合同法领域为例》，载《法学家》2018年第1期。

2. 自贸区的例子

自贸区战略以及相应的政策法律调控也是一个例子。《跨太平洋伙伴关系协定》(Trans – Pacific Partnership Agreement, TPP)最初由新加坡、文莱、智利和新西兰四国提出,在2006年正式实施。2009年美国加入TPP,意在未来建立亚太自由贸易区,这被认为重返亚太、震慑中国战略的重要一步,对中国在亚太地区的经济影响力将产生影响。① 2013年3月,TPP成员国已经达到10个。面对未来世界贸易规则、格局的可能改变,中国面临“二次入世”的危险。此外,在国际需求疲弱及劳动力成本升高导致产业转移的背景下,国内产业严重依赖出口已经行不通。无论在经济领域还是在行政领域,中国已经进入了改革开放的深水区,国内经济社会的发展亟须通过进一步改革来拉动。2013年1月1日起施行的《上海市推进国际贸易中心建设条例》首次提出在上海“探索建立符合国际惯例的自由贸易园区”。2013年7月3日,国务院通过了《中国(上海)自由贸易试验区总体方案》,2013年8月26日,全国人大常委会审议通过《关于授权国务院在中国(上海)自由贸易试验区等国务院决定的试验区内暂停实施有关法律规定的决定(草案)》;2013年8月30日,全国人大常委会授权国务院在中国(上海)自贸区暂时调整有关法律规定的行政审批。2013年9月18日,《中国(上海)自由贸易试验区总体方案》公布。

上海自由贸易试验区不同于20世纪80年代沿海口岸的开放,后者是通过实施税收投资优惠来吸引外资,前者则被赋予了更多法律制度层面的改革意义,寄希望于通过停止相关法律的施行来“加快政府职能转变、积极探索管理模式创新、促进贸易和投资便利化,为全面深化改革和扩大开放探索新途径、积累新经验”。② 上海自贸区又时常被称为法律特区,这显然是指法律法规的自治而言。上海自贸试验区的建设重在“自由”和“试验”,总体政策方向是简化行政审批手续,《总体方案》指出要推进政府管理由注重事先审批

---

① 参见刘夏虹:《跨太平洋关系协定对我国自贸区战略的影响》,载《绥化学院学报》2013年第8期。

② 《国务院关于印发中国(上海)自由贸易试验区总体方案的通知》(国发〔2013〕38号)。

转为注重事中、事后监管,建立一口受理、综合审批和高效运作的服务模式;在知识产权等管理领域,实现高效监管,积极鼓励社会力量参与市场监督。近几年,中央又相继推出天津、福建、海南等自贸区,每个自贸区究竟怎么改革和动作,并无定法,需要各地积极探索,尤其需要结合当地特色,展开竞争。这些治理思路和政策措施的出发点与自治的精神是内在吻合的。

(二)可预测与自治的辩证

1. 政策法律的改设废立是自治的应有之义

"自治"可能更多的是强调灵活性,"可预测性"则强调原则性,要实现灵活性和原则性的统一。一方面要充分尊重商业发展和企业自治,另一方面又要顺应商业实践的需求、国内以及国际的政治经济环境的重大变化调整法律法规,比如 2018 年 1 月,上海市政府决定再取消和调整 87 项行政审批等事项,进一步降低企业制度性交易成本,优化本市营商环境。[①] 有时候还需要对商业、科技发展的风险具有前瞻管理的眼光,及时调整政策法规的规制重点和方法。以下亚马逊的例子也说明了商业、科技、法律之间的互动性,是自治和刚性立法之间统一的典范。

亚马逊的成功与其"一键购买"专利密不可分。该专利的开发者是于 1997 年加入亚马逊的佩里·哈特曼(Perry Hardman),开发"一键购买"专利的想法来自试图简化用户的操作流程的目的,"我们需要做点事情来让订购系统完美无缺。我们一定要做出来,这样顾客就能花最少的功夫来订东西。他们应该能够通过一下点击,所有的事情就都完成了"。[②] 正是由于亚马逊对于用户体验的关注,对于细节的掌握,"一键购买"才得以诞生,而这是当时其他公司所没有想到的。可以预见到,一旦亚马逊的"一键购买"程序上线并取得成功,其他公司一定会争相模仿,亚马逊基于自身对用户体验的关注而产生的想法将变得毫无价值。因此,为了自己的创意获得法律上的支撑,亚马逊将"一键购买"申请了专利。在专利申请过程中,亚马逊将专利申

---

① 《上海市政府决定再取消和调整 87 项行政审批等事项》,载 http://shzw.eastday.com/shzw/G/20180131/u1ai11190010.html,最后访问日期:2018 年 1 月 31 日。

② [美]理查德·勃兰特:《一键下单》,马志彦译,中信出版社 2013 年版,第 17 页。

请书做得十分全面,19 页的专利正文由一系列的流程图组成,涵盖了用户实现一键下单的全过程。

事实证明,亚马逊是明智的,一键购买专利后续卷入多起专利无效纠纷之中,竞争者一直都试图提出专利无效或进行回避设计,但亚马逊都始终立于不败之地。1998 年 5 月,巴诺书店推出了自己的快速结账系统,即“快速通道”,这个系统就是简单增加了第二次点击:当顾客点了快速购买按钮以后,第二个按钮弹出来,让购买人再次点击确认购买。亚马逊将巴诺书店告上法院。次年 12 月,华盛顿州的一个地方法院对亚马逊的专利作出裁定,通过了一项初级禁令,禁止巴诺书店使用“快速通道”,巴诺书店持续上诉几年后最终选择与亚马逊和解。2006 年 5 月,有竞争者提出“一键购买”属于“现有技术”,专利局对该专利无效请求进行审查后裁定“一键购买”并不属于“现有技术”。2011 年 9 月 23 日亚马逊再度赢得一场关于“一键购买”的专利官司,美国联邦巡回上诉最终法院裁定亚马逊没有侵犯 Cordance 的专利。

“一键购买”专利成为亚马逊领先同行业的重要法宝,这与美国专利法律为其提供的支撑和保障密不可分。随着技术的进一步发展,商业、科技与法律之间的密切程度也越来越高,美国对商业方法的保护从计算机软件的版权保护走向专利保护,很好地实现了创新者对创新想法的保护意图,能够更为充分全面地保护商业方法。出于同样的考虑,于 2017 年 4 月 1 日起实施的中国《专利审查指南》规定,对商业模式的可专利性政策进行调整,如果既包含商业规则和方法的内容,又包含技术特征,则不应当依据《专利法》第 25 条排除其获得专利权的可能性。放眼未来,商业、技术的发展将更为迅速,而法律就应当及时响应商业和科技发展的需求,为企业或产业的创新和发展保驾护航。

因此,“自治性”也代表着一种动态的调整,政策法律的制定者要及时做好政策法律的改设废立工作。对彻底不适应当下时代发展需求的政策法规,主管部门应当启动相应程序进行废除或者修改。如 2017 年全国人大首次集中公布十大备案审查案例,其中为了消除寻租空间而废除“著名商标制度”

在中国知识产权保护领域引起重大反响。① 再如2018年5月14日，国务院办公厅发布《关于开展涉及产权保护的规章、规范性文件清理工作的通知》，要求清理有违平等保护各种所有制经济主体财产所有权、使用权、经营权、收益权等各类产权的规定，不当限制企业生产经营、企业和居民不动产交易等民事主体财产权利行使的规定，以及在市场准入、生产要素使用、财税金融投资价格等政策方面区别性、歧视性对待不同所有制经济主体的规定。

2. 自治和可预见性之间应当有效统一

“自治”在一定意义上与“不确定性”有相互重合之处，而有时候政策法规的不确定性恰恰为企业的自治提供了空间，这是这一轮科技巨头崛起和科技革命兴起的重要原因之一。在中国，阿里巴巴在某种程度上利用了法律的不确定性成就了支付宝、余额宝等大获市场成功的产品。阿里巴巴2004年成立支付宝时，第三方支机构的法律地位尚不明确，中国直到2005年开始才逐步将第三方支付的问题视作一个重要的法律问题而逐步地进行管理，但第三方支付机构的法律主体地位一直处于游离的状态。② 同样地，余额宝作为一种新兴的理财方式在国内大获成功，但也是在政策模糊、法律真空与监管缺位的大环境下摸索着前进的，承担着巨大的法律风险与政策风险。尽管为完善第三方支付业务，中国人民银行先后颁布了《非金融机构支付服务管理办法》《支付机构客户备付金存管办法》等相关法规，但相对于传统金融业，互联网金融为新兴的金融领域，中国目前尚未形成关于互联网金融的法律体系，因此为了更好地促进余额宝等互联网基金的健康稳定发展，尽快出台相关法律势在必行。③

有一种观点认为：中国的互联网企业，讲究野蛮生长，先污染，再治理，先

---

① 《工商总局局长张茅介绍深化商事制度改革有关情况》，载《中国工商报》2018年3月1日。

② 姜鹏程：《第三方支付相关法律问题研究》，载 http://www.chinacourt.org/article/detail/2016/03/id/1832603.shtml，最后访问日期：2018年2月5日。

③ 刘宝靖、吴萌：《浅议余额宝的法律问题及建议》，载 https://www.baidu.com/link?url=92Omh2qy3VYyNnS5GPl6jgIxlZ92fql7fNzIf8G9SkC9itwMnZQjspQbGcLr7J5Ru7naPh_bTdnSdWH_D73Qz_&wd=&eqid=8b2e96c80000f73f000000035a7da96b，最后访问日期：2018年2月5日。

擦边,再洗白,太规矩是做不成事的。① 这种观点有一定道理,但也未必绝对,至少不应过分夸大政策法规的"无为"。精细化管理和法治化程度最终仍然是城市的最大竞争力,所要思考的是如何扬长避短、发掘本土特色。对大量中小初创企业来说,法律的不确定性可能是致命的。法律的不确定性不等于管制的"真空",后者是立法者确定的、有意的"不为",留给市场自治,以提升企业的活力。创新的初始阶段可能更适合这种环境,创新成型之后一定需要稳定的、可预测的法治环境。苹果 iTunes 的书店和电影于 2015 年 9 月登陆国内,当初国内规则模糊,iTunes 在短时间内取得了很大的成功,但在 2016 年 4 月被有关部门要求关闭。理由在于,工信部和新闻出版广电总局于 2016 年 3 月联合颁布了《网络出版服务管理规定》,该规定中提到,"音乐、电影将纳入网络出版物的范畴""相关服务器和存储设备必须存放在中华人民共和国境内""法定代表人必须是在境内长久居住的具有完全行为能力的中国公民""中外合资经营、中外合作经营和外资经营的单位不得从事网络出版服务"。而苹果提供的服务与有关规定产生冲突。② 这种政策的改变,来得较突然,没有留给经营者回旋的余地。

发达国家在对网络信息的管控方法上,由于网络信息的传播与表达自由密切相关,属于传统法律保留领域,发达国家一直以来媒体自律机制,加上时候民事救济与刑事制裁机制,控制与打击色情、淫秽、诽谤、不正当竞争、种族仇恨、煽动犯罪等言论。③ 这实际上就是"自治与可预见"的统一。中国投资的负面清单制度大大提升了市场准入的可预见性,负面清单以外的事项均处于自由竞争和自治的范畴,这是中国对主观愿望为主导的投资审批制度的革命,有效统一了政策法律的可预见和自治性,是值得称颂的。现阶段,中国对外资项目核准及企业设立的依据有三类,分别为《自由贸易试验区外商投资准入特别管理措施(负面清单)》、《外商投资产业指导目录》以及行业管理部

---

① 《上海是怎么错失这些年的互联网机遇的?》,载微信公众号"肥肥猫的小酒馆",最后访问时间:2018 年 1 月 23 日。

② 《苹果关闭中国区电影和图书商店真相》,载 https://wap. ithome. com/html/220056. htm,最后访问日期:2018 年 2 月 6 日。

③ 周汉华:《论互联网法》,载《中国法学》2015 年第 3 期,第 25 页。

门制定的外商投资相关管理办法。目前三类清单并存,并基于不同政策目的,各自在准入事项和优惠措施方面同时发挥作用,但三者关系错综复杂的问题不可避免地存在。相比后两类依据,自贸试验区施行的负面清单是目前国内开放水平最高的标准,体现了"法无禁止即可为"的基本理念。负面清单就像是看得见的航标灯,除非进入某个特定的海域,需要负面清单加以指引,否则,市场主体可以在浩瀚的海洋中自由驰骋。目前中国已在上海、广东、天津、福建自贸试验区推行一张负面清单,但尚未推广至辽宁等7个新设自贸试验区。当下之急,不仅应当将这负面清单制度推广到全国的其他自贸试验区,还应当将这一理念向更大范围、更深层面推广。[①]

第三节　科技政策法律的统一性

习近平总书记提出"要清理涉及外资的法律、法规、规章和政策文件,凡是同国家对外开放大方向和大原则不符的法律法规或条款,要限期废止或修订",加快健全立法,构建与世界打通的营商管理规制体系,这在实质上指出了科技政策法律的统一性特征。全球融合指世界市场国家在政治、文化、道德、法律和经济逐渐走向共识条件下的融合性一体化,全球融合以共识为前提,不以宗教和意识形态为绝对前提。[②] 技术或创新理应距离政治因素、意识形态最远,技术和创新的发展规律是客观的,在人类社会中不会因为使用技术或实施创新的主体的国别、肤色、宗教、党派等而有区别,因此,也是最有可能建立全球统一的法律秩序的领域。正如有观点指出,在过去20年里,虽然地区范围和大陆范围内的自由市场产生了,但不同地区的法律仍大不相同。有些差别深受地方文化、共同认可的道德或有时属于历史的意外因素的影响……最明显的解决方法是制定适应数字生活独特经济模式、统一的互联

---

① 《外商投资准入特别管理措施(负面清单)》于2018年7月28日施行,具有重大意义。

② 《逆全球化最终带来的是战争》,载 https://baijiahao.baidu.com/s?id=1594966134070053343&wfr=spider&for=pc,最后访问日期:2018年3月15日。

网商业法。[1] 本节主要介绍中国科技领域的政策法规的国际化、统一化以及所面临的问题。

一、中国科技政策法律的国际化

（一）知识产权法律体系的国际化接轨

近三十年以来，中国的科技政策法律在国际化和透明度方面取得了非常重要的进步。以中国知识产权法律的发展和完善为例，改革开放、加入世界贸易组织是两个标志性的节点，在贸易自由化的国际大环境中，中国迅速建立起了知识产权的法律体系、执法体系和司法体系。中国知识产权保护经历了由被迫、无奈到主动、自觉的过程和转变。那些指责中国仍然没有知识产权保护法律法规的说辞显然已经过时。本部分简要介绍中国知识产权法律体系的建立过程，其他部分会涉及执法体系和司法体系。

1. 商标法

改革开放标志着中国知识产权立法的开始。1982 年，新中国颁布了第一部《商标法》，成为迈出面向世界、面向国际保护标准、构建中国知识产权法律制度的第一步。[2] 此后，中国分别在 1993 年、2001 年和 2013 年完成了商标法的三次修改，每一次修改的过程都是一次国际化的努力，商标法的体系不断完善，商标法的特色不断增强。比如，1993 年增加了服务商标的保护条款、完善了商标注册和撤销程序。2001 年，随着国际经济贸易统一化的趋势加强，为积极履行国际义务，中国在加入世界贸易组织前夕对商标法进行了全面的修改，进一步完善了申请商标的主体、可商标事项、驰名商标、商标注册的司法审查、在先权、商标行政执法等规定。2013 年，中国商标法在本土化和特色化方面迈出重要一步，立法者在商标注册程序、制止恶意注册、商标侵权行为的构成和损害赔偿、便利权利人举证以及驰名商标等规定方面进行

---

① ［美］拉里·唐斯：《颠覆定律：指数级增长时代的新规则》，刘睿译，浙江人民出版社 2014 年版，第 127 页。

② 印捷：《论我国商标法发展之国际条约的借鉴》，载 www.iolaw.org.cn/showNews.asp?id=26814，最后访问日期：2018 年 2 月 7 日。

了完善。总体说来,商标法从重形式走向重实质。

2. 专利法

1984 年,中国颁布第一部《专利法》,之后,中国专利立法不断完善,专利保护不断强化。已有定量研究表明,随着中国专利法的修改和国际条约的加入,中国的专利保护的立法强度分阶段跳跃式提高。1993 年 1 月 1 日实施的第一次修改后的专利法扩大了专利保护的技术领域,对化学物质、药品、食品、饮料和调味品给予专利保护,同时,又延长了专利权的保护期限,取消了专利实施义务的规定,大幅提高了专利保护立法强度;1994 年中国加入 PCT (Patent Cooperation Treaty),1999 年加入 UPOV (International Union for the Protection of New Varieties of Plants),两度提高了专利保护立法强度;2000 年为加入 WTO,中国第二次修改专利法并于 2001 年 7 月 1 日实施,增加了诉前禁令的规定,将中国的专利保护立法强度再次提升;2008 年,中国进行了专利法的第三次修改,延续了专利保护立法的高强度。从国际比较看,中国在第一次修改《专利法》和加入 PCT 后的 1994 年,其专利立法保护强度就已经接近部分发达国家 1990 年的保护强度,并超过其他发展中国家的专利立法保护强度;至中国在第二次修改《专利法》后的 2001 年,中国的专利立法保护强度已达到绝大多数发达国家 1995 年的保护强度,已全面超出其他发展中国家的保护强度。①

3. 著作权法

中国第一部《著作权法》于 1990 年通过,著作权法对作者和著作权的归属、著作权的客体、著作权的内容、著作权的保护和限制、出版者、表演者、录音录像制作者、广播电台电视台以及与著作权有关的权利等作出了规定,从而在框架上完备了知识产权的民事法律。② 从 1992 年 10 月 15 日和 10 月 30 日起,中国分别成为《伯尔尼公约》和《世界版权公约》的成员国。为适应加入世界贸易组织的进程和解决信息网络传播等新技术给传统版权保护带来的难题, 2001 年全国人大通过了《著作权法修正案》,在不改变其基本框架

① 国家知识产权局:《专利法研究》,知识产权出版社 2017 年版,第 111 ~ 112 页。
② 顾昂然:《新中国第一部著作权法概述》,载《中国法学》1990 年第 6 期。

的前提下，将《实施国际著作权条约的规定》有关条款统一到著作权法中，修改内容主要扩大了著作权保护的客体、著作权人的权利内容、调整了邻接权的权利、缩小了“合理适用”的范围，增加了临时措施和行政处罚权力。[①] 2009 年中美知识产权争端因 WTO 专家组裁决中国著作权法第 4 条违反《伯尔尼公约》和 TRIPs 规定，2010 年立法者修改了第 4 条的规定。

（二）以诉前禁令制度为观察点

1. 诉前禁令的原理及美国的条件

针对知识产权侵权的各种救济方式中，禁令救济是最有效、对被控侵权人最有杀伤力的手段。知识产权由于具有无形性和法定性，对知识产权的侵权无需通过传统物权法意义上“物之占有或妨害”的方式进行，侵权行为的发生在技术上和成本上更为容易，而知识产权具有开发周期短、诉讼周期长的特点，如果待案件实体问题审理结束之后再按传统民法的救济方法予以救济，一方面权利人的市场份额恐怕已被严重抢占，另一方面被告的财产可能已经发生转移而使判决无法执行。比如，商业秘密案件，如果不提前禁止被告实施某种行为，商业秘密就可能被更广泛的人群知悉。比如网络环境中的商标和专利案件，如果不提前禁止被告实施侵权行为，被告的市场会在诉讼期间不断扩大，原告的市场份额会不断下降。这些损害是诉讼程序终结之后无法补救的，诉前禁令制度应运而生。然而，中国传统民法体系没有诉前禁令这种救济方式。

美国制定法不区分诉前禁令和永久禁令在实体条件上的差别，《版权法》第 502 条[②]、《专利法》第 283 条[③]和《商标法》第 34 条[④]均授权法院根据衡平原则发布禁令。在禁令发布与否的案件中，法院的自由裁量是最为重要

① 参见沈仁干：《谈我国著作权法的修改》，载《知识产权》2001 年第 6 期。

② 美国《版权法》第 502 条(a)规定，法院可按其认为合理的条件发出临时禁令和永久禁令，以防止或制止侵犯版权行为的发生。

③ 美国《专利法》第 283 条规定，对案件有管辖权的法院可根据衡平原则依其认为合理的条件发布禁令，以防止专利权侵权。

④ 美国《商标法》第 34 条授权法院根据衡平原则以及法院认为合理的条件禁止商标侵权而给予禁令。

的因素。为行使自由裁量权提供客观标准,判例法在诉前禁令的发布上发展出四个因素。“传统上,法院在认定是否发布诉前禁令时会考虑四个要素:(1)申请人在缺乏禁令时是否会受到无法弥补的损害;(2)申请人胜诉可能性;(3)申请人损失与被申请人损失之间的困境平衡;(4)公共利益。”①“如果原告证明了如下要素,版权法下的临时禁令即可给予:原告胜诉的极大可能性;拒发禁令将给原告造成的不可挽回的损失;不给予禁令对原告造成的损失,与给予禁令情况下对被告造成的损失相比,前者大于后者;禁令不会损害公共利益。”②即便诉前禁令的发布有四个适用条件,但各巡回法院就如何适用这四个条件往往莫衷一是,一些法院只是单独列出这四个条件,一些法院则认为需要组合这四个条件,一些法院还给出了各自的四要素组合测试法。③ 如联邦第九巡回上诉法院认为,“如果原告能证明如下任何一种方案,均可发出临时禁令:(1)实体胜诉可能性以及无法挽回损失的可能性;(2)提出了严重问题且困境平衡(balance of hardship)倾向于原告。每一种方案均要求对诉请的实体问题及双方当事人的损害进行审查。我们曾经指出,这两个方案代表了一把滑尺(slidig scale)的两个点,‘无法挽回的损失’越高,则对‘胜诉可能性’的要求越低。如果申请人具有100%的胜诉可能,单凭这一点就能推翻地区法院拒发临时禁令的裁决,而无需考察困境的平衡。”④

---

① 11A Charles Alan Wright, Arthur R. Miller & Mary Kay Kane, Federal Practice and Procedure §2948 2d ed. 1995 & Supp. 2011.

② Kern River Gas Transmission Co v. Coastal Corp., C. A. 5 (Tex. 1990), 899 F. 2d 1458, rehearing denied, certiorari denied 111 S. Ct. 374, 498 U. S. 952.

③ John Leubsdorf, "The Standard for Preliminary Injunctions", *Harv. L. Rev.* 1978, pp. 525–526.

④ Franklin Sammartano, et al. v. First Judicial District Court, et al. 303 F. 3d 959, 965 (9th Cir. 2002).

2. 中国的继受过程

为满足 TRIPs 协议第 44 条的规定,①中国在 2000 年专利法修改、2001 年著作权法和 2001 年商标法修改中全面引进诉前禁令制度,这成为中国法律体系下的特有制度。但与 TRIPs 协议第 44 条一样,中国知识产权三大专门法中也没有明确诉前禁令的发布条件。因此,在知识产权三大专门法引入诉前禁令制度之后,相关司法解释进一步明确了诉前禁令的颁发标准。根据《著作权法》第 50 条第 1 款、《专利法》第 66 条第 1 款和《商标法》第 65 条分析,申请人为获得诉前禁令,需证明:(1)被申请人正在实施侵权或即发侵权;(2)如果不及时制止将对申请人造成无法弥补的损失。最高人民法院《关于对诉前停止侵犯专利权行为适用法律问题的若干规定》第 11 条和最高人民法院《关于诉前停止侵犯注册商标专用权行为和保全证据适用法律问题的解释》第 11 条为诉前禁令的复议审查增加了两个条件:申请人提供担保以及社会公共利益的考量。从司法解释的规定看,中国尚未完全采纳美国和 TRIPs 协议规定的四要素标准。

近年来,中国司法实践中相继出现了一些比较有影响的诉前禁令案件,法院通过这些标杆案件的审理进一步完善和细化了诉前禁令的发布条件。如上海浦东法院在驳回唯冠公司对苹果公司的临时禁令请求裁定中写到:申请人深圳唯冠的申请获得法院支持的前提条件之一是,被申请人正在实施或者即将实施侵犯注册商标专用权的行为。而本案中,被申请人苹果销售的"iPad"平板电脑来源于美国苹果公司,美国苹果公司等与申请人之间就涉案商标因转让合同引起的权属纠纷正在广东省高级人民法院二审审理中。在该院作出终审判决前,涉案商标权归谁所有尚处于不确定状态。因此,在美国苹果公司使用"iPad"标识是否构成侵权尚难定论的情况下,认定被申请人

---

① The judicial authorities shall have the authority to order a party to desist from an infringement, inter alia to prevent the entry into the channels of commerce in their jurisdiction of imported goods that involve the infringement of an intellectual property right, immediately after customs clearance of such goods. Members are not obliged to accord such authority in respect of protected subject matter acquired or ordered by a person prior to knowing or having reasonable grounds to know that dealing in such subject matter would entail the infringement of an intellectual property right.

销售“iPad”平板电脑构成侵权尚缺乏依据。①

在“中国好声音”一案,北京知识产权法院从实体上的四个方面②较为系统地阐述了诉前禁令的发布条件:第一,关于申请人的胜诉可能性,法院认为被申请人存在侵犯注册商标权和构成不正当竞争的可能性,不过在诉前保全申请审查阶段,无法对涉案节目标识是否构成未注册驰名商标进行判断。第二,关于采取禁令的紧迫性,以及不立即采取措施是否可能使申请人的合法权益受到难以弥补的损害。一方面本案涉及歌唱比赛选秀节目将于2016年6月录制、7月播出,时间紧迫,一旦录制完成并播出,将会产生较大范围的传播和扩散,可能会显著增加唐德公司的维权成本和维权难度,甚至难以在授权期限内正常行使权利。另一方面,在相关公众对名称为“中国好声音”和“The Voice of China”的歌唱比赛选秀节目的模式及特色已有极高认知度的情况下,又出现名称为“2016中国好声音”的歌唱比赛选秀节目,很可能会造成相关公众的混淆误认,也可能会严重割裂前者的歌唱比赛选秀节目与其节目模式及特色等元素的对应联系,从而存在导致唐德公司后续依约开发制作的该类型节目失去竞争优势的可能性。第三,关于损害平衡性,即不责令被申请人停止相关行为对申请人造成的损害是否大于责令被申请人停止相关行为对被申请人造成的损害。一方面,责令灿星公司和世纪丽亮公司停止涉案行为,仅涉及停止对包含“中国好声音”“The Voice of China”字样的节目名称及有关标识的使用,且即使停止对有关节目名称的使用,也不会影响节目更名后的制作和播出,损失数额是可以预见的。另一方面,如不责令灿星公司和世纪丽亮公司停止涉案行为,其制作的“2016中国好声音”歌唱比赛选秀节目一旦制作完成并公开播出,对唐德公司造成的损失难以计算。第四,关于责令被申请人停止相关行为是否损害社会公共利益。法院认为责令被申请人停止涉案行为可能仅涉及被申请人的经济利益,没有证据证明将会

---

① 《iPad禁售令申请被上海驳回 唯冠不服将提复议》,载 http://finance.sina.com.cn/chanjing/gsnews/20120224/030811443281.shtml,最后访问日期:2018年2月24日。

② 还有两个程序条件:申请人是否是权利人或利害关系人;申请人是否提供了相应担保,对于担保金额和担保形式的确定,需要综合考虑申请人胜诉可能性的高低及被申请人停止相关行为可能遭受的损失等因素进行判断。

损害社会公共利益，不会对消费者利益和社会经济秩序造成损害。

综合上述分析，2017 年 6 月 20 日，北京知识产权法院根据浙江唐德影视股份有限公司的申请，作出诉前行为保全裁定，责令上海灿星文化传播有限公司及世纪丽亮（北京）国际文化传媒有限公司立即停止在歌唱比赛选秀节目中的宣传、推广、海选、广告招商、节目制作等过程中，使用包含“中国好声音”“The Voice of China”字样的节目名称及相关注册商标。[①] 自此，中国法院以标杆案例的形式全面继受了美国和 TRIPs 协议中关于发布诉前禁令的实体条件，这在相当程度上可以体现三十多年以来中国科技领域政策法规的国际化努力。

二、中国科技政策法律的本土化与差异化

无论何种程度的“全球性”，中国科技政策法律仍具有“本土特色”。不了解中国科技政策法律的“本土特色”，可能会使一些外资科技企业出现“水土不服”的适应证。

（一）以中国消费者权益和知识产权行政执法为例

1. 消费者权益保护法律的本土性

中国消费者权益保护条款与国际通行条款的不一致，使很多高科技企业的运营大受影响，苹果也因此一度背上了歧视中国消费者的骂名，蒂姆·库克（Tim Cook）不得不对中国消费者道歉。2012 年 6 月 19 日，中国消费者协会与天津、北京、上海、重庆、江苏、山东六省市消费者协会（委员会）联合发布了《苹果维修合同不公平格式条款点评意见》，引起社会广泛关注。争议焦点在于，消协认为其中的部分条款违反法律规定，侵害消费者权益。其中《苹果维修条款和条件》第 4 条规定：“如果维修不属于保修范围……苹果将保留被更换的零件或产品作为其财产，同时更换的零件将成为您的财产。被更换的零件通常可以维修，苹果可以等价更换或维修。如果相关法律要求苹果向您返还被更换的零件，您同意向苹果支付更换物品的额外费用。”

① 北京知识产权法院（2016）京 73 行保复 1 号民事裁定书。

但根据中国《物权法》《消费者权益保护法》的规定，中国消费者购买苹果产品后，不管三包期内还是三包期外，对于所购产品及其零配件、部件消费者都拥有所有权，并有权对其占有、使用、收益、处分。在三包期内，经营者免费维修是其法定义务，即使为消费者更换了新的零部件，也并不能改变原有被更换零部件归消费者所有的事实，被更换下来的零部件依法仍应归消费者所有，苹果公司无权自行收回。在三包期外，如果消费者支付了维修使用零配件、部件的费用，苹果公司亦不能强制要求被更换下来的旧件成为自己的当然财产。[①] 这种观点是在中国法律的框架下的合理分析。也许一些外企在长期的商业运营过程中一直坚持国外通行标准做法，以减少不同国家政策法规差异带来的合规成本，这些做法可能比中国消费者权益保护的政策法规标准还要高，但进入中国后它们不得不根据中国的标准、规定和做法制作消费者权益保护的相关文本。

2. 知识产权行政执法的本土性

在国外并不突出的知识产权行政执法制度，在中国发挥着重要作用。由知识产权授权确权职能的知识产权行政管理机关，来负责知识产权的行政执法工作，确实具有鲜明的中国特色。权利人的知识产权被侵权时，可寻求知识产权行政执法，以下简要梳理中国知识产权行政法的条文。

根据《著作权法》第 48 条规定，著作权执法部门对所列八种违法行为且损害公共利益的，有权责令停止侵权行为，没收违法所得，没收、销毁侵权复制品，并可处以罚款；情节严重的，著作权行政管理部门还可以没收主要用于制作侵权复制品的材料、工具、设备等。《著作权法实施条例》第 36 条细化了行政处罚的额度，非法经营额 5 万元以上的，著作权行政管理部门可处非法经营额 1 倍以上 5 倍以下的罚款；没有非法经营额或者非法经营额 5 万元以下的，著作权行政管理部门根据情节轻重，可处 25 万元以下的罚款。

《商标法》第 60 条第 2 款对执法部门的权力内容有几乎相同的规定，工商行政管理部门认定侵权行为成立的，有权责令立即停止侵权行为，没收、销

---

① 佚名：《保护消费者权益 对不公平条约说不——消费者协会再评苹果维修合同不公平格式条款》，载《标准生活》2012 年第 9 期。

毁侵权商品和主要用于制造侵权商品、伪造注册商标标识的工具,违法经营额5万元以上的,可以处违法经营额5倍以下的罚款,没有违法经营额或者违法经营额不足5万元的,可以处25万元以下的罚款。对5年内实施两次以上商标侵权行为或者有其他严重情节的,应当从重处罚。销售不知道是侵犯注册商标专用权的商品,能证明该商品是自己合法取得并说明提供者的,由工商行政管理部门责令停止销售。

专利行政保护制度初创于1984年《专利法》,历经3次修改逐渐完善。专利行政保护制度(或者专利管理部门的权限)大体可区分为,针对专利侵权纠纷的"裁决"[①]、针对假冒专利的"查处"和针对其他专利纠纷的"调解"。根据国家知识产权局制定的《专利行政执法操作指南(试行)》(以下简称《指南》),专利管理部门对专利侵权纠纷的处理因当事人请求而启动,具有"准司法"的特征;针对假冒专利的行政查处程序,则可依举报、投诉或者自行检查发现假冒行为而启动。专利纠纷的调解工作因当事人的书面请求而启动,类型包括专利申请权、专利权归属纠纷;发明人、设计人资格纠纷;职务发明的发明人、设计人的奖励和报酬纠纷;临时保护期使用费纠纷;以及侵犯专利权的赔偿数额纠纷(五类纠纷)。不难看出,中国专利行政执法权可分为行政裁决权、行政查处权、行政调解权。在第一部《专利法》出台之际,行政裁决权在专利行政执法格局中处于绝对主导地位,之后的《专利法》修改都朝着限制行政裁决权的方向发展,专利裁决权在专利行政执法权体系中的主导地位逐渐弱化。伴随这一过程的是,行政查处权的地位得以上升、权力的行使得到规范,逐渐成为专利行政执法权体系中具有主导性地位的权力;行政调解的适用案件也在扩大,但一直处于执法体系中的边缘角色。(见表1)

① 四个文本的《专利法》使用的文字均为"处理",《专利管理部门处理专利纠纷办法》第5条使用了"调处",《专利行政执法操作指南(试行)》根据案件种类不同而使用"处理""查处"和"调解",根据该指南的规定,"处理"具有"准司法"性质,本文称为"裁决"。还可参见邓建志:《我国专利行政保护制度的发展路径》,载《知识产权》2012年第3期;蔡建生:《论我国专利权侵权行政处理的法律属性》,载《科技与法律》2012年第6期。

表1　中国专利行政执法权的立法发展简表

		1984年《专利法》及其细则	1992年《专利法》及其细则	2000年《专利法》及其细则	2009年《专利法》及其细则
行政裁决	案件	专利侵权纠纷	未修改	专利侵权纠纷	专利侵权纠纷
	内容	停止侵权、损害赔偿	未修改	停止侵权	停止侵权
行政查处	案件	假冒专利	假冒、冒称	未修改	假冒专利
	内容	比照行政裁决	责令停止冒称行为、公开更正并处以罚款	假冒:责令改正并予公告、没收违法所得,可并处违法所得3倍以下的罚款,没有违法所得的,可处5万元以下的罚款; 冒充:专利管理部门有权责令改正并予公告,可处5万元以下的罚款	责令改正并予公告,没收违法所得,可以并处违法所得4倍以下的罚款;没有违法所得的,可以处20万元以下的罚款。 措施:询问、调查情况;现场检查;查询复制相关资料;检查相关产品;查封或扣押假冒专利的产品
行政调解	案件	职务发明的发明人、设计人的奖励和报酬纠纷;临时保护期使用费纠纷	职务发明的发明人、设计人的奖励和报酬纠纷;临时保护期使用费纠纷	专利申请权、专利权归属纠纷;发明人、设计人资格纠纷;职务发明的发明人、设计人的奖励和报酬纠纷;临时保护期使用费纠纷	专利申请权、专利权归属纠纷;发明人、设计人资格纠纷;职务发明的发明人、设计人的奖励和报酬纠纷;临时保护期使用费纠纷;侵犯专利权的赔偿数额纠纷

(二)科技政策法律之间的差异性

这些"本土特色",可能是因为传统文化或理念的根基、经济发展程度、政治体制机制等原因造成,但是这些科技政策法律应具有足够的可预见性和开放性。可预见性和开放性不够，容易产生贸易保护主义现象。

1. 科技标准之争

目前科技领域的标准之争成了争取国家利益的重要体现。据称，中国家用电器、纺织服装、家具、玩具、鞋类产品等行业的国际标准转化率达到80%以上，整体来看，中国在一些消费品领域与国外标准还有差异，国家标准委主任田世宏表示，《消费品标准和质量提升规划（2016—2020年）》已经通过审议，力争到2020年实现重点领域主要消费品国际标准一致性程度提升到95%以上，消费品质量国家监督抽查合格率稳定在90%以上，消费品质量竞争力指数稳定在84以上。① 然而，从业界观察看，中国的标准体系与世界大多数国家不同，强制性标准越来越多，成了非关税壁垒的主要措施。但标准背离全球化趋势就会对技术的发展和流动带来障碍和巨大成本，标准不同为中国产品全球化推广也会带来巨大挑战。十多年以前WIFI（Wireless - Fidelity）与WAPI（Wireless LAN Authentication and Privacy Infrastructure）之争颇具代表性。WIFI是无线局域网的一项技术标准，传输速度高，给用户带来无线上网的很大便利，但是在安全性方面有待提高，容易被破解。中国担心WIFI标准的广泛适用不利于中国的信息安全。而国内自主研发的WAPI技术在具备WIFI功能的基础上，被部分专家认为安全加密技术更胜一筹。于是在2003年年底，国家相关部门发布公告，称自2004年6月1日起将开始强制实施WAPI标准。英特尔等IT巨头公司认为，中国推行WAPI标准的举动，将导致中国是唯一推行异于WIFI标准的国家，这不仅会增加供应商的财务成本，也将导致两个标准之间不相兼容，将中国孤立于世界之外。美国商务部副部长雷文凯（Frank Lavin）就发表了对“中国已经出现经济民族主义趋势”的批评，这种批评也可以被视为是国外对中国在知识产权标准上的“另立山头”的一种反应。

中美标准之间强制性与自愿性的鲜明对比直接导致标准的不统一与不兼容，中国大规模地采用强制性标准，可能成为市场准入的一大“杀手锏”。

① 《2020年我国重点领域消费品国际标准一致性达95%以上》，载http://finance.sina.com.cn/roll/2016-08-27/doc-ifxvixsh6745310.shtml，最后访问日期：2018年3月27日。

中国具有一套庞大复杂的强制标准体系，按行业分布，其效力自上而下分别是国家标准、行业标准、地方标准和企业标准。以国家工程建设标准为例，标准总数超过4000项，现行标准2068项，在编标准50项，修订标准396项，待编标准2025项。其中，按领域划分，又包括“城乡规划”“城乡建设”“房屋建设”“建材工程”等16个领域；按主题划分，又可分为“战略新兴产业”“建筑工业化”“防灾减灾救灾”“能源资源”“保障设施建设”“结构调整”“质量安全”等8项契合社会发展需求的主题。① 相比而言，美国的标准具有极强的自愿性，除政府制定、采购和监管的标准为强制以外，标准的制定、实施和应用均由市场主导。在美国，标准制定机构有很多，大部分是非政府机构，例如：科学和专业社团——美国机械工程师协会（American Society of Mechanical Engineers，ASME）、贸易协会——美国航空航天工业协会（Aerospace Industries Association of America，AIA）、以制定标准为主要活动的各项组织——美国材料与试验协会（American Society for Testing and Materials，ASTM）以及一些以公司为单位的专业社团。美国标准体系，呈现了一种自下而上的结构，以市场为导向的分散自治的特点能够很好反映不同利益相关方的诉求，是美国成功实现工业创新的重要源泉。美国政府制定法律法规时，甚至可引用民间组织制定的标准，从而赋予这些标准在联邦政府、州政府或当地政府层面上的法律效力。

2. 数据本地化与跨境流动

在数据本地化和跨境流动方面，中国、欧盟和美国掌握的尺度不同，势必影响数据的自由流通。《网络安全法》第37条规定，关键信息基础设施的运营者在中华人民共和国境内运营中收集和产生的个人信息和重要数据应当在境内存储。因业务需要，确需向境外提供的，应当按照国家网信部门会同国务院有关部门制定的办法进行安全评估；法律、行政法规另有规定的，依照其规定。2017年4月11日，国家互联网信息办公室就《个人信息和重要数据出境安全评估办法（征求意见稿）》公开征求意见，进一步强化了数据本地化

① 龚郁杰、王紫潇：《中美标准体系对比浅析》，载《工程质量》2016年第11期。

义务和数据出境的管控。比如该《征求意见稿》第2条，将《网络安全法》第37条的适用主体"关键信息基础设施运营者"扩大为"网络运营者"；该征求意见稿第7条和第9条为数据出境设定了自行评估和监管评估两种方式。随后，2017年5月27日，中国信息安全标准化技术委员会公布了《信息安全技术　数据出境安全评估指南（征求意见稿）》，在《个人信息和重要数据出境安全评估办法（征求意见稿）》的基础上，对安全评估的评估流程、评估要点、评估方法等做出了进一步细化的规定。

我国对数据出境的管理比较严格。开放是互联网大数据时代的核心特征，在大数据和云计算的时代，包括个人信息在内的数据，只有充分地流动、共享、交易，才能实现集聚和规模效应，最大限度地发挥价值，管控宽严的尺度把握就显得特别重要。① 美国代表团于2017年9月25日向WTO贸易服务委员会提交了针对《个人信息和重要数据出境安全评估办法（征求意见稿）》等文件的关切，认为中国《网络安全法》所采取的针对个人信息和重要数据跨境进行安全评估的措施会严重阻碍数据自由流动。② 在个人信息出境管理方面，美国法律中没有个人信息出境管理的专门规则，使用个人信息向第三方转移通用规则。在重要数据出境管理方面，美国无专门针对重要数据出境管理的文件，而是分散于国家产品、技术出口管理条例及国家行业立法中。如美国《出口管理条例》将重要数据管理与尖端产品、关键技术出口管理相结合，提出相应管理要求。采取分级出境和行政审查相结合的管理方式。③ 总体来说，对数据出境的管理不是非常严格。欧盟委员会2017年9月13日公布"促进非个人信息在欧盟境内自由流动"的立法建议，为应对成员国就非个人数据本地化的要求，要求各成员国不得为公共利益以外之目的限制数据流动（本地化存储或其他利用）。④ 从欧盟委员会的这个规定来看，首

① 北京知识产权法院（2016）京73民终字第588号民事判决书。

② See Communication From The United States Measures Adopted and Under Development By China Relating to Its Cybersecurity Law.

③ 《国外如何进行数据出境管理》，载《中国信息通信研究院》2017年3月5日。

④ Proposal for a Regulation of the European Parliament and of the Council on a framework for the free flow of non - personal data in the European Union.

先强调以非个人数据的“自由流动”为基本原则;其次,将限制数据流动的理由限定为“公共利益”。可见欧盟对非个人数据出境的管控较灵活。

三、中国科技政策法律的一体化

“统一性”不仅体现为科技政策法律“国际化”特征,还体现本国或区域司法管辖区内科技政策法律的“一体化”。

(一)美国联邦和欧盟法律的统一化

1. 美国统一州法运动

美国虽然是联邦制国家,各州拥有相对自主独立的立法权,各州为促进本地产业的发展,自然在科技发展领域制定最有利于本地产业发展的政策法律,从而导致政策法律的不一致。随着第一次工业革命爆发,州际之间人口、贸易的流动性愈加频繁,法律不统一带来的摩擦增多,为了促进全国范围内的贸易,美国在19世纪发生了法律统一运动。起源于法律统一运动,美国统一州法全国委员会于1892年“促进美国法律统一性的各州委员会会议”上成立,该委员会设立的目的在于向各州推荐其拟制的示范法律文本,它起草了100多项统一标准法案,供各州选用,或按此制定相应的法律。① 尽管步履维艰,美国的统一州法运动走过了100多年时间,对美国法律的统一起到了非常重要的作用,统一州法全国委员会已经颁布了250多个统一法,其中100多个被一个以上的州采用。在这些统一法的推动和为数更多的样板法的引领下,各州法律的差别逐步缩小,在一些重要领域还基本实现了州法的统一。②

如2016年美国出台《联邦商业秘密法案》,也是一个追求法律统一性的典型。1979年,美国统一州法全国委员会发布了《统一商业秘密法》(Uniform Trade Secrets Act,UTSA),试图作为各州保护商业秘密立法的示范。此后,美国的哥伦比亚特区及47个州均采用了UTSA及其修改版本,作为商业

---

① 载 https://baike.baidu.com/item/美国统一州法全国委员会/775865? fr = aladdin,最后访问日期:2018年2月17日。

② 杨成良:《美国的统一州法运动》,载《山东师范大学学报》(人文社科版)2004年第6期。

秘密保护的法律依据。但各州在商业秘密保护立法内容上存在差异，这些差异虽然细微，但对于案件来讲可能具有决定性作用，如举证责任的承担、无过错获取商业秘密行为的性质认定、商业秘密保护的信息范围等。同时，UTSA在应对州际及跨国公司的商业秘密保护问题上也存在局限性。[①] 2016 年 5 月 11 日，美国总统奥巴马签署《商业秘密保护法》，该法正式生效。

美国法学会在统一联邦各州法的过程中也发挥了重要作用。20 世纪初，越来越多的美国法律界人士认识到，日益增长的、编排复杂、出版无规律的判例的堆积，不仅使律师、法官的工作困难重重，还对表达力强且正在发展中的判例法体系构成破坏性的威胁，为了清楚、有条理地论述普通法，使其易懂明了；减少出版物的数量，使律师、法官从查找的重负下解脱出来，美国法学会于 1923 年成立，该组织凝聚了全美最优秀的法律专家、学者及律师，至今精心制作了三个版本的美国法律重述，内容涵盖代理法、冲突法、合同法、判决法（Law of Judgments）、财产法、不当得利、担保法、侵权法和信托法、劳动法、国际商事仲裁法、民事诉讼法、责任保险法、财产租赁法、对外关系法、反不正当竞争法等，一些法律重述对州法的制定提供了重要的参考版本，美国法官在判决中常引用这些法律重述作为参考，对美国普通法的统一做出了重大贡献。

2. 欧盟经济法律的一体化

欧盟经济法律一体化是近半个世纪以来全球经济法律统一的典范。促进商品流通自由（《欧盟运行方式条约》第 34 条）和形成欧洲内部市场是欧盟基础法律的核心精神，所有国家的法律必须符合欧盟基础法律（primary law），欧盟法律的统一化程度已经非常高。由于统一法将提高法律的确定性并减少交易成本——经营者不必逐一考察 27 个不同的法律体系，这就使经营者在自己国家之外更容易提供产品和服务。为了实现欧盟成员国法律的一体化目标，欧洲内部创设了一系列机制予以保障。欧盟立法主要有四种形式：条例、指令、决定、意见和建议。如欧盟《协调成员国商标立法 89/104/

---

① 参见《美国〈商业秘密保护法〉正式生效》，载 www. sipo. gov. cn/zlssbgs/zlyj/201701/t20170111_1307728. html，最后访问日期：2016 年 8 月 6 日。

EEC 一号指令》自通过以来，对欧盟各国商标法的一体化产生了重要影响。2016 年 6 月 8 日，欧洲议会和欧盟委员会通过了欧盟《商业秘密保护指令》（欧盟第 2016/943 号指令），该指令旨在通过明确和统一有关商业秘密的非法获取、使用或披露的法律来保护创新和发展，欧盟成员国必须在 2018 年 6 月 9 日之前将该指令转化到其国内法。

（二）中国科技政策法律的一体化

1. 推动机构改革，减少政出多头

中国政府近年来大力推动科技管理机构的改革，减少政出多头，也是科技政策法律统一性特征的一种体现。2013 年以来，国务院拉开机构改革和职能调整的帷幕，俗称新一轮的“大部制改革”。与之相伴，地方政府也进行了机构改革的尝试。中国共产党十八届三中全会提出了改革市场监管体制、实行统一市场监管的要求，全国多地已经将工商、食品药品、质量技监、物价四个领域的市场监管职能，统一交给市场监管局行使；2014 年 11 月 16 日，全国首家单独设立，集专利、商标、版权行政管理和综合执法职能于一体的知识产权局在上海浦东新区成立，于 2015 年 1 月 1 日正式运行。

这些机构改革的举措，在一定程度上能够减少“政出多头”的情况，对政策法规的一体化具有推进作用。当然，机构改革从来就是障碍重重，囿于部门利益等因素，大部制改革的进展和成效还需拭目以待。比较典型的是中国反垄断执法权力的分割，国家工商总局负责垄断协议、滥用市场支配地位、滥用行政权力排除限制竞争方面的反垄断执法工作，而国家发改委负责价格垄断行为的执法工作，商务部则负责经营者集中的反垄断审查。然而，大多数案件价格、非价格因素同时并存，经营者集中和滥用市场支配地位等因素交织，三大反垄断执法机构只能“各行其是”，这会导致一些案件的反垄断执法不彻底、不全面。2018 年 2 月 28 日出台的《中共中央关于深化党和国家机构改革的决定》指出，要加强和优化政府反垄断、反不正当竞争职能；要坚持一类事项原则上由一个部门统筹、一件事情原则上由一个部门负责，加强相关机构配合联动，避免政出多门、责任不明、推诿扯皮，下决心破除制约改革发展的体制机制弊端。2018 年 3 月 13 日发布的国务院机构改革方案提出将组建国家市场监督管理总局，整合国家知识产权局的职责、国家工商行政管理总局商标管理职责、国家质量监督检验检疫总局原产地地理标志管理职责，并统一国家发改委价格反垄断、商务部经营者集中反垄断、国务院反垄断委员会办公室的职责。

2. 统一内资和外资法律的适用

中国政府继续统一内资和外资企业的法律适用。2016 年 9 月 3 日全国人大常委会对《外资企业法》《中外合资经营企业法》《中外合作经营企业法》《台湾同胞投资保护法》等法律进行修订。这次修订并非全面修订，仅涉及有关行政审批的条款，与 2015 年公布的《外国投资法（草案征求意见稿）》这一外资基础性法律要求不同。外资立法的下一步工作也就是通过制定统一的《外国投资法》、全面修改外资三法来推进外商投资体制改革，以及外资法关于企业组织形式和治理结构的规范与《公司法》等法律法规的衔接问题，努力把法律规范的对象调整为外国投资者在中国境内的投资行为，实现从外商投资企业法到外国投资管理法的转变。2015 年年初，商务部公布《外国投资法（草案征求意见稿）》，以此统一《中外合资经营企业法》《外资企业法》《中外合作经营企业法》（以下简称“外资三法”）和《公司法》的适用，尝试改革现行外商投资管理体制，实行准入前国民待遇加负面清单的管理模式，取消此前形成的逐案审批制。统一的《外国投资法》可能会呈现比“外资三法”更为抽象的法律条款，具体规则适用统一公司法，这在立法理念和技术上都是一个进步。

但是，长期以来争议较多的《技术进出口管理条例》至今仍然没有要修改的迹象，该条例中的部分条款被认为区分内资和外资在技术进出口领域进行了不同对待。比如该条例第 24 条第 3 款要求让与人对转让的技术负有强制的瑕疵担保义务：技术进口合同的受让人按照合同约定使用让与人提供的技术，侵害他人合法权益的，由让与人承担责任。对照中国《合同法》来看，该法第 353 条并未对让与人课以强制的瑕疵担保义务，而是允许当事人之间进行约定排除：受让人按照约定实施专利、使用技术秘密侵害他人合法权益的，由让与人承担责任，但当事人另有约定的除外。在中国入世近二十年的全球背景下，中国的市场开放程度和技术发展程度等发生了巨大的变化，不仅没有必要再保留这种差别待遇，而且还要鼓励外国先进高端技术的进口，因此统一技术进出口政策法规的适用是很有必要的。

3. 避免主动打造“规则的森林”

2016年，《上海市市场监督管理行政处罚程序规定》统一了后端的行政处罚程序，但前端的投诉举报程序仍然政出多门，莫衷一是，这些规定散见于工商、食品药品、质量技监、物价等部门的规章，以及《消费者权益保护法》《产品质量法》《食品安全法》《价格法》等相关法律法规中。基层在处理举报投诉时，一时如入规则的森林，极易迷失方向。2018年1月10日，《上海市市场监督管理投诉举报处理程序规定》(沪府令61号)发布，从而成为全国首部市场监管领域的统一投诉举报程序规则，[①]从而统一了市场监管的前端投诉和后端处罚规则，上海市政府法制办的工作值得称赞。

中国政府近年来主动出击前沿产业，态度积极，政策制定过程中，也能大体上集合各方智慧，把握规划先机。不足之处在于顶层设计不够、一体化程度不足，导致在高科技行业监管层面的政策法规冲突，常表现为：政出多头，徒增执行和遵守的成本；政策法律繁复，大到中央、小到地方，一哄而上；公文格式八股泛滥，指导性和可执行力大打折扣，市场主体如入“规则的森林”，无所适从。比如这两年处于产业最前沿的人工智能、自动驾驶、大数据、物联网、5G，国家发展改革委员会、科技部、工信部等国务院各部委和地方政府纷纷推出各种政策和战略，面对这些雪花般的政策文件，专家都被搞晕了头，企业等市场主题能理得清吗？如果能的话，企业也把很多精力花在了获取政府补贴的申请上。本章附表梳理过去两年国务院各部委和地方政府就上述热门领域发布的政策，虽不尽完善，但繁复程度已可见一斑。

除以上列举的问题外，当前全球各国在一些新兴领域面临共同的利益诉求，比如在暗网、勒索软件、数据跨境流动和安全等网络安全空间的治理，成为一个全球治理的共同难题，需要全球各国通力合作，中国更应抓住契机在

---

① 罗培新：《全国首部增强民众“体感度”的政府规章出台》，载《上观新闻》2018年1月24日。

共识形成、规则制定等方面形成引领地位，争取更多话语权。全球化一定是趋势，不会因为一时、一国主权者的意志而中断。中国的科技发展已经走向世界，在通信等相关领域内更是具有引领性地位，具有非常强大的世界影响力，技术的交融发展、迭代发展、跨界发展，正在推动着一个全球化的时代以前所未有的加速度降临，这要求立法者具备全球性、开放性和前瞻性眼光，在技术和创新的调控领域尽量撇开意识形态的管束，也要求决策者尽量撇开部门利益和地方利益，加强、优化、转变政府科技管理和服务职能，完善科技创新制度和组织体系，呼唤中国建立全球性的科创法律体系，推动中国建立更符合市场发展规律的科创体制机制。

附表 1　2016 ~ 2017 年国务院各部委关于发展人工智能的政策一览表

发布日期	颁布主体	相关政策	相关内容
2016.1	国务院	《“十三五”国际科技创新规划》	智能制造和机器人成为“科技创新 2030 项目”重大工程之一
2016.3	国务院	《中华人民共和国国民经济和社会发展第十三个五年规划纲要》	加快信息网络技术开发应用，重点突破大数据和云计算关键技术。自主可控操作系统、高端工业大型管理软件、新兴领域人工智能技术，人工智能概念写入“十三五”重大工程
2016.4	工信部、国家发改委、财政部	《机器人产业发展规划（2016 ~ 2020 年）》	制定我国机器人产业发展描绘了清晰的蓝图。明确机器人产业发展要推进重大标志性产品率先突破
2016.5	国家发改委、科技部、工信部、网信办	《“互联网 +”人工智能三年行动实施方案》	明确了要培育发展人工智能新兴产业、推进重点领域智能产品创新、提升终端产品智能化水平，并且政府将在资金、标准体系、知识产权、人才培养、国际合作等方面进行保障。到 2018 年，中国将建设人工智能资源库

续表

发布日期	颁布主体	相关政策	相关内容
2016.7	国务院	《“十三五”国家科技创新规划》	要大力发展泛在融合、绿色宽带、安全智能的新一代信息技术，研发新一代互联网技术，保障网络空间安全，促进信息技术向各行业广泛渗透与深度融合。智能制造和机器人是“科技创新 2030—重大项目”
2016.9	国家发改委	《国家发展改革委办公厅关于请组织申报“互联网＋”领域创新能力建设专项的通知》	提到了人工智能的发展应用问题，将人工智能纳入“互联网＋”建设专项。包括建立深度学习技术及应用国家工程实验室、类脑智能技术及应用国家工程实验室、虚拟现实、增强现实技术及应用国家工程实验室
2016.9	国务院	《消费品标准和质量提升规划（2016—2020 年）》	要求推动人工智能产品化专利化标准化
2016.9	工信部、国家发改委	《智能硬件产业创新发展专项行动（2016—2018）》	重点发展智能穿戴设备、智能车载设备、智能健身设备、智能服务机器人等
2016.11	国务院	《“十三五”国家战略性新兴产业发展规划》	发展人工智能，培养人工智能产业生态，推动人工智能技术向各行业全面融合渗透。具体包括：加快人工智能支撑体系建设；推动人工智能技术在各领域应用，鼓励各行业加强与人工智能融合，逐步实现智能化升级
2016.12	国务院	《“十三五”国家战略性新兴产业发展规划的通知》	支持人工智能领域软硬件开发及规模化应用
2017.1	中共中央办公厅、国务院办公厅	《关于促进移动互联网健康有序发展的意见》	要求加紧布局人工智能关键技术

续表

发布日期	颁布主体	相关政策	相关内容
2017.3	国务院	《2017年政府工作报告》	人工智能首次被写入政府工作报告
2017.7	国务院	《新一代人工智能发展规划》	明确指出新一代人工智能发展分三步走的战略目标，到2030年使中国人工智能理论、技术与应用总体达到世界领先水平，成为世界主要人工智能创新中心
2017.12	工信部	《促进新一代人工智能产业发展三年行动计划（2018—2020）》	它是对2017年7月发布的《新一代人工智能发展规划》的补充，详细规划了人工智能在未来3年的重点发展方向和目标，每个方向的目标都做了非常细致的量化

附表2　主要省市人工智能政策

颁布主体	发布日期	相关政策	相关内容
上海市	2017.10	《关于本市推动新一代人工智能发展的实施意见》	到2020年，人工智能应用内涵不断深化，打造人工智能创新应用示范区、人工智能创新平台、人工智能产业聚集区；培育人工智能创新标杆企业等
北京市	2017.12	《北京市加快创新科技培育人工智能产业的指导意见》	到2020年，北京新一代人工智能总体技术和应用将达到世界先进水平，部分关键技术达到世界领先水平，形成若干重大原创基础理论和前沿技术标志性成果
重庆市	2016.11	《关于印发重庆市科技创新"十三五"规划的通知》	建立重大科研基础平台，建立人工智能研发创新中心
天津市	2016.9	《关于贯彻落实国家创新驱动发展战略纲要的实施意见》	推动产业技术实现新突破。在新一代信息技术领域，重点开发人工智能、高性能服务器、自主操作系统、国产数据库、网络安全等核心关键技术

续表

颁布主体	发布日期	相关政策	相关内容
安徽省	2016.9	《关于推进“电商安徽”建设的指导意见》	推进电子商务技术应用创新、商业模式创新和产品服务创新,积极开发虚拟现实、现实增强等人工智能新技术新服务,鼓励发展移动端电商、个性化定制、体验式营销等新模式
黑龙江省	2016.9	《黑龙江省“互联网+流通”行动计划实施方案(2016年版)》	拓展智能消费领域。支持本省企业进军智能消费领域,开发虚拟现实、现实增强等人工智能新技术新服务,推广可穿戴、生活服务机器人等智能化产品,提高智能化产品和服务的供给能力与水平
福建省	2016.2	《积极推进“互联网+”行动实施方案》	大力发展“互联网+人工智能”
广西壮族自治区	2016.2	2016年《政府工作报告》	加快培育战略性新兴产业。在人工智能、高效储能、生命科学等前沿领域培育新兴产业,力争新兴产业增加值占地区生产总值比重达到15%以上
贵州省	2016.2	《“互联网+”人工智能专项行动计划》	深入推进互联网与机器人、智能家居、智能终端、智能监控、智能医疗等领域深度融合,加快人工智能核心技术突破,进一步培育发展人工智能新兴产业,推进重点领域智能产品创新
	2017.10	《智能贵州发展规划(2017—2020年)》	到2020年,智能贵州发展取得阶段性发展,初步建立智能贵州发展框架,初步形成智能应用基础设施和人工智能产业链
广东省	2016.4	《广东省促进大数据发展行动计划(2016—2020年)》	支持自然语言理解、机器学习、深度学习人工智能技术创新

续表

颁布主体	发布日期	相关政策	相关内容
吉林省	2016.3	《关于积极推进吉林省“互联网+”行动的实施意见》	促进人工智能在智能家居、智能终端、智能汽车、机器人等领域的推广应用
山东省	2016.12	《山东省“十三五”科技创新规划》	研究人工智能模型和算法、处理芯片和认知系统软件等核心关键技术，促进人工智能在智能制造、公共安全、医疗健康、智能家居、无人驾驶等领域的应用
江西省	2017.10	《关于加快推进人工智能和智能制造发展若干措施的通知》	确立了江西人工智能产业发展的主攻方向为人工智能产品、智能制造装备、人工智能和智能装备应用及服务四个。围绕以上四个主攻领域，《措施》进一步提出推动产业发展的十二措施
浙江省	2017.12	《浙江省新一代人工智能发展规划》	力争到2022年，浙江在人工智能基础前沿理论、核心技术、支撑平台、创新应用和产业发展等方面取得重要进展，人工智能总体技术与产业发展水平全国领先，并与国际先进水平同步

附表3　2016～2017年国务院各部委关于发展大数据的政策

发布时间	颁布主体	相关政策	相关内容
2016.1	国家发改委	《关于组织实施促进大数据发展重大工程的通知》	将重点支持大数据示范应用、共享开放、基础设施统筹发展，以及数据要素流通。国家发改委将择优推荐项目进入国家重大建设项目库审核区，并根据资金总体情况予以支持
2016.2	国家林业局	《落实促进大数据发展行动纲要》	明确了林业大数据发展的目标，确定了林业大数据发展的总体思路、主要任务，建立了推进林业大数据发展的工作保障机制

续表

发布时间	颁布主体	相关政策	相关内容
2016.3	环保部	《生态环境大数据建设总体方案》	充分运用大数据、云计算等现代信息技术手段,全面提高生态环境保护综合决策、监管治理和公共服务水平,加快转变环境管理方式和工作方式
2016.4	国家发改委	《促进大数据发展三年工作方案(2016—2018)》	明确围绕三个关键环节精准发力:一要加快数据共享开放,推进"互联网+政务服务";二要推动产业创新发展,推动好工业大数据、互联网与制造业的融合发展;三要建立完善大数据管理机制,加快相关法律法规和标准体系建设,强化数据安全保障
2016.6	国务院	《关于促进和规范健康医疗大数据应用发展的指导意见》	以保障全体人民健康为出发点,大力推动政府健康医疗信息系统和公众健康医疗数据互联融合、开放共享,积极营造促进健康医疗大数据安全规范、创新应用的发展环境
2016.7	国土资源部	《促进国土资源大数据应用发展的实施意见》	明确到2018年年底,丰富与完善统一的国土资源数据资源体系。初步建成国土资源共享平台和开放平台
2016.7	林业局	《关于加快中国林业大数据发展的指导意见》	充分发挥林业大数据在生态建设的重要功能和巨大潜力,推进数据资源开放共享,积极培育林业发展新业态
2016.8	国家发改委	《关于请组织申报大数据创新能力建设专项的通知》	重点提出两个方面的专项建设方面的内容。在提升大数据基础技术支撑能力方面,重点包括建设大数据系统计算技术、大数据系统软件、大数据分析技术、大数据流通与交易技术及大数据协同安全技术五类国家工程实验室

续表

发布时间	颁布主体	相关政策	相关内容
2016.8	交通部	《关于推进交通运输行业数据资源开放共享的实施意见》	明确推进交通运输行业数据资源开放共享的实施目标，将通过三至五年的时间，建立健全行业数据资源开放体制机制；开展一批跨部门、跨地区、跨领域协同应用的试点示范
2016.10	农业部	《农业农村大数据试点方案》	通过试点示范扎实推进农业农村大数据发展和应用，农业部定于2016年起在北京等21个省（区、市）开展农业农村大数据试点
2017.1	工信部	《大数据产业发展规划（2016—2020年）》	围绕“强化大数据产业创新发展能力”一个核心、“推动数据开放与共享、加强技术产品研发、深化应用创新”三大重点，完善“发展环境和安全保障能力”两个支撑，打造一个“数据、技术、应用与安全协同发展的自主产业生态体系”，提升我国对大数据的“资源掌控、技术支撑和价值挖掘”三大能力
2017.1	工信部	《信息通信行业发展规划（2016—2020年）》	针对信息通信行业内涵扩大和结构变迁的新情况，全面对接国家发展新理念和相关战略与规划体系，提出“以深入推进信息通信业与经济社会各行业各领域的融合发展为主线”的行业发展新思路，并特别提出了19个量化发展目标

附表4　2016~2017年主要省市大数据政策

颁布主体	发布时间	相关政策	相关内容
北京、天津、河北	2016.12	《京津冀大数据综合试验区建设方案概要》	充分发挥京津冀在大数据基础设施建设、数据共享开放、产业集聚发展等方面的示范带动作用，加快推动大数据产业惠及民生、创新发展，联合打造国内首个跨区域型大数据综合试验区

续表

颁布主体	发布时间	相关政策	相关内容
北京市	2016.9	《北京市大数据和云计算发展行动计划(2016—2020年)》	结合北京市的现有基础条件和未来的发展需求。主要包括:大数据基础设施快速发展和集约创新;推行"互联网+"政府服务;推动大数据政企协同发展;明确提出要建立有利于大数据和云计算加快发展的体制机制
上海市	2016.10	《上海市大数据发展实施意见》	明确到2020年重点实现"3351"大数据发展目标,即政府数据服务网站开放数据集超过3000项,建成3家大数据基地,引进和培育50家大数据重点企业,大数据核心产业产值达到千亿级别,使上海率先成为国内领先的集数据贸易、应用服务、先进产业为一体的战略高地
重庆市	2016.12	《重庆市健康医疗大数据应用发展行动方案(2016—2020年)》	到2020年,全面建成健康医疗大数据平台体系与支撑体系,形成健康医疗大数据共享与开放机制,催生健康医疗新业态、新模式,建成国内领先的健康医疗大数据应用示范城市
浙江省	2017.3	《浙江省数据中心"十三五"发展规划》	到2020年,全省基本形成数据中心有序化、规模化、集约化、绿色化、云计算化的发展格局,基本建立数据中心产业体系、服务支撑体系和检测评估体系,能有效支撑我省信息经济发展,满足国民经济和社会发展的需要
贵州省	2016.1	《贵州省大数据发展应用促进条例》	中国首部大数据地方法规,该条例将大数据产业纳入法治轨道,以立法推动大数据产业蓬勃发展。该条例填补了中国大数据立法的空白
	2017.2	《贵州省数字经济发展规划(2017—2020年)》	提出到2020年,贵州数字经济增加值占地区GDP的比重,要达30%以上

续表

颁布主体	发布时间	相关政策	相关内容
广东省	2016.4	《广东省促进大数据发展行动计划(2016—2020年)》	明确用5年左右时间,打造全国数据应用先导区和大数据创业创新集聚区,抢占数据产业发展高地,建成具有国际竞争力的国家大数据综合试验区
江苏省	2016.8	《江苏省大数据发展行动计划》	明确江苏省将完善大数据产业生态、丰富大数据示范应用及提升数据中心服务能力。江苏省发展大数据产业的主要任务包括夯实信息网络基础,促进数据资源共建共享;推动创新发展,培育新兴业态;实施重点工程,推广典型应用;加快数据共享开放,提升政府治理能力;强化安全保障,促进健康发展
四川省	2018.1	《四川省促进大数据发展工作方案》	到2020年年末,建成国内一流、中西部地区领先的大数据生态高地、研发创新高地、示范应用高地和人才聚集地,成果转化企业
	2017.10	《四川省十三五大数据产业发展指导意见》	提出将以数据资源开放共享机制、产业融合创新为核心,努力建成全国重要的大数据生态建设高地、大数据研发创新高地、大数据示范应用高地、大数据人才聚集高地
河南省	2017.5	《关于加快推进国家大数据综合试验区建设的若干意见》	明确提出我省要打造全国一流的大数据产业中心、数据应用先导区、创新创业集聚区、制度创新先行区,建成引领中部、特色鲜明的国家大数据综合试验区
	2017.5	《河南省云计算和大数据“十三五”发展规划》	明确了体制机制创新、数据共享开放、关键技术研发、重点领域创新应用、产业集聚五个方面的发展目标

续表

颁布主体	发布时间	相关政策	相关内容
山西省	2017.3	《山西省大数据发展规划(2017—2020年)》	重点针对山西省大数据产业进行了布局规划,明确了六项重点任务和四项重点工程。提出"抓两头带中间"的发展思路,通过抢抓数据资源集聚,紧抓数据应用推广,带动数据产业发展
	2017.3	《山西省促进大数据发展应用的若干政策》	包括大数据运用的用电优惠政策、数据开放共享政策、政府购买服务政策、用地保障政策、税收优惠政策、资金支持政策、科技创新政策七大政策
湖北省	2017.6	《湖北省云计算大数据发展"十三五"规划》	到2020年,湖北省云计算大数据产业规模达到500亿元,积极建成国家级产业基地
云南省	2017.7	《云南省人民政府办公厅关于重点行业和领域大数据开放开发工作的指导意见》	明确提出,2018年年底前,全省率先开放旅游等12个重点行业,服务业等8个重点领域大数据,以开放促进开发、应用、产业和市场培育
江西省	2017.7	《江西省大数据发展行动计划》	以建设"云上江西"为核心,按照"1+8+N"的构架,搭建"云上江西"大数据服务和产业生态体系,促进数据要素流通,以数据流引领技术流、物质流、资金流、人才流,推动大数据产业发展的整体思路
安徽省	2017.1	《安徽省"十三五"软件和大数据产业发展规划》	安徽省软件和大数据产业发展重点是:培育市场主体,壮大产业规模;创建"中国软件名城",推进产业集聚

附表5　2016～2017年国务院各部委关于发展物联网的政策

发布时间	颁布主体	相关政策	相关内容
2016.5	国务院	《关于深化制造业与互联网融合发展的指导意见》	到2018年年底，制造业重点行业骨干企业互联网“双创”平台普及率达到80%，相比2015年年底，工业云企业用户翻一番，新产品研发周期缩短12%，库存周转率提高25%，能源利用率提高5%
2016.5	国家发改委	《2016年停车场建设工作要点的通知》	各省（区、市）发展改革部门要主动作为，会同有关部门抓紧开展停车场专项规划编制工作，或对既有规划进行必要的修编，争取2016年内完成，北京、天津、上海、重庆、杭州、深圳6个城市要率先于2016年上半年出台。通知重点强调，推动停车信息化建设
2016.7	国务院	《中共中央关于制定国民经济和社会发展第十三个五年规划的建议》	“十三五”规划将全面落地，助力物联网行业加速发展。物联网智能化已经不再局限于小型设备阶段，而是进入到完整的智能工业化领域。
2016.11	国务院	《“十三五”国家战略性新兴产业发展规划》	实施网络强国战略，加快建设“数字中国”，推动物联网、云计算和人工智能等技术向各行业全面融合渗透，构建万物互联、融合创新、智能协同、安全可控的新一代信息技术产业体系
2016.12	国务院	《“十三五”国家信息化规划》	推进物联网感知规划布局，发展物联网开环应用；实施物联网重点应用示范工程，推进物联网应用区域试点，建立城市级物联网介入管理与数据汇聚平台，深化物联网在城市基础设施、生产经营等环节的应用

续表

发布时间	颁布主体	相关政策	相关内容
2017.1	工信部	《物联网"十三五"规划》	明确了物联网产业"十三五"的发展目标:完善技术创新体系,构建完善标准体系,推动物联网规模应用,完善公共服务体系,提升安全保障能力等具体任务
2017.6	工信部	《工业和信息化部办公厅关于全面推进移动物联网(NB-IOT)建设发展的通知》	建设广覆盖、大连接、低能耗移动物联网(NB-IOT)基础设施。发展机遇NB-IOT技术的应用。有助于推进网络强国和制造强国建设、促进"大众创业、万众创新"和"互联网+"发展
2017.11	工信部	《关于第五代移动通信系统使用3300~3600MHz和4800~5000MHz级段相关事宜的通知》	规划3300~3600MHz和4800~5000MHz频段作为5G系统的工作频段,其中3300~3600MHz频段原则上限室内使用

附表6　2016~2017年主要省市物联网政策

颁布主体	发布时间	相关政策	相关内容
福建省	2016.12	《福建省人民政府关于加快物联网产业发展八条措施的通知》	实施"物联网+"行动,着力建设一批技术、打造一批特色应用平台、引进培育一批高端人才。力争到2020年,新增培育一批服务全国的龙头企业和行业平台,物联网产业产值达到1000亿元
江西省	2017.9	《江西省移动物联网发展规划(2017—2020年)》	把移动物联网发展放在转变发展方式和经济结构调整的战略高度,促进传统产业转型升级,打造新一代信息技术产业、现代化江西

续表

颁布主体	发布时间	相关政策	相关内容
四川省	2017.5	《四川省“十二五”物联网产业发展报告》	明确指出“十三五”期间，四川将构建完善的物联网技术、应用、人才体系，打造1000亿元规模的物联网产业集群。着重突破智能传感器、智能终端等领域关键技术
北京市	2016.1	《关于积极推进“互联网+”行动的实施意见》	到2025年，宽带、融合、泛在、安全的下一代互联网基础设施全面建成，适应互联网融合创新发展的政策环境、制度环境、法律环境和信用环境全面建立，城市管理和公共服务方式全面实现网络化创新
上海市	2016.2	《上海市推进“互联网+”行动实施意见》	融合新一代信息网络技术，提升传感器、高档数控机床、机器人、汽车、可穿戴设备等终端产品的智能化水平和服务能力
深圳市	2016.8	《深圳信息化发展“十三五”规划》	到2020年，深圳市建成国际一流的信息基础设施，成为“一带一路”的重要信息通讯节点和重要的国际信息港，“互联网+”和大数据应用全面深化、信息化引领经济转型升级成效显著，信息经济创新活跃
杭州市	2016.9	《杭州市物联网产业发展“十三五”规划》	形成研发制造、系统集成、示范应用、标准推广为一体的产业体系，全面提升关键核心技术研发，系统集成，服务提供能力。物联网产业规模年均增长15%

附表 7　2016～2017 年国务院各部委关于发展无人驾驶（智能汽车）的政策

发布时间	发布主体	相关政策	主要内容
2016.5	国家发改委、工信部、科技部	《“互联网＋”人工智能三年行动实施方案》	在有条件的地方实施智能汽车试点工程，建设安全、智能的云网端一体化车联网体系，推动智能汽车典型应用
2016.9	国家发改委、工信部	《智能硬件产业创新发展专项行动》	在智能车载设备方面，专项行动要求发展智能车载雷达、智能后视镜、智能记录仪、智能车载导航等设备。推进我国车辆联网信息服务
2017.7	国务院	《新一代人工智能发展规划》	智能运载工具方面，加强汽车感知、自动驾驶、车联网、物联网等技术集成和配套，开发交通智能感知系统；网络基础设施方面，发展支撑智能化的工业互联网、面向无人驾驶的车联网
2016.7	国家发改委、交通部	《推进“互联网＋便捷交通促进智能交通发展的实施方案”》	旨在全面推进交通与互联网更加广泛、更高层次的融合，加快交通信息化、智能化进程，推动交通产业的现代化发展
2017.4	国家发改委、工信部、科技部	《汽车产业中长期发展规划》	到 2020 年，完成智能网联汽车等汽车领域制造业创新中心建设，实现良好运作，智能网联汽车与国际同步发展；到 2025 年，智能网联汽车进入世界先进行列
2017.1	工信部	《物联网发展规划（2016—2020 年）》	促进车联网发展。开展车联网新技术应用示范，包括自动驾驶、安全节能、紧急救援、防碰撞、非法车辆查缉、打击涉车犯罪等应用
2017.12	工信部	《国家车联网产业标准体系建设指南（智能网联汽车）2017 年》（征求意见稿）	明确建设目标：分阶段建立适应我国国情并与国际接轨的智能网联汽车标准体系；构建方法、标准体系与组织实施；智能网联汽车标准体系表与智能网联汽车功能等级结构

续表

发布时间	发布主体	相关政策	主要内容
2017.12	工信部	《国家车联网产业标准体系建设指南(智能网联汽车)》	到2025年,系统形成能够支撑高级别自动驾驶的智能网络汽车标准体系,促进智能网联汽车"智能化+网联化"融合发展
2018.1	国家发改委	《智能汽车创新发展战略》(征求意见稿)	划分智能汽车的分级(以自动驾驶程度为标准):从辅助驾驶至完全自动驾驶分为5个等级。明确创新发展智能汽车的战略任务:构建自主可控的智能汽车技术创新体系;构建跨界融合的智能汽车产业生态体系;构建先进完备的智能汽车路网设施体系;构建系统完善的智能汽车法规标准体系;构建科学规范的智能汽车产品监管体系;构建全面高效的智能汽车信息安全体系

附表8　2016~2017年主要省市智能汽车政策

发布主体	发布时间	相关政策	主要内容
北京市交通委员会	2017.12	《北京市关于加快推进自动驾驶车辆道路测试有关工作的指导意见(试行)》	明确自动驾驶定义、责任主体、测试要求、测试管理、事故责任认定
北京市交通委员会	2017.12	《北京市自动驾驶车辆道路测试管理实施细则(试行)》	明确管理机构职责、测试申请条件与流程、测试管理、违规操作责任等
湖南省	2016.11	《湖南省"十三五"新型工业化发展规划》	积极培育网联智能汽车;支持汽车企业与互联网企业协作开发包括自动驾驶汽车在内的网联智能汽车
云南省	2016.12	《云南省信息产业发展规划(2016—2020年)》	重点发展移动车联网等移动互联网产业;重点支持移动互联网、物联网、车联网环境下的新兴服务业项目

续表

发布主体	发布时间	相关政策	主要内容
浙江省	2016.5	《浙江省新能源汽车产业“十三五”发展规划》	打造车联网智能交通示范应用基地;加快新能源汽车智能化运营
	2017.5	《关于深化制造业与互联网融合发展的实施意见》	推进感知互联的智能新产品设备研发,加快车联网等网络化发展
	2017.12	《浙江省新一代人工智能发展规划》	着力突破新能源汽车“车网融合”技术和车载智能操作系统
安徽省	2017.2	《安徽省“十三五”汽车和新能源汽车产业发展规划》	积极发展车联网通讯技术等开发与集成效应,加快车联网与智能交通系统的产业链布局发展
广东省	2017.7	《工业和信息化部广东省人民政府合作协议》	开展车联网应用试点,推广安全、共享和边界的智能网联汽车新应用
福建省	2017.9	《福建省新能源汽车产业发展规划(2017—2020年)》	加快自动驾驶技术发展,加快车端智能互联、寻求企业大数据应用和车联网增值服务
四川省	2017.9	《四川省“十三五”汽车产业发展指导意见》	加快智能网联汽车推广示范。建设中德合作智能网连汽车、车联网标准等
湖北省	2017.12	《河北省“十三五”产业创新能力发展和建设规划》	加快智能网联汽车与智能交通创新示范试验区国家基地建设;培育智能汽车与智能交通融合发展的产业生态
辽宁省	2017.12	《辽宁省新一代人工智能发展规划》	在智能交通领域,重点研究自动驾驶技术、车联网技术、建设智能交通综合服务平台

附表 9　2016～2017 年国务院各部委关于发展 5G 战略的政策

发布时间	发布主体	相关政策	主要内容
2016.12	国务院	《"十三五"国家信息化规划》	提到"5G"
2017.3	国务院	《2017 年政府工作报告》	首次提到"第五代移动通信技术(5G)"对于国家未来发展的重要性,发展 5G 计划上升到了国策层面
2017.1	工信部	《信息通信行业发展规划(2016～2020年)》	对 5G 提出的目标是到"十三五"末实现"5G 启动商用服务","成为 5G 标准和技术的全球引领者之一"
2017.11.15	工信部	《关于第五代移动通信系统使用 3300～3600MHz 和 4800～5000MHz 频段相关事宜的通知》	明确了 3300～3400MHz(原则上限室内使用)、3400～3600MHz、4800～5000MHz 频段作为 5G 系统的工作频段;规定 5G 系统使用上述工作频段,不得对同频段或邻频段内依法开展的射电天文业务及其他无线电业务产生有害干扰
2017.11	国家发改委	《关于组织实施 2018 年新一代信息基础设施建设工程的通知》	5G 规模组网建设及应用示范工程成为最大亮点。通知要求:以直辖市、省会城市及珠三角、长三角、京津冀区域主要城市等为重点,开展 5G 规模组网建设。5G 网络应至少覆盖复杂城区及室内环境,形成连续覆盖,实现端到端典型应用场景的应用示范

附表 10　2016～2017 年主要省市 5G 战略政策

发布主体	发布时间	相关政策及主要内容
上海市	2016.9	上海市政府与中国移动通信集团公司签署共同推进“互联网＋”战略合作框架协议。“十三五”期间，中国移动计划在沪投入 260 亿元，着力构建新一代网络与信息基础设施，积极推进“互联网＋”在城市管理、产业升级、文化创意、民生服务、创新创业、网络安全等领域发展。根据协议，上海 2018 年在国内率先开展 5G 试点
北京市	2018.1	已经开始 5G 网络相关试验工作，2018 年进行试点试用
天津市	2017.12	出台《天津市进一步扩大和升级信息消费实施方案》，提出加快实施“宽带天津”发展战略，积极争取第五代移动通信（5G）试验网络在天津先试先用
重庆市	2017.9	公布《重庆市“十三五”信息化规划》，明确提出力争成首批 5G 试点城市，培育大数据生态圈
广东省	2017.8	广东省政府发布《广东省战略性新兴产业发展“十三五”规划》，明确提出加快 5G 试验网建设
江苏省	2017.4	省政府强调，要在提升 4G 网络覆盖水平的基础上，探索开展 5G 商用试点和布局，努力抢占 5G 时代的发展“风口”，争取在 5G 建设上先行一步、快人一拍
湖北省	2017.9	湖北 5G 试点在中部地区率先起步。湖北省政府政府全面启动 5G 基站规划建设
四川省	2017.2	1. 省政府《四川省“十三五”战略性新兴产业发展规划》，明确 5G 发展目标； 2. 成都成为 5G 试点城市 ，2020 年在四川实现 5G 正式商用
浙江省	2016.11	浙江省人民政府与中国移动在乌镇签署关于打造 5G 联合创新中心的合作框架协议，携手打造 5G 联合创新中心
河北省	2017.12	河北省利用铁塔资源共享、“河北铁塔产学研用联盟”，加快建设 5G 站址建设

第四章

中国科技政策法律的执行

执法的公正性

执法的透明性

执法的包容性

自改革开放以来，中国政府依法行政的理念不断深入，行政执法水平显著提升。但随着社会经济发展进入新阶段，利益交织更为复杂化，执法所面临的挑战和问题越来越多。在新技术不断井喷的时代，每个受影响的行业复杂的管理规章制度的形成过程都很漫长，然而随着现在游戏规则和玩家的不断变化，监管机构也不知道这些新服务该怎样才能适应这个已构建数十年之久的法律框架。监管机构及其监管的行业也在努力调整着管理竞争的旧方式，从而适应数字生活的新现状。① 执法和监管的机构究竟应该如何调整？技术创新的时代为执法和监管机构提出了怎样的特殊要求？行政执法的公正性、透明性和包容性本是行政执法的应有之义，但如今传播技术的革新，伴随资本力量的崛起以及全球竞争日趋激烈，赋予了行政执法的公正、透明、包容新的内涵。

---

① [美]拉里·唐斯:《颠覆定律：指数级增长时代的新规则》，刘睿译，浙江人民出版社2014年版，第45页。

第一节 执法的公正性

由于数字技术的兴起,舆论的声音更容易被决策机构和执行机构接收到,更容易引起社会广泛的关注,相应地,执法机构的执法行为更容易受到舆论的影响,从而可能影响案件的是非曲直。"平权主义"在当下的时代比任何时代都更具影响力,然而普通民众在当下的时代却可能是掌握信息最少者、离真相最远者,"群众从未渴求过真理,他们对不合口味的证据视而不见。加入谬误对他们有诱惑力,他们更愿意崇拜谬误。谁向他们提供幻觉,谁就可以轻易地成为他们的主人;谁摧毁他们的幻觉,谁就会成为他们的牺牲品"。[①] 在这种思潮的左右下,执法的公正性可能更容易受到舆论等非理性声音的影响从而受到更多的拷问。

还有一个值得关注的现象是,新技术在创造巨大财富的同时,也更容易形成寡头,尤其是颠覆性技术,通过技术或产品的创新手段帮助企业取得相关领域的市场支配地位,成为当今市场经济中的新常态。它们向上下游或相关产业渗透,形成产业的帝国。尽管取得市场支配地位并不等同于垄断行为,但是这些技术的研发者往往可以站在立法行动的更前端,他们更可能游说立法机关制定有利于自身技术发展的新条款,即便相应的法律或政策已经出台,他们也往往依靠资本的力量影响执法机关对相关条款的理解,所以在最近半个世纪以来,一方面有关技术调控的法律或政策密集出台或改革,另一方面执法或监管机构层面出现了所谓的"监管俘获"现象,即执法机构或监管机构被资本或技术的力量所绑架,执法的公正性受到拷问。

基于这些原因,执法机构受到了舆论、技术、资本、政治等因素或利益的影响甚至左右,执法的中立性可能受损,公信力可能受到破坏,出现执法的地

① [法]古斯塔夫·勒庞:《乌合之众——大众心理研究》,冯克利译,广西师范大学出版社2007年版,第128页。

方保护主义和选择性执法等现象，可能还会滋生形式主义和官僚作风。在这些新背景下，执法机构要保持更加理性的态度和更为中立的理念。

一、警惕消费者对执法的多面性影响

在技术发展的创新时代，消费者的地位确实是非常微妙的。一方面，技术创新不仅直接惠及技术研发者，而且直接或间接惠及广大消费者，消费者在经营行为的法律评价中具有一定地位；与此同时，这也意味着技术或创新的竞争者可借着消费者的名义破坏对手的技术或创新、进而推行“丛林法则”，“消费者利益”可能成为竞争行为的双方当事人均可依赖的辩护事由，表现出“双面性”及“难以客观评估”的特性；另一方面，当今的技术创新极具专业性，普通消费者并不了解创新的技术，更不了解创新的进程及方法，他们只在乎切身的利益，他们更容易受到其他利益方的鼓动和非理性情绪的影响，他们可能无法对创新的进程及成果做出公正的评价，鉴于此，执法者更要理性评判“消费者利益”在技术创新时代的地位，防止消极影响创新的积极性。

（一）消费者在《反不正当竞争法》中的地位

1. 消费者利益在1993年《反不正当竞争法》中的宣示性

20世纪五六十年代，消费者运动在全球各国兴起，消费者利益开始崛起，多数国家都制定了独立的《消费者权益保护法》。不仅如此，消费者利益的保护在反不正当竞争法中最具历史和时代的交汇性。这一问题不仅涉及《反不正当竞争法》与《消费者权益保护法》之间的关系协调，还直接关系反不正当竞争法的立法目的及定位转型，进而影响《反不正当竞争法》具体条款的设计，是立法过程中必须解决的重大问题。20世纪60年代以来，消费者利益的保护成为欧陆各国反不正当竞争法修法的争议问题，也是中国《反不正当竞争法》此轮修改过程中的争议问题。

从1993年的文本及立法史可以看出，立法者在20世纪90年代已经确定将“消费者利益”作为本法的保护对象，《反不正当竞争法》需要保护消费者的合法权益已经形成共识。如“有的委员提出，反不正当竞争法的立法目的,不仅是保护经营者的合法权益,也要保护消费者的合法权益。建议将草案修改稿第一条‘保护经营者的合法权益’修改为‘保护经营者和消费者的合法权益’”。[①] 然而,《反不正当竞争法》的现行文本在立法目的上虽然增加了消费者的合法权益,但没有转化为裁判规范,严格来说,中国《反不正当竞争法》没有规定侵害消费者合法权益的不正当竞争事例,也没有赋予消费者起诉的权利,因此,中国《反不正当竞争法》保护消费者合法权益的目的条款只具有宣示意义,尚未被激活,通常认为这只是对消费者合法权益的间接保护。

2. 消费者利益在现行《反不正当竞争法》中的裁判地位

司法实践中的多数法院就该问题的认识持保守态度,认为《反不正当竞争法》不直接保护消费者的合法权益,如“消费者的权益受到侵害应当由其他法律关系调整,因此,黄金假日旅行社以消费者合法权益受损为由对携程公司提起的不正当竞争诉讼,没有法律依据”。[②] 作为这种裁判的理论依据,学者通常将消费者利益视为维护公平竞争下的反射利益,[③]认为消费者利益的受损不具有可诉性。少数法院的裁判比较积极,如认为《反不正当竞争法》的立法目的是多元的,消费者也纳入了该法的保护视野,不论侵害竞争对手、其他经营者或者消费者的行为,都可以构成不正当竞争行为。[④] 与这种裁判观点相呼应,学说上强调“消费者利益”具有裁判功能,并非一种反射利益。[⑤] 随着互联网不正当竞争纠纷增多,法院认定此类新型竞争行为正当与否的一个重要依据就是要看是否有利于提升消费者福利,特别是必须避免消

---

① 全国人大法律委员会主任委员薛驹:《关于对修改经济合同法的决定(草案)和反不正当竞争法(草案修改稿)修改意见的汇报》(1993 年 9 月 1 日在第八届全国人民代表大会常务委员会第三次会议上)。

② 上海市高级人民法院(2005)沪高民三(知)终字第 36 号民事判决书。

③ 黄茂荣:《公平交易法理论与实务》,转引自刘孔中:《公平交易法》,台北,元照出版有限公司 2003 年版,第 7 页。

④ 山东省高级人民法院(2000)鲁经终字第 317 号民事判决书。

⑤ 参见谢晓尧:《在经验与制度之间:不正当竞争司法案例类型化研究》,法律出版社 2010 年版;范长军:《德国反不正当竞争法研究》,法律出版社 2010 年版,第 61 页。学者亦有建议授予消费者团体以诉权,参见郑友德、张钦坤、李薇薇、伍春艳:《对〈反不正当竞争法〉(修订草案送审稿)的修改建议》,载《知识产权》2016 年第 6 期。

费者利益被不必要地损害。①

中国立法者对消费者在反不正当竞争法中的地位的认识是极其复杂的，立法者在《反不正当竞争法》修改过程中表现出了对这一问题的疑虑和反复，《反不正当竞争法》（修订草案送审稿）（2015 年 12 月 30 日）第 2 条第 2 款在现行法的基础上增加“损害消费者的合法权益”作为判断不正当竞争行为的一种情况，②但是 2016 年 12 月 27 日公布的《反不正当竞争法》（修订草案）第 2 条第 2 款又回到现行法的规定，只有“损害其他经营者的合法权益”的行为才构成不正当竞争行为。修订《反不正当竞争法》的最终文本增加了消费者利益的保护条款，该法第 2 条第 2 款规定，本法所称的不正当竞争行为，是指经营者在生产经营活动中，违反本法规定，扰乱市场竞争秩序，损害其他经营者或者消费者的合法权益的行为。自此，竞争秩序不受扭曲的利益、经营者的利益和消费者的利益“三位一体”，“消费者的合法权益”也成为反不正当竞争法的关照对象，是评判行为不正当性时应当考量的因素。

从上述观察可知，“消费者”在中国《反不正当竞争法》中的地位一直处于上升的状态，2017 年的修法历程直接体现了这种判断。事实上，“消费者利益”在虚假宣传、商业诋毁等纠纷的裁判中一直就具有直接地位，在仿冒纠纷中也具有重要地位，中国《反不正当竞争法》第 2 条的修改只是为互联网等新领域的不正当竞争纠纷中纳入“消费者”因素提供了可能。但是，不可绝对地、单向地认为“消费者利益”应当强化或者在任何时候都应当被直接考量，因为究竟如何客观衡量抽象意义上的“消费者利益”，是颇具“两面性”的。

（二）消费者距离创新最远却具有多面性

1.“消费者利益”成为论证政策或监管合法性的“理由”

2017 年 12 月 14 日，美国联邦通信委员会（Federal Communications Commission，FCC）以 3:2 的投票优势，决定废止 2015 年通过的《开放互联网法令》（Open Internet Order），奥巴马时期确立的网络中立原则被推翻，根据网

---

① 北京市第二中级人民法院（2014）二中民（知）初字第 9577 号民事判决书。

② 本法所称的不正当竞争，是指经营者违反本法规定，损害其他经营者或者消费者的合法权益，扰乱市场秩序的行为。

络中立原则，宽带服务提供商(Internet Service Provider，ISP)应平等对待所有网络流量，禁止其通过屏蔽、限速、付费优先等方式歧视或偏袒不同网站，保证网络传输的“中立性”。网络中立原则被废止后带来的自由市场竞争，是否会导致价格歧视、寡头化和消费者权益受损？还是指向更为自由激烈的互联网竞争、从而有利于长远的促进消费者福利？[①] 以上的历程，无论主张树立还是推翻网络中立原则，主张者都以“促进消费者长远利益”为由，这些问题确实难以把握，“消费者利益”成为政策决定者和执行者用于论证政策或监管合法性的“借口”，考虑到“消费者利益”距离创新的进程最远时，这种谨慎的理念更应谨记在心。

类似的例子不胜枚举。苹果 iPhone 6 手机被央视点名，言其存在严重的侵犯隐私嫌疑，2014 年 7 月 13 日，央视以定位功能或侵犯用户个人隐私之由，将苹果产品安全问题拉入了公众的视线。有评论称：iPhone 手机此番因 iOS 7 追踪及记录定位功能被点名，凸显了中国市场对“国家安全”重视的升级。[②] iPhone 6、iPhone 6 Plus 原本计划于当年 9 月 15 日或 19 日在中国上市销售，但被推迟。2014 年 9 月 30 日中国工信部发布公告称，由于听闻媒体报道 iOS 操作系统的三个后台服务程序存在泄露隐私的风险，工信部对 iOS 系统进行了严格的安全性检测，检测后发现的确存在一定的泄露可能，包括以下两个方式：(1)第三方可通过互联网控制用户授信的计算机(用户同意信任并与手机连接的计算机)，利用三个后台服务程序获取与之相连接的手机等设备上的用户数据；(2)设备维修时维修人员可通过 3 个后台服务程序接触用户数据，存在个人隐私泄露的风险。苹果公司则向工信部澄清这些存在被利用可能性的隐私泄露渠道的所有权和控制权属于用户，苹果公司不会在未经用户许可的时候通过这些渠道获取用户信息。工信部认可苹果公司递交的澄清声明，并表示已经在法定时限内为新 iPhone 手机核发了进网许

① 张瑶：《互联网已死还是更自由？美国废止网络中立原则后评价两极》，载财经网：http://yuanchuang.caijing.com.cn/2017/1217/4378952.shtml，最后访问日期：2018 年 4 月 5 日。

② 《央视：苹果 iPhone 6 存隐私安全隐患(恐影响其上市)》，载网易：http://play.163.com/14/0715/12/A16NPB9J00314P1G.html，最后访问日期：2018 年 4 月 5 日。

可证。① 政府部门担心 iPhone 6、iPhone 6 Plus 的隐私泄露问题，致使苹果手机的上市销售时间被推迟，这与央视的新闻报道并非完全独立的事件。媒体推波助澜，在推动平权主义、内外有别方面是非常有影响力的，外企通常也不敢提起诉讼，担心赢了案子，输了民心，但在此背后，外企可能会慢慢对政策法律的制定过程和执行过程产生怀疑。

2. 知识产权法律争端性质的演变

知识产权的法律争端性质演变的案例也有不少。1993 年，清华无线电专业硕士李如江等创立了东进技术的深圳市东进通讯技术股份有限公司。1998 年以前，东进一直是计算机电话集成（Computer Telephony Integration，CTI）行业国内厂商的老大。2004 年 12 月，英特尔美国总部在深圳市中级人民法院起诉东进公司，称其生产的语音产品对英特尔计算机软件著作权构成侵权，要求赔偿 796 万美元（约合人民币 6578 万元），索赔金额据称几乎相当于当时东进公司的全部资产。英特尔期望在中国打第一场知识产权官司，以警醒其他侵权企业。这场诉讼被称为知识产权领域里的“蚁象之争”。2005 年 1 月 21 日，深圳中级人民法院依法对东进公司进行了证据保全，但随后媒体大规模介入，舆论倾向急转而下。这个知识产权维权行为，被称为“欺凌迫害”的典型。2005 年 3 月 23 日，东进公司的子公司——北京东进信达科技有限公司在北京市第一中级人民法院提起诉讼，指控英特尔非法垄断技术、妨碍技术进步，企图封杀竞争对手。媒体将此案定位为“中国企业 2006 年反垄断第一案”，称东进公司是“以小博大”的“民族高科技企业”，该诉讼是“发达国家技术垄断打击发展中国家新兴高科技产业自主创新努力”事件。中国软件协会、国家版权局版权司、中国软件登记中心与中国软件保护联盟等个别官员和一些法律界人士也站出来，断言东进不构成侵权。在法院的敦促下，双方于 2007 年 5 月 14 日达成庭外和解。

另外，在当今的时代，各种声音借助互联网的影响可以不断放大，一些竞争者深谙此道，发布、雇佣或委托发布一些“灰色地带”的评论、或所谓“真

---

① 《iPhone 6 已进网！工信部证实因隐私泄露问题延迟进网》，载创见：http://tech2ipo.com/87844，最后访问日期：2018 年 4 月 5 日。

相”,引起监管者或消费者的关注,不当延迟创新产品的上市,破坏创新者的竞争优势。资本与算法相结合,转移舆论关注,远离真相。虚拟的网络空间,在焦虑情绪的裹挟下,更容易激起愤怒和不安。一些原本属于法律层面或技术层面的争端,极容易被爱国、卖国等民族情绪所包裹,不仅不利于法律争端或技术争端的解决,反而蒙蔽视听,影响高层的理层决策。在这种背景下,媒体自身要建立严格的行为规范和自律准则,中国国内在舆论媒体的行业监管和自律方面的立法和执法明显不足,不仅不利于本行业的长足、健康发展,而且对社会言论自由、民众理性思维的教化、社会成熟价值观念的培育产生不利影响。

二、“监管俘获”——警惕资本和技术的力量

近现代以来,随着技术的革新,技术背后的利益方空前地与政治、立法、司法和执法机构紧密结合。法律与技术的调控之道,也许从来就不存在理想的科学模型,历史似乎说明法律的制定总是各种资本、政治等利益角斗的平衡产物。

(一)“监管俘获”在著作权法中的体现

1. 作者复制权是技术创新催生的吗?

现代版权制度的起源和调整充满着利益集团的博弈,版权立法机构受到了利益集团的影响。版权制度内的博弈几乎完全发生在立法起草过程中,而非具体版权作品的创造过程中。[①] 尽管技术的发展对著作权权能的形成具有较大影响,版权制度也许从来不是单纯技术发展的产物,但是著作权权能划分的标准从来都不仅仅以技术为唯一标准。印刷术最早在中国发明,但世界历史上的第一部《著作权法》却最早诞生在英国,印刷术并未为中国的图书作者带来复制权的福利。而英国之所以诞生了第一部《著作权法》,起源并非技术创新的推动,而是来自贵族阶层获取特权的需要,之后因作者的利益严重得不到保障,才有了立法的动力。

---

① [美]克里斯蒂娜·博翰楠、[美]赫伯特·霍温坎普:《创造无羁限:促进创新中的自由与竞争》,兰磊译,法律出版社2016年版,第152页。

1710年,英国颁布并实施了《安妮女王法》,这是世界上第一部确立了近代著作权观念的法律规范,首次确立了“复制权”这一专有权利内容。《安妮女王法》的出台有其深刻的历史背景,自15世纪中国印刷术传入欧洲并得以改进后,技术的发展彻底推动了图书市场的发展,市场竞争与之相伴而生。在17世纪,英国出版商为了更好地控制、垄断图书市场以追求经济利益,在各方面做出了不懈努力。当时的英国政府为了响应商人对于控制市场“特权”的需求,同时也为了达到增加税收和掌控言论的目的,赋予出版商诸多特权,严重挤压了作者的权益。但随着欧洲思想运动不断发展,权利和自由价值深入人心,迫使公众重新审视作者、出版商、发行商之间的利益关系。《安妮女王法》在这样的社会背景下出台,其又称《于法定期间授予已印书籍之稿本著作人或购买人稿本所有权以鼓励治学之法》,在其序言中开宗明义指出该法案的原则,被认为是真正意义上的版权制度的起源,“鉴于近来时常发生印刷商、书商和其他人不经作者或所有者的同意,随意印刷、翻印和出版图书,使图书作者或所有者受到极大的损害,而且常常使他们及家庭破产;为防止今后发生此类事情,为鼓励学者们编写有用的图书,特制定本法案……”①

2. 作者子权利的发展是利益分配的结果

虽然法案的出台并没有立刻扭转长期以来重视出版商利益而忽视作者利益的状况,但其已经为公众提供了新的视角对待出版商、发行商和作者之间的关系,随着米勒案和唐纳森案等一些司法案件的判决,《安妮女王法》在适用上也转向了作者权利为核心的著作权体系。② 可以说,在《安妮女王法》对复制权做出规范的前后,都充分体现了利益争斗和平衡问题。复制权作为著作权财产权中最早诞生的子权利,法律对其进行规范的原因不仅仅在于复制行为是一种客观上的不同于以前财产权利的新技术行为,更深层次的原因在于这种新技术手段的产生改变了已有的利益格局,如何对利益进行重新分配以

① 费安玲:《著作权权利体系之研究——以原始性利益人为主线的理论讨论》,华中科技大学出版社2011年版,第42页。

② 肖尤丹:《历史视野中的著作权模式确立——权利文化与作者主体》,华中科技大学出版社2011年版,第194页。

保护著作权人的权益不被挤压和侵占，是催生复制权产生的重要因素所在。

著作权法所规定的权能，绝非特定技术的代表或印照，或绝非仅仅是单纯技术的体现。考察著作权法各项权能的形成历史更可以发现，作品权利人的利益从来就是主要因素——如果不是绝对因素的话，作品权利人的利益对照着相应的市场，如果相应市场对权利人足够重要——可能因为技术发展所引起——立法者才考虑作出立法应对：赋予权利人控制相应市场的权能。以出租权为例，“《著作权法》之所以要控制出租行为，是因为一旦以租代买变得很普遍以后，著作权人的利益就可能受到实质性影响”。[①] 著作权人的各项演绎权能的产生更体现了这种观点，是代表权利人的特殊利益集团在立法过程中的呼吁和游说的结果。[②] 美国《1790 年版权法》仅赋予作者复制权，《1870 年版权法》授予作者演绎权，现行版权法（1976 年版权法）与其前身形成极其强烈的对比，过去 35 年里，无论是版权制定法的篇幅还是它赋予版权人的权利均出现了“井喷式”的增长，特殊利益集团理论为版权法上的这种转变提供了有力的解释，立法者感兴趣的是争取竞选供款、知名人士和企业的支持，以及能够提升再选成功率的任何其他事情。[③]

（二）执法过程中的“监管俘获”

立法过程受到监管俘获现象，执法过程也同样如此。执法的过程不仅受到舆论的影响，还受到资本、政治等因素的左右甚至“绑架”。一些划时代的技术往往需要冲破传统利益形成的障碍或者至少与之形成妥协，以便克服传统利益对执法机构已经产生的“监管俘获”现象，这样才能在市场中取得巨

① 崔国斌：《著作权法：原理与案例》，北京大学出版社 2014 年版，第 410 页。

② 18 世纪后期和 19 世纪初期制定法规定的版权仅保护已出版的著作本身，而不保护在此基础上创作的其他作品，法院曾判决翻译、节选以及其他转化性使用均不构成侵权。参见［美］克里斯蒂娜·博翰楠、［美］赫伯特·霍温坎普：《创造无羁限：促进创新中的自由与竞争》，兰磊译，法律出版社 2016 年版，第 196 页。

③ ［美］克里斯蒂娜·博翰楠、［美］赫伯特·霍温坎普：《创造无羁限：促进创新中的自由与竞争》，兰磊译，法律出版社 2016 年版，第 153 页。特殊利益集团理论的提出者及观点，参见 James M. Buchanan & Gordon Tullock, *The Calculus of Consent* , University of Michigan Press, 1962, pp. 334 – 335; George J. Stigler, The Theory of Economic Regulation, *Bell Journal of Economics*, February1971, p. 12。

大成功。这些划时代的技术之所以推迟多年甚至几十年被公众接受,原因很可能在于传统技术的利益方对执法机构产生"监管俘获"现象,使后者对先进技术进行封锁。英国人亚历山大·格雷汉姆·贝尔(Alexander Graham Bell)于1876年发明了电话,然而却没有在英国得到广泛应用,而是首先在美国实现了大规模商业化;亚历山大·弗莱明(Alexander Fleming)于1928年发明了青霉素,仍然是在美国首先得到了产业化、商业化运用,类似的还包括雷达系统、喷气式发动机等。① 颠覆性技术对传统利益格局的巨大挑战,后者同时形成对前者商业化的巨大障碍,这些传统利益的代表者往往与监管机构之间形成寻租关系,抑或监管机构被"俘获"。有观点指出,技术盲点是立法者把管理细节交给拥有专家的机构的一个原因,而监管机构也有自己的局限性,这些机构与其所应监管的行业形成了公司与客户般的关系。② 消费者这些真正的客户却缺席了,只有公共利益组织和其他非营利组织偶尔会发出尖厉的声音。③

作为划时代技术,FM(调频)技术的发明者是"监管俘获"的悲情遭遇者。埃德温·阿姆斯特朗(Edwin Armstrong)是FM技术之父,他于1934年获得这项技术的专利,对当时美国市场上成熟的AM(调幅)技术及其拥有者戴维·萨诺夫(David Sarnoff)的利益构成巨大的威胁,萨诺夫是美国无线电公司的总裁,该公司已经通过AM技术建立了巨大的商业帝国。为了阻止FM技术的推广,萨诺夫说服联邦通信委员会,让委员们相信FM技术可以改良调幅技术,但还需要很长时间。于是联邦通信委员会禁止商业调频广播的运作,并限制FM技术的实验研究。之后,美国无线电公司却开始开发自己的FM技术,无视阿姆斯特朗的专利,直接销售调频收音机。由此引发了阿姆斯特朗与美国无线电公司之间漫长、昂贵的专利诉讼,直到阿姆斯特朗的

---

① 王昌林、姜江、盛朝讯等:《大国崛起与科技创新——英国、德国、美国和日本的经验与启示》,载《全球化》2015年第9期。

② [美]拉里·唐斯:《颠覆定律:指数级增长时代的新规则》,刘睿译,浙江人民出版社2014年版,第122页。

③ [美]拉里·唐斯:《颠覆定律:指数级增长时代的新规则》,刘睿译,浙江人民出版社2014年版,第122页。

健康和财务状况开始恶化，阿姆斯特朗在1954年自杀。在应对专利诉讼的过程中，他仍然相信FM将取得成功，而唯一能减慢这一趋势的是"这些由人类设置的无形的力量，以及那些来自既得利益、习惯、风俗和法律的原因"。作为这项颠覆性技术制造障碍的大资本家，萨诺夫通过游说政府部门、通过无止境和昂贵的专利诉讼拖延了这一技术的传播。"从一开始，政府和政府部门就容易受到俘获（capture）。当一个更有力的利益集团因技术或法律变革而受到威胁时，它们更可能地被俘获。这些更有力的利益集团经常对政府施加影响力，以求获得政府的保护。当然，提供这种保护的修辞通常是公众利益。"[①]在这个例子中，美国无线电公司拥有阻滞技术变革的力量。

所以，执法机构在当今的时代背景中要保持理性和警惕，在采取执法行动之前需要多做论证，谨慎推进执法。在全球各国，互联网平台对于用户创造的内容究竟应当承担何种法律义务，颇具争议。执法机构的态度直接影响互联网平台的运营成本和创新成本，进而影响整个互联网环境中的言论生态和创新动力。美国国会美国法院审理Prodigy一案之后修订了美国《宪法》第230条，它被称为"防止或保护乐善好施者免受攻击性内容伤害的措施"，该法案禁止把"互动服务"的提供商当做用户内容的发布者。这被认为是一种不同寻常的远见，[②]是促进美国互联网经济繁荣的重要原因。

在中国，新技术或新模式巨变带来的"寻租或俘获"问题正在考验执法的公正性。中国法院长期以来对竞价排名服务的性质持有争议。根据中国《广告法》第2条第1款规定，在中华人民共和国境内，商品经营者或者服务提供者通过一定媒介和形式直接或者间接地介绍自己所推销的商品或者服务的商业广告活动，适用本法。上述条款的含义宽泛，从字面解读，竞价排名应当属于商业广告的一种方式。之所以存在司法认定上的分歧，主要原因可能在于，新商业模式的创新和发展给传统广告的法律认定带来了难题和挑

---

① Lawrence Lessig, *Free Culture: the Nature and Future of Creativity*, Penguin Books, 2004, p. 6.

② ［美］拉里·唐斯：《颠覆定律：指数级增长时代的新规则》，刘睿译，浙江人民出版社2014年版，第130页。

战。直到“魏则西事件”曝光后,《互联网广告管理暂行办法》才得以被推动出台,竞价排名被明确为商业广告的一种,根据该办法第 3 条规定,互联网广告,是指通过网站、网页、互联网应用程序等互联网媒介,以文字、图片、音频、视频或者其他形式,直接或者间接地推销商品或者服务的商业广告。前款所称互联网广告包括:推销商品或者服务的付费搜索广告。时任国家工商总局广告司司长张国华解释:比如说像搜索服务平台中的付费搜索、电子商务平台当中垂直搜索的付费搜索广告,是以推销商品或者服务为目的的,通过一些方法改变了自然搜索的排名或者位置,这属于付费搜索广告。

从《广告法》到《互联网广告管理暂行办法》,关于“广告”的法律界定其实并没有发生实质变化,只是多了“互联网”的媒介,但在执法和司法过程中产生了本质的不同,从此之后竞价排名的性质可能不会再有争议。在技术和模式创新发展、资本被大公司聚集呈现加速度的时代,执法和司法的公正性受到拷问。其实,作为一个常识,竞价排名区别于自然检索的最大区别就是,搜索引擎提供者对检索过程实施了人工干预,这样才可能留给搜索引擎服务提供者以收取“竞价费用”的空间。或许从正面看,需要政策法规对法律条款的细化和明晰,才能减少执法或司法的俘获可能或寻租空间。

三、选择性执法

平民主义和“监管俘获”问题是技术和创新发展的当下时代所产生的突出新问题,对执法机构的执法活动常常会有影响。在全球化日趋明显的时代,区别内资、外资、宗教、党派、查处范围、查处手段、查处尺度等因素进行选择性执法的问题应当引起重视。在某些情况下,有选择地执行可能是可取的。但总体来说,选择性执法通常违背了法治原则,被认为是执法权的滥用。它向社会、系统传递出一个错误的信息:对法律、规则不必当真,可以在执法的空间中躲避,而不需主动遵守法律。这对法律的平等性、权威性、正义性和神圣性,构成严重挑战,对法制秩序是一种严重损伤;选择性执法制造了新的不公平，也使法律失去预测性。①

（一）知识产权与反垄断执法

中国知识产权执法长期以来存在日常执法和专项整治两种情形，2003年之前，三大执法机构很少开展知识产权专项治理行动。从2003年开始，国家版权局每一年均针对特定主题开展17次专项治理行动，主要围绕盗版教材、盗版软件、音像制品以及互联网盗版。国家知识产权局从2008年开始启动专项治理，相继开展过“雷雨”“天网”和“护航”等8次行动，主要针对恶意侵权、反复侵权、群体侵权以及专利假冒。国家工商总局共开展过7次专项治理行动，主要针对制假售假、涉农商标、食品药品商标、驰名商标、地理标志以及大型批发零售市场。2010～2011年，国务院还部署过打击侵犯知识产权和制售假冒伪劣商品专项行动，版权局、知识产权局和工商总局落实实施。这些专项执法行动产生了积极的效果，但其可持续性或被广泛使用的合理性值得深思。比如有观点指出，当执法资源既定时，执法力量配置到特定的领域中，就会减少对其他违法行为的查处；选择性执法，加大了侵权人对处罚范围和几率的预知，进而有可能规避执法。②

近年来，中国反垄断执法力度明显加强，但在执法领域和执法对象的选择上被认为可能存在选择性执法的问题，不时遭到诟病。2014年8月12日，中国欧盟商会发表一项声明，称中国使用强硬手段，似乎不公平地主要针对外企。③ 这些指责是否只是空穴来风，还是确有依据，有待进一步观察和讨论。有学者在指出中国反垄断执法的选择性现象时指出，“选择性执法”的本质是执法存在不受监督的过大自由裁量权所致，可以至少体现在举报、立案、调查方式、查处尺度（查处范围、罚款与没收违法所得的尺度及整改措施安排）、信息披露5个环节，而非仅仅是体现在同一行业的同一类违法行为，

---

① 项向荣：《钱江晚报：选择性执法制造的是新的不公》，载人民网：http://opinion.people.com.cn/n1/2016/1018/c1003-28786501.html，最后访问日期：2018年4月5日。

② 谢晓尧：《著作权的行政救济之道——反思与批判》，载《知识产权》2015年第11期。

③ 任重远：《张昕竹被解聘事件背后 风暴中的中国反垄断执法》，载南方周末：http://www.infzm.com/content/103599？&from=androidqq&uin=120826469&originuin=272552563，最后访问日期：2018年4月5日。

只查外资企业，而不查处国有企业，或者只保护部分国有企业的利益，而不考虑民营企业的诉求。[①] 只不过，反垄断执法机构在针对不同所有制企业的执法选择性问题上，却显得有点突出。相比外企，中资企业被反垄断执法调查的报道往往很少、很单薄、不够深入，也很少跟踪报道。反垄断机构被指责本地的大公司也有同样的垄断问题时没有充分重视：腾讯公司与奇虎公司在2010年“3Q”大战时，涉嫌滥用市场支配地位，要求数以亿计的QQ用户“二选一”，该案涉及人群广泛，问题复杂，但是工商总局反垄断执法机构未对其立案。Uber被滴滴顺利收购，之后滴滴借助在移动打车市场的支配地位从事经营活动，因相关市场的竞争激烈度下降，消费者的打车服务体验下降，市场对滴滴是否存在滥用市场支配地位问题或者经营者集中的问题颇有微词，但也未启动反垄断调查。

（二）消费者权益保护执法

这几年央视的“315晚会”吸引了社会各界的高度关注，其暴露的问题能够直接、高效地推动执法机关的执法查处。但是，每年的“315晚会”所公布的不合格产品对相关企业的杀伤力是很大的，有评论就认为，调查团队的调查过程、调查标准等有待公允，选择复杂产品和高技术性产品曝光还需慎重。另外，如果在打假的时候接受相关企业的广告赞助，其中立性和公信力将受到影响。回顾2011年央视对达芬奇家居“造假门”的报道，更是能体现，失实曝光和选择性曝光将对整体的创新环境造成重创。央视从2011年7月开始对达芬奇家居“造假门”进行了持续报道，引发了社会的广泛关注，但是整个报道背备受争议，被指责达芬奇家居造假的证据以及暗访的相关人员均存在失实的现象，更有称达芬奇家居指控采访的记者索要公关费。[②] 后来虽然达芬奇家居也试图通过各种手段挽回损失，但是由于央视曝光，生意锐减，达芬奇家居2011年全年业绩出现赤字，原本的上市计划也遭搁浅，商誉损失更无

① 刘旭：《“选择性执法”在我国反垄断执法中的体现及本质——与王先林老师商榷》，载知乎：https://zhuanlan.zhihu.com/competitionlaw/19895868，最后访问日期：2018年4月5日。

② 赵继成：《达芬奇案5大悬疑：谁能给消费者真相?》，载搜狐评论：http://star.news.sohu.com/s2012/davinci/index.shtml，最后访问日期：2018年4月5日。

法估量①。2012 年年底,出于无奈,达芬奇家居创始人潘庄秀华用“资产置换”的手段,拱手将控股权转让给了首旅,逐渐淡出公众视线。在一个追求创新加速度的时代,舆论对创新产品产生影响的速度和深度是惊人的,媒体在创新时代应该扮演怎样的角色也是一个值得探讨的话题。

2017 年的“315 晚会”上,央视曝光了互动百科网在用户资质、词条内容等方面审核标准掌握不严和有偿“认领”词条等问题。② 可是同样的问题,在其他同类百科网站上同样存在,比如晚会当场作为例证的“极藻 5s”虚假信息词条也同样可在其他百科网站里收录。这就不得不引发我们的思考,为何存在同样的问题,央视对互动百科进行大肆报道,而对其他百科只字不提呢?正因为央视曝光具有极大的影响力,往往能够引发有关执法机关的直接、高效介入,对损害消费者权益的行为进行有力的打击,公众才选择信任央视,信任“315 晚会”,选择性曝光导致不公平,不仅让媒体的公信力蒙上阴影,更会对商业环境产生负面影响。

与消费者权益保护息息相关的产品质量执法,也出现了突出的选择性问题。有媒体人表示,中国农产品质量卫生监管的严重缺位,尤其选择性执法、关系性执法较为普遍。这种情况在科技领域执法中恐怕也是存在的,应当引起高度重视。技术的发展总有瑕疵,任何技术都不可能完美无缺,总有一些不可控制、无法预见的产品风险存在。在合理告知消费者、尽到合理预见和注意义务的情况下,科技产品能不能上市销售?已经批准上市销售的科技产品,因无法预见、无可控制的因素产生了质量问题,是不是就要“一棒子封杀”?这些问题本身是值得深思的,如果因为一些非法律因素或非理性的声音而导致执法机关的高度关注,进而采取严格的执法措施,将会使科技公司的所有前期研发成本流失、市场份额剧烈下降,这些成本执法机关可能看不到,但对其他企业会有强大的震慑力,其他企业发现在某些重大创新技术上还有一些隐患,于是就可能不再推进这些重大技术的研发,这是科技公司管理层的一个基本的经济学考量。执法机关的选择性执法会放大这些问题的严重性。

---

① 林迪慧:《达芬奇家居:伊人已去》,载《绿色环保建材》2014 年第 7 期。

② 吴韬:《互动百科应承担平台责任》,载《中国市场监管研究》2017 年第 3 期。

第二节　执法的透明性

立法的可预测性与执法的透明性一脉相承,都是为了让守法者对相关的法律条款或者执法行为有明确的预期。法律条款越明晰,留给执法机构的空间越少,执法就更可能透明。法律条款规定越模糊,执法机构的权威就越大,执法过程中的可操作空间也越大,这就容易滋生寻租空间,给创新带来不确定性。中国政法大学法治政府研究院评估团队经过评估之后发现中国行政机构的执法透明度还是有值得提高的地方,一些政府的执法流程细化工作不到位, 要么参照省级标准予以适用,要么虽有流程图,但太过粗疏;要么没有公布执法流程,既不能约束执法人员依法行使职权,也无法为相对人维护权益提供指引。[①] 在科技和创新领域,尤其呼唤执法的透明度。

一、中国知识产权行政执法的透明度

地方保护主义对全国统一市场的形成构成阻碍,制造了新的不公并导致执法的不透明,破坏营商环境,增加了所有企业的营商成本。在研究中国地方保护的源头时有观点指出:中国的财政分权,让各级政府对各种形式的财政承包制度和税收分享制度承担财政责任,这种改革极大地推动了中国区域经济的快速增长 ,也不可避免地引起了区域间贸易壁垒。[②] 加之政策法规的不透明,使执法机构的执法权限具有广泛的空间,促使地方保护主义抬头,反过来又恶化了执法环境,执法机构缺乏积极的动力促使执法过程更透明。

(一)中国知识产权行政执法的不透明问题

中国知识产权行政保护存在维权成本低、维权效果高、可及性强等典型

---

① 《评估:近八成城市行政执法存在拖延怠于履责情况》,载新华网:http://www.xinhuanet.com/politics/2017-12/22/c_1122149434.htm,最后访问日期:2018 年 4 月 5 日。

② Song, L, *Political Connection, Local Protection and Domestic Market Entry Barriers in China*, Political Connection-and-Sale-Destinations, 2015.08.14.

特点,近年来知识产权管理机构不断完善执法指南(《专利行政执法操作指南(试行)》《专利执法行政复议指南(试行)》《专利执法行政应诉指引(试行)》《著作权行政处罚实施办法》《著作权行政投诉指南》《商标专用权保护执法工作指南》等),执法的透明度和公正性确实有了提升。

但是,知识产权行政执法仍然存在启动条件模糊、一些地方的执法机构不积极,以及知识产权行政执法文书说理不充分、公开性不够等突出问题,滋生了知识产权行政执法的地方保护主义和官僚主义现象,这显然会消极影响中国知识产权保护环境,挫败权利人寻求行政执法的积极性,不利于创新文化的培育和良好营商环境的打造。据统计,从1986年到2000年的15年间,著作权一审民事案件的总和也只有5010件,平均每年334件;1995~2000年6年间,全国版权机构执法案件总数为7836件,平均每年为1306件。2000年之前,中国著作权侵权案件进入司法途径的数量远远低于进入执法机关的数量,但2000年之后这种情况出现了"倒挂",2012~2014年,全国版权行政机关查处的数量分别为:2249件、7019件、2600件,而同期人民法院新收的一审著作权纠纷案分别为53848件、51351件、59493件。个中原因当然比较复杂,涉及行政执法和司法保护的不同制度优劣,但也不能不反思中国知识产权行政执法过程中可能存在的问题。

1.知识产权行政执法启动条件的模糊

中国知识产权行政执法的启动条件,虽然在三大专门法中均有规定,这些规定在条文上看似明确,但在执法实践中的理解远未达成共识,导致不同地方的知识产权行政执法条件不清晰、不统一,在实际维权过程中产生了很多不确定性。比如《著作权法》第48条规定,著作权侵权的行政执法以损害公共利益为前提条件,但究竟如何界定"同时损害公共利益",即哪些著作权侵权行为是损害公共利益的,这是争议非常大的问题。中国1990年《著作权法》并无此要件,2001年《著作权法》增加这一要件。在新的修法过程中,立法者曾经以"破坏社会主义市场经济秩序"代替"同时损害公共利益",[①]2014

---

① 国家版权局:《关于〈中华人民共和国著作权法〉(修改草案)的简要说明》(2012年3月)。

年的《著作权法(修订草案送审稿)》删除了现行法中“同时损害公共利益”的要件,回到1990年《著作权法》的历史起点。

再比如,《商标法》第60条规定只要商标侵权行为能够成立即可启动商标行政执法,但《商标法》第52条中规定的侵权要件存在诸多不确定性,究竟何为“商标近似”“商品类似”“混淆可能性”?在商标评审委员会和司法机关,不同层级的司法机关,甚至同一司法机关内部的不同合议庭,针对这些问题都存在很大争议,何况在工商执法部门?诸如此类,执法部门很容易以这些不确定概念为由拒绝执法请求,背后实际上可能蕴含着地方利益的纠葛、官僚行政作风等因素,导致权利人的维权意图无法实现。在专利行政执法中,必然需要对专利的权利要求进行解释,这些问题对未经专业训练的普通行政执法人员来说,是非常大的挑战。即便在外观设计专利执法案件中,也存在“外观设计产品种类是否相同或相近”“被诉侵权设计与涉案专利设计相比在整体视觉效果上具有实质性差异”等非常复杂的问题。在苹果诉北京市知识产权局的专利侵权行政处理纠纷案件中,北京市知识产权局在上述两个问题的判断就出现了问题。①

2. 知识产权行政执法文书的说理模糊

如上,知识产权行政执法启动条件具有不确定性,知识产权行政执法的说理过程更具模糊性。有学者指出,二十多年来的版权执法,几乎找不到几份公开的处罚决定书,更遑论周密的法律论证了;缺失经验知识的汲取、纠错、累积与传承,执法能力就会大打折扣。② 缺乏行政执法文书的公开和纠错机制,行政执法启动条件、行政执法权的界限和尺度等问题就不会被充分地讨论,执法透明度的问题就迟迟得不到消解。相反,有了充分公开、畅通的纠错机制,才有了进一步完善的可能。在北京市知识产权局针对苹果公司的专利侵权行政处理案件中,北京市知识产权局在行政执法过程中的透明度问题就是因为法院的审查才得到纠正:苹果上海公司已向被告就无效决定有关认定申请口头审理的情况下,北京市知识产权局未在处理程序中听取各方当

① 北京知识产权法院(2016)京73行初2648号行政判决书。

② 谢晓尧:《著作权的行政救济之道——反思与批判》,载《知识产权》2015年第11期。

事人针对第27878号决定的相关意见,违反了听证原则;北京市知识产权局对于苹果上海公司提交的鉴定意见、市场调查报告、第27878号决定等其他具有重要相关性的证据并未提及,亦未说明其不予采信的理由和依据,违反了行政公开原则。①

(二)中国反垄断执法的透明度质疑

中国反垄断执法也存在透明度的问题。多名反垄断律师和学者指出,和国外相比,中国反垄断执法机构的透明度、公开化及处罚决定的说理性仍有较大差距,自由裁量权依然有待规范,应该让规则更加清晰。② 没有执法透明度,企业就无法预见其日常分销合同、战略合作、知识产权授权协议、行业自律规则、并购与合营等行为的法律后果。没有执法透明度,外界就无法监督反垄断执法者如何行使自由裁量权,就难免诱发权力滥用,或者为地方政府、行业协会游说执法者创造可能,导致应立案的未立案,已立案的久拖不决以至违法者可以继续靠拖延牟利,甚至出现执法烂尾、应重罚的却从轻发落、应整改的却整改不到位等事端。没有执法透明,缺少社会监督,各级反垄断执法者的上级机关,也容易被"蒙在鼓里",竞争执法以及反垄断法配套规则、国家竞争政策的制定就容易被"少数人""少数企业"挟持。③

湖南省工商局在对永州市保险行业协会及12家保险企业立案查处,永州工商部门协助调查的过程中,永州工商人员想借鉴参考国家发展改革委员会在2012年12月处理的湖南省娄底市的保险垄断案,但工商人员根本没有渠道看到该案具体的案情和办案过程。④ 这说明三大反垄断执法机构之间在执法办案方面尚缺乏必要的协同和透明。此外,中国《反垄断法》及相关政策法规中的术语仍然有待进一步明确澄清,比如《反垄断法》第46条规定,

---

① 北京知识产权法院(2016)京73行初2648号行政判决书。

② 任重远:《张昕竹被解聘事件背后 风暴中的中国反垄断执法》,载南方周末:http://www.infzm.com/content/103599?&from=androidqq&uin=120826469&originuin=272552563,最后访问日期:2018年4月5日。

③ 刘旭:《国务院机构改革 反垄断执法能否更透明》,载澎湃新闻:http://www.thepaper.cn/newsDetail_forward_2034139,最后访问日期:2018年4月5日。

④ 万静:《基层反垄断执法的困惑》,载人民网:http://legal.people.com.cn/n/2015/0105/c188502-26323055.html,最后访问日期:2018年4月5日。

经营者实施违法垄断行为的，应没收违法所得，并处上一年度销售额1%以上10%以下的罚款。但是在实践中怎么正确理解“销售额”？是执法对象的整体年度销售额，还是要区分不同业务或细分市场来确定“销售额”？对这些问题的正确理解，需要加大处罚决定文书的公开性、强化处罚的说理性、拓展处罚决定的司法审查等纠错机制。中国国家发展改革委员会能够在对高通做出处罚决定后的3周公布处罚决定书，①是一个很大的进步，但处罚决定书在作出“处2013年度销售额8%的罚款”决定时，也引起了一些质疑，如说理过程不够充分，未见证据支持高通2013年在中国境内的销售额，也不清楚为何按照8%的比例进行处罚。

（三）负面清单制度是提升政策透明度的重要安排

世界银行营商环境报告尤其注重透明度原则，强调让人们能够了解政策和法律制定的原委、走向，使社会和经济主体建立稳定的预期。② 在上一章已经提到，外资企业在中国的运营切不可忽视星罗棋布的政策。法律的抽象性为政策的制定留下了广泛的空间，也同时为各级政府部门留下了广泛的执法和监管权力。由于政策制定的程序要求远低于法律，且通过政策的时间效率高、被审查或被拒绝的风险低，中国政府部门或官员也许偏爱政策。但正是这些特点，“政策”对企业而言也许大伤脑筋。是否制定、何时制定、何时施行、施行后的过渡期限如何安排、施行后的执法尺度究竟如何，这些问题常令人捉摸不透，却关系企业或业务的生死存亡，这些涉及立法和执法透明度的问题至关重要。苹果公司Apple Pay在中国内地的开局经历，颇具启发意义。

2016年2月18日上午5点，Apple Pay正式登陆中国，中国银联、中国工商银行、招商银行等中国大型国有银行在第一时间宣布与Apple Pay合作，互联网上出现了各种商品或服务的绑卡攻略。Apple Pay拥有的安全性和广大的苹果设备用户基础，很多专家预测其有可能打破国内网络支付领域的传统格局，然而Apple Pay却在风头正劲时突然从公众视线里退出了。部分专家

---

① 国家发展和改革委员会发改办价监处罚〔2015〕1号行政处罚决定书。

② 周汉民：《优化营商环境 推进深化改革》，载文汇报：https://www.whb.cn/zhuzhan/liping/20180215/189676.html，最后访问日期：2018年4月5日。

认为如果产品涉及国家安全,要对该支付技术进行严格的安全审查。确实国家安全审查制度在国际范围内广泛存在,在中国2015年正式生效的《国家安全法》,其中第59条明确了国家安全审查的范围:对影响或者可能影响国家安全的外商投资、特定物项和关键技术、网络信息技术产品和服务、涉及国家安全事项的建设项目,以及其他重大事项和活动,进行国家安全审查,有效预防和化解国家安全风险。但这里面却可能存在两个方面的问题。一是,Apple Pay是否属于影响国家安全的事项;将Apple Pay也纳入审查的范围,作为一种新型的支付工具,是否可能影响国家金融安全,确实值得进一步考量;尤其需要结合该支付工具在全球其他国家市场的使用、后续可能进入中国内地市场等因素结合起来考虑。二是虽然法律规定了国家安全审查制度,但《国家安全法》中并没有就如何启动审查程序、审查的流程、审查的依据和标准等具体事项作出规定,这就导致在执法过程中企业完全处于信息封闭的状态,这种不透明的审查方式将对企业的发展造成影响。

互联网及大数据产业发展给行政部门带来了前所未有的机遇,相关机构应该借助技术力量推动行政执法和行政监管的智能化和透明化。2018年2月28日通过的《中共中央关于深化党和国家机构改革的决定》指出,放宽服务业准入限制,优化政务服务,完善办事流程,规范行政裁量权,大幅降低制度性交易成本……全面实施市场准入负面清单制度,保障各类市场主体机会平等、权利平等、规则平等,实质上就是强调执法的透明以及规范执法权的行使,这是极具积极意义的。这方面的又一个积极动作是,《外商投资产业指导目录(2017年修订)》于2017年7月28日起在全国实施,将2015年版《目录》中部分鼓励类有股比要求的条目以及限制类条目、禁止类条目进行了整合,提出了在全国范围内实施的外商投资准入特别管理措施(外商投资准入负面清单)。有关方面表示,将会同各相关部门和地方,修订形成在全国全面实施的市场准入负面清单,加快完善与市场准入负面清单相配套的制度安排,不断地清理废除妨碍统一市场和公平竞争的各种规定和做法,[①]在2018

① 《发改委修订形成在全国全面实施的市场准入负面清单》,载中国经济网:http://www.ce.cn/xwzx/gnsz/gdxw/201803/06/t20180306_28361128.shtml,最后访问日期:2018年4月5日。

年全面实施市场准入负面清单制度。[①] 审批制度的负面清单制度是监管层面的重大改革，对提升政策的稳定性和透明度具有重大意义。

二、行政执法行为的可诉性

行政执法行为的可诉性，是提升行政行为透明度的重要机制。TRIPs 第41条第4款规定，诉讼当事方应有机会要求司法机关对最终行政裁定进行审查，并在遵守一成员法律中有关案件重要性的司法管辖权规定的前提下，至少对案件是非的初步司法裁决的法律方面进行审查。可见，行政执法的司法审查制度，是 WTO 法律框架中的基本原则。中国《商标法》《专利法》的立法者在2000年左右修法时，增设了商标确权授权和专利授权的司法审查程序就是为满足这一原则。近年来，地方行政机构因违反行政执法的基本原则，被科技公司起诉至法院，行政执法行为被司法认定为违法的例子越来越多，如2016年，苹果公司起诉北京市知识产权局，后者此前在一起专利侵权裁决纠纷的《专利侵权纠纷处理决定书》中裁定苹果公司构成专利侵权，责令苹果公司在北京停止销售 iPhone 6/6 Plus 两款机型。2017年3月，北京知识产权法院裁定撤销上述《专利侵权纠纷处理决定书》，认为北京市知识产权局在行政裁决程序中存在违反依法行政原则、违反听证原则、违反行政公开原则，并且在事实认定和法律适用上均存在错误。[②] 这就是行政执法被司法审查的一个典型例子。

第一章提到，《网络安全法》《国家安全法》《反恐怖主义法》等相关法律为网络运营者设定了技术协助义务，但是执法实践中究竟如何把握“公安机关、国家安全机关依法维护国家安全和侦查犯罪的活动提供技术支持和协助”等这类法律概念？《网络安全法》的执法部门并不统一，这些部门是否都可以“维护国家安全”为由要求网络运营者提供技术协助义务？由“国家安全”能否衍生出“国家金融安全”“国家科技安全”等子概念？对这些问题的

---

① 《市场准入清单(2018年版)将于6月底上报国务院》，载中国证券网：www.cs.com.cn/xwzx/201805/t201805165803682.htm，最后访问日期：2018年5月16日。

② 北京知识产权法院(2016)京73行初2648号行政判决书。

讨论和回答,可能还是要强调行政执法行为的可诉性,要求行政执法机构以明确的、书面的具体行政行为进行执法,因为也许不同执法机构对上述法律属性的理解存在分歧,但只要这些行政行为具有可诉性,便具有了纠错的机制和“维护正义的最后一道闸口”,便有可能通过统一的司法裁判形成一致性的理解。本部分对美国的两个类似执法行为进行整理,以期有所借鉴。

(一)微软关于提供邮件秘密搜寻令(secrecy order)的诉讼

1. 案件经过

2013 年,美国缉毒局(Drug Enforcement Administration,DEA)在调查毒品走私案件时发现一些电子邮件,当时邮件存储在微软爱尔兰都柏林的服务器上,检方希望微软提供相关邮件信息,并根据 1986 年的一项法律向法院申请搜查令。这是第一次有美国公司对利用本土搜查令索取海外数据的行为提起诉讼,微软总法律顾问布拉德·史密斯(Brad Smith)说,“这不是一个狭窄的法律问题,而是关系到全球科技未来的具有全局性的根本议题”。微软公司认为,第一,美国政府依据《存储传播法案》(Stored Communication Act)申请的搜查令只在美国境内有效;第二,电子邮件内容不应该被认定为是记录(record),而应是财产(property),美国执法部门必须拿到“具有境外法律效果的搜查和扣押令”。

2013 年 12 月,美国纽约南区联邦地区法院助理法官(Magistrate Judge)詹姆斯·C. 佛朗西斯(James C. Francis)签发搜查令(Search Warrant),要求微软公司协助该起毒品案件的调查,将该用户的电子邮件内容和其他账户信息提交给美国政府。美国纽约南区联邦地区法院首席法官洛蕾塔·普瑞斯卡(Loretta Preska)于 2014 年 7 月 31 日作出裁定,支持佛朗西斯的观点,认为本案的焦点在于“谁控制这些信息,而非信息所在位置”。2016 年 7 月,美国曼哈顿第二巡回上诉法院裁决,美国政府不能强迫微软和其他公司提交存储在海外服务器上的客户邮件,根据 1986 年实施的《存储通讯法案》发布的搜查令不适用于美国服务提供商在海外存储的通讯信息;要获取境外数据,要通过双边司法协助条约(mutual legal assistance treaty);对用户隐私的侵犯,发生在当用户受保护的内容被访问时,也就是微软被政府要求访问存储在爱尔兰数据中心的数据时,数据存储在都柏林,要取回数据,微软必然要对都柏林的数据中心作出一些(远程)操作或互动,而该数据中心受一外国主权的管辖。2018 年 2 月 27 日,美国微软公司与美国司法部对峙于美国最高法院,双方就美国政府是否有权合法要求微软交出海外数据问题展开辩论。微软总裁 Brad Smith 在法庭前对记者说,此次争论强化了他的观点,即国会应该采取行动调整法律以适应科技的发展。①

2. 启发意义

这个案件非常具有启发意义。2016 年 9 月,最高人民法院、最高人民检察院、公安部联合发布《关于办理刑事案件收集提取和审查判断电子数据若干问题的规定》(法发〔2016〕22 号),其中第 9 条第 2 款规定:对于原始存储介质位于境外或者远程计算机信息系统上的电子数据,可以通过网络在线提取。第 9 条第 3 款规定:为进一步查明有关情况,必要时,可以对远程计算机信息系统进行网络远程勘验。进行网络远程勘验,需要采取技术侦查措施的,应当依法经过严格的批准手续。从这两款规定来看,中国执法和刑侦部门在刑事犯罪案件的侦查程序中,有权力对境外或者远程计算机信息系统上的电子数据进行取证,起草者也认为,对位于境外的服务器无法直接获取原始存储介质,一般只能通过网络在线提取电子数据。对于远程计算机信息系统上的电子数据,也可以通过网络在线提取。② 这些规定实际上相当于授予了相关部门进行域外取证的权力,绕过了国家网络主权的概念和主权国家之间的司法协助条约,让数据本地化的要求丧失了实际意义,有待执法实践的进一步检验。

(二)苹果公司被要求协助解锁

基于数据安全对用户的重要性,现代云服务商通常都会在技术上为数据

---

① 参见洪延清:《微软 VS 美国政府:他们到底在争什么?》,载微信公众号"监管与合规",最后访问日期:2018 年 3 月 3 日;《微软获得历史性胜诉:美国政府无权索取海外邮件》,载新浪网:http://tech. sina. com. cn/it/2016 - 07 - 15/doc - ifxuapvs8476879. shtml,最后访问日期:2018 年 4 月 5 日。

② 周加海、喻海松:《〈关于办理刑事案件收集提取和审查判断电子数据若干问题的规定〉的理解与适用》,载微信公众号"说刑品案",最后访问日期:2017 年 10 月 19 日。

采取加密措施(encryption),基于政府的合法请求,服务商可为这些加密措施“解锁”。但究竟怎么定性“合法请求”,以实现政府公共利益和用户数据安全利益之间的平衡?2015 年 6 月美国参议院投票通过了《美国自由法案》,取代此前允许美国国安局大规模监听民众通话记录的《爱国者法案》。新法案要求美国的授权机构需要满足更高的要求才能对相关数据进行调查,政府大量收集用户电话元数据的行为将会受到限制。这充分体现了安全与发展之间的平衡一直在微妙地转移。手机和电脑是当下时代最为重要的数据存储设备,因此苹果公司和微软公司一直处于数据安全和数据提交争端的漩涡中心。

1. 苹果对用户数据保护的强硬立场

2015 年 12 月,发生在加利福尼亚南部城市 San Bernardino 的一起枪击袭击事件,造成 14 人死亡、22 人受伤,2 名嫌疑犯在枪战中被警方击毙。美国联邦调查局获得其中一名枪手的苹果手机,并声称枪手及其妻子属于恐怖组织。联邦调查局获得搜查令后,开始搜查枪手赛义德・法鲁克(Syed Farook)的手机数据,希望获得更多破案信息,但是由于该苹果手机被机主设置的四位数手机密码锁住,美国联邦调查局(Federal Bureau of Investigation, FBI)无法解锁该手机。根据苹果手机的设置,如果错误输入 10 次解锁密码,手机里的内容将会自动删除。FBI 向加州联邦地方法院申请强制令,要求法院命令美国苹果公司协助 FBI 调查,要求苹果公司给 FBI 设计苹果手机解锁软件、恢复软件及其他能够读取加密手机信息的软件。

加州联邦地方法院于 2016 年 2 月 16 日作出裁定,同意 FBI 的申请,命令苹果公司为 FBI 提供协助,并满足 FBI 的目标。苹果公司收到法院的强制命令当天,CEO 库克发表了《致用户的一封信》,明确拒绝执行这个命令,认为这个问题具有超越个案的价值并提请全国讨论。库克在这封信中提到,智能手机已经成为人们生活的必要组成部分,人们在智能手机中存储了巨量的个人信息,包括私密对话、照片、音乐、笔记、日历、联系人、银行信息、健康数据,甚至是从过去到现在我们的一切行踪。这些数据都可能被非法分子在我们不知情、不允许的情况下窃取和盗用,这也是我们要保护这些数据的原因。

加密对于所有人来说都至关重要,因为个人信息的安全最终关乎人身安全。多年来,我们的加密技术一直在保护用户的个人数据不受侵犯,因为我们相信,这是保证用户个人信息安全的唯一途径,甚至连苹果自身都无法获取用户的信息……但是现在,美国政府所要求的东西我们确实没有,即便非要提供,那也将是非常危险的……FBI 实际上是要求我们为 iPhone 开发一个全新的操作系统,解除多个现有手机上重要的安全功能,然后安装到该案中发现的 iPhone 上。但是,这款尚不存在的系统,一旦落入非法分子之手,就可能被用来解锁任何一款 iPhone……在当今的数字世界,解开一个加密系统的“钥匙”就是一份解锁数据的信息,而这个密钥的安全程度和受它保护的数据别无二致。一旦密钥泄露,只要是掌握了这一信息的人,都可以轻易破坏这个系统。政府方面强调这种工具只会在一部手机上使用一次,但是事实并非如此。一旦创造出来,这一技术就可能在任意数量的设备上被反复利用。在现实世界中,这种密钥就相当于一把万能钥匙,不论是餐厅还是银行的大门,都可以被它打开。

由于苹果公司拒绝配合法院命令,美国司法部向纽约东区联邦法院提出申请,要求下令强制苹果公司破解法鲁克使用的手机。2016 年 2 月 29 日,纽约东区联邦法院法官詹姆士·奥伦斯汀(James Orenstein)站在了苹果公司的一边,拒绝了美国司法部对苹果公司的请求,称苹果不需要按政府要求提供协助;涉及 21 世纪隐私和技术的重大问题应当由当今的立法者决定,而不是由对原有法律的重新解读来决定。① 最后 FBI 转而寻求第三方技术手段解锁 iPhone。一段时间以后,FBI 宣布已经通过第三方绕过了苹果连续十次输错密码便删除数据的机制。双方的交锋算是告一段落。

2. 苹果转变数据保护的立场?

可是,之后得克萨斯袭击案中犯罪人的 iPhone 手机又一次将苹果公司推至舆论的风口浪尖。这起枪击案造成 27 人丧生、25 人受伤,得州警方和美国联邦调查局(FBI)向苹果公司索要授权,以便访问嫌犯的 iPhone SE 和他

① 《苹果公司先胜 FBI 一局》,载和讯网:http://tech.hexun.com/2016-03-02/182510294.html,最后访问日期:2018 年 4 月 5 日。

的 iCloud 账户。苹果声明中显示，在事件发生后，苹果立即与 FBI 取得了联系，苹果将协助 FBI 进入嫌犯的 iPhone。苹果公司在本案中的主动协助态度，与之前的恐怖袭击案中的表现确实有很大反差，是否意味着苹果公司在保护用户数据安全上的强硬立场发生了一些转变？还是两案的案情存在差异（如前面的恐怖袭击案要求苹果设计“开锁软件”，得克萨斯袭击案中苹果只是被要求协助访问该嫌犯的数据），导致苹果的态度发生转变？

无论如何，可以从这两起恐怖主义事件中看到，即便为了调查犯罪活动的需要，网络运营者也有权拒绝执法机关的技术协助要求，执法机关最终必须通过司法程序就技术协助义务做出权威和终局的判断。根据中国《网络安全法》第 28 条和《反恐怖主义法》第 18 条规定，只要基于维护国家安全和侦查犯罪活动的需要，公安机关和国家安全机关都有权力要求网络运营者提供技术协助。然而，由于“国家安全”“国家安全机关”等概念存在不确定性，在具体案件中可能存在请求方（国家机关）与被请求方（网络运营者）的不同理解，这就必然需要权威、中立的第三方机构进行判断，从而产生了引入司法审查机制的必要性。目前《网络安全法》《反恐怖主义法》等法律均未明确这一司法审查机制，在具体案件中，网络运营者能否根据《行政诉讼法》的相关规定就技术协助要求提起行政诉讼，可能又涉及技术协助要求的法律性质判断，即究竟是刑事侦查行为还是具体行政行为。根据最高人民法院《关于适用〈中华人民共和国行政诉讼法〉的解释》（法释〔2018〕1 号）第 1 条第 2 款第 1 项的规定，公安、国家安全等机关依照刑事诉讼法的明确授权实施的行为，不属于人民法院行政诉讼的受案范围。如此分析的话，《网络安全法》第 28 条和《反恐怖主义法》第 18 条更有可能被认定为一种刑事侦查行为，基于技术协助义务而产生的纠纷，极有可能无法进入行政诉讼的通道，科技公司相应的救济渠道何在，是值得进一步关注的。

第三节 执法的包容性

科技发展的飞速，对执法的效率也提出了要求，以避免对技术的发展产生“悬置效应”。因此缩短审批或审查时间成为审批制度改革的重要方向。2018年年初，中共中央政治局举行学习会，习近平总书记就深化推进现代经济体系建设提出“六个建设”要求，其中之一，就是建设统一、公平、高效的市场环境。① 2017年3月5日，在全国人大上海团审议政府工作报告时，习总书记再次强调优化营商环境和市场环境，在坚持营商环境以“法治化、国际化、便利化”为引领之下，市场环境应当体现统一、公平、高效。时隔一年，总书记两次讲话中反复强调市场环境的“高效性”对改善当前营商环境的重要性。而执法工作的“高效”是打造“高效”的市场环境的重要推力。2018年3月1日起正式施行《进一步深化本市社会投资项目审批改革实施办法》及实施细则，上海对社会投资项目不再“一刀切”，而是按照工业项目、小型项目、其他社会投资项目分类，从取得土地到获取施工许可证，政府审批时间原则上分别不超过15个、35个、48个工作日，相比原先105个工作日大幅缩短。②这些动作凸显政府部门对当前执法工作中“高效性”的重视。

高科技领域的行政执法特别要注重执法的包容性。新兴的高科技公司常常是在宽松的执法环境中获得长足的发展，在互联网产业，互联网企业常常就是借助盗版、色情等内容服务获取大量的用户关注，或者通过发放大量的商业补贴吸引用户流量，这常常被称为互联网行业发展之初的“野蛮期”，过了“野蛮期”之后，才开始出现密集性的行业自律和政府监管。科技创新

---

① 周汉民：《优化营商环境 推进深化改革》，载文汇报：https://www.whb.cn/zhuzhan/liping/20180215/189676.html，最后访问日期：2018年4月5日。

② 张奕、戚颖璞：《喜大普奔！上海简政放权重大举措：社会投资项目审批时间减少一半还多》，载搜狐财经：http://www.sohu.com/a/223694921_100013041，最后访问日期：2018年4月5日。

需要自由宽容的评价环境，成功的创新固然值得称颂和点赞，但更需要容许默默探索、反复试错和大量实验的环境，即便未能大获成功，也应当赢得尊重，也一定会对后来者提供宝贵的经验。这种宽容、自由的文化和环境对科技创新至关重要，当然首先就需要宽容的法治环境进行引导。某种程度上可以说，执法包容性是新兴产业发展阶段性的客观特征，反过来，新兴产业的发展也要求执法具有包容性。本部分着重阐述执法的包容性。

一、创新的时代需要包容审慎的执法

由于科技发展的速度呈现指数级的现象，专业性和门类性的特点越来越突出，执法人员与科技发展的距离相对较远，往往并不了解创新的特点和技术的趋势，他们更趋向于基于传统的政策法律进行执法，而这种刚性执法极有可能对创新的发展产生阻滞效应。有观点指出，修理正以最高速度运转的机器肯定会伤害到机器和修理工。信息的非竞争性本质及其产生的网络效应诱惑了反垄断的监管机构去反竞争，而反竞争也获得了同样令人震惊的成功。① 监管机构必须知道，如果提不出补救措施，就一定要克制自己不去插手市场失灵的情况。② 中国还有观点指出，对于以使用为中心规则的知识产权，出现问题时，我们的基本立场是鼓励当事人自己去谈判，选择最为经济的方式，达到利益的最大化，而不是盲目执法；如果一味地强调行政执法人员可以随时随地进行知识产权执法，可能会干扰当事人的市场策略和市场运营，反而扰乱了人心和市场秩序，导致执法不当。③ 这些观察与执法的包容性不谋而合。

（一）执法包容性在新科技革命的兴起过程中的重要性

李克强总理在2017年6月21日的国务院常务会议上，提出了坚持“鼓励创新、包容审慎”的监管原则。2017年1月12日国务院印发的《“十三五”

---

① ［美］拉里·唐斯：《颠覆定律：指数级增长时代的新规则》，刘睿译，浙江人民出版社2014年版，第239页。

② ［美］拉里·唐斯：《颠覆定律：指数级增长时代的新规则》，刘睿译，浙江人民出版社2014年版，第239页。

③ 李芬莲：《中国知识产权行政执法的困境及出路》，载《广东社会科学》2014年第3期。

市场监管规划》指出，以大数据、云计算等为代表的新一轮科技革命和产业变革，促进了技术、资源、产业和市场的跨时空、跨领域融合，网络经济、分享经济、众创空间、线上线下互动等新产业、新业态、新模式不断涌现，颠覆了许多传统的生产经营模式和消费模式，对市场监管提出了新要求、新挑战，要实行包容式监管。2018 年 2 月 28 日通过的《中共中央关于深化党和国家机构改革的决定》指出，要减少微观管理事务和具体审批事项，最大限度减少政府对市场资源的直接配置，最大限度减少政府对市场活动的直接干预，提高资源配置效率和公平性，激发各类市场主体活力；改变重审批轻监管的行政管理方式，把更多行政资源从事前审批转到加强事中事后监管上来。这些重要的改革举措传递出了政府对市场应当持有的敬畏，以及执法应当具有包容性的特征。作为市场意见的代表，腾讯公司首席执行官马化腾在《关于推动"科技 + 文化"融合创新　打造数字文化中国的建议》中提出，应当鼓励和包容科技文化企业在内容、题材、形式和技术等方面的探索。这也暗含执法者或监管者对"包容性"应当持有的立场。

考察不同国家在这一轮科技革命中的法治因素时，可以发现执法的包容性具有非常明显的地位。在美国，没有包容可能就成就不了互联网经济；中国没有包容，不可能产生这么多互联网经济的"独角兽"。"在美国，警察主要是县警察、自治市警察；从处理的案件看，大部分案件由自治市警察管辖。例如，人口聚居地区经居民决议实行自治后，可以成为自治的市法人，行政权脱离其所在的县，市政府有权设立完全独立的警察、司法制度。市民遇到的大部分案件，往往由市警察、市法官受理。市警察、市法官都不进行专业化分工，对很多案件缺乏专业知识，往往熟视无睹。对市警察、市法官没有管辖权的大量案件，自治市之外的警察、法官介入的能力非常有限，很多案件会被忽略。"①这难道不正好暗合了颠覆定律的客观需求吗？正好吻合了科技迅速发展的时代中执法和司法应当持有的"距离"立场？"反观微软、苹果、Facebook、Salesforce、林登网络等科技公司的产业发展之路，它们获得的社会宽容

① 《自治是美国新一轮知识产权崛起的土壤》，载《知识产权竞争动态》2012 年第 21 期。

之繁多、之细致没有哪个国家能够逾越。广大科技企业总部选择栖身几百人到几万人的自治市,主要原因就是地方组织设立的制度藩篱,抑制了竞争对手对它们的举错、纠错的企图,使他们长期栖身在熟人的保护之下,可以在技术和市场领域进行自由探索。这也是第四次产业革命在美国肇始的主要原因之一。"①

(二)互联网不正当竞争执法的包容性

执法的包容是现代高科技社会发展的客观要求。当下科技创新发展的时代背景中,竞争的模式、竞争的样态已经发生了深度的变化,执法官员未必清楚竞争行为和创新模式的本质特征,贸然采取执法行动可能损及竞争和创新。在反不正当竞争法的执法领域,反不正当竞争的执法官员指出:我们现在对互联网提出的监管是一定要审慎、包容的监管执法原则。在还不太清楚、不太了解的时候,我们要对这个行业进行跟踪,对这个情况进行了解,在有一定依据的情况下做出价值判断。② 这种立场符合新时代对行政执法或行政监管的要求,也与互联网不正当竞争行为的复杂性、动态性特征相吻合,是值得称赞的。不正当竞争的执法理念面临现代化的挑战。

新古典经济学理论的理想竞争图景有些像风平浪静的大海,这是一种静态的、理想的竞争。现代市场竞争更像猛烈的风暴或潮汐波,这股永不停息的暴怒的力量推开旧技术,为新技术开路,它带来的破坏性当然更强,但它带来的经济增长步伐也远远超过更加稳定和保守的替代方式,③经济学统计表明20世纪前半叶每小时总产量翻番,其中近90%的部分源于创新和技术进步。④ 现代竞争更具激烈性、动态性和复杂性。互联网竞争就是这种典型的现代竞争,软件干扰行为常承载着最前沿的互联网技术和商业模式创新,干

---

① 《自治是美国新一轮知识产权崛起的土壤》,载《知识产权竞争动态》2012年第21期。

② 《工商总局:对互联网领域的监管要审慎、包容》,载新华网:http://news.xinhuanet.com/fortune/2017-11/17/c_129743892.htm,最后访问日期:2018年4月5日。

③ [美]克里斯蒂娜·博翰楠、[美]赫伯特·霍温坎普:《创造无羁限:促进创新中的自由与竞争》,兰磊译,法律出版社2016年版,第268页。

④ Robert M. Solow, Technical Change and the Aggregate Production Function, *The Review of Economics and Statistics*, August 1957, p. 320.

扰行为背后交织的法律利益错综复杂，一方竞争利益的损害、竞争者搭便车或不劳而获等均不能绝对地等同不正当竞争行为。反不正当竞争立法或司法的整体理念要符合时代发展的趋向和创新市场的新特点，在认定不正当竞争时要更多考虑创新，更多赋予竞争自由的权重，尽量避免过度干预市场、对创新本身贴上反竞争的标签。

反不正当竞争法脱胎于传统侵权法。德国不正当竞争行为的制止起初被认为是侵权法的问题，[①]1909 年《德国反不正当竞争法》一般条款中"善良风俗"来自《民法典》第 826 条。[②] 法国法至今仍以《法国民法典》第 1382 条为法律依据，在法理上迅速、灵活地发展出了"民法上不正当竞争之诉讼"，对有混淆危险、模仿、贬损、出卖秘密、寄生竞争等给予雍容大度的保护。其他民法法系国家，如同样拥有已经生效民法典的荷兰、意大利，紧随法国步伐。[③] 然而，反不正当竞争法在发展过程中很快便脱离了传统侵权行为法轨迹及单向保护经营者利益的目的。伴随着古典社会向近现代社会的转型，竞争行为涉及的利益交错，经营者、消费者、竞争秩序、市场创新等利益之间具有传导性，不正当竞争行为所涉利益更具复杂性，反不正当竞争法从纯粹私益的保护目标向所谓"三叠系"目标的转变，即从单纯保护诚实经营者的利益到保护经营者、消费者和不受扭曲的竞争秩序并重。以 2004 年《德国反不正当竞争法》第 1 条的现代化为标志，[④]这一经典文本对大陆法系国家反不正当竞争法的立法、司法和学说产生了重要影响。

以上，现代市场竞争的新特性、反不正当竞争法发展所出现的新趋向，都要求对互联网不正当竞争行为认定的刚性和传统范式进行反思，从而对互联网不正当竞争执法和司法提出了全新的挑战。中国在传统上过分强调反不

---

① Frauke Henning – Bodewig, *International Handbook on Unfair Competition*, C. H. Beck · Hart · Nomos, 2013, p. 232.

② 《德国民法典》(第 4 版)，陈卫佐译注，法律出版社 2015 年版，第 318 页。

③ Frauke Henning – Bodewig, *International Handbook on Unfair Competition*, C. H. Beck · Hart · Nomos, 2013, p. 1.

④ This Act shall serve the purpose of protecting competitors, consumers and other market participants against unfair commercial practices. At the same time, it shall protect the interests of the public in undistorted competition.

正当竞争法对知识产权的兜底保护功能,实践中宽泛运用反不正当竞争法一般条款,不仅变相地扩张了权利人的专有权,侵占了公有领域,而且违背了反不正当竞争法对自由竞争的本位坚持和“自由重商主义”的历史传统。为提升竞争行为正当性的预判,立法者在新修订的《反不正当竞争法》中增加第12条,①其中第2款第3项应该就是上文所称“恶意阻碍其他竞争者”的行为。但总体而言,就规范构成和立法技术而言,第12条第2款各项行为的构成有失精准,为后续法律适用带来了难题;列举的行为未必周延,难免挂一漏万,不能穷尽商业实践中不断出现的新型干扰行为;立法思路过于局限,立足于新古典经济学的传统竞争理念,压缩了不正当竞争行为的裁量空间,未必能够适应当前竞争行为复杂化、动态化的背景。将来的执法实践中,规制软件干扰行为的主要条款可能还是集中在弹性条款,诸如新《反不正当竞争法》第12条第2款第4项和该法第2条,尤其应总结当前司法裁判的主要模式,观察新时代竞争行为的特性,着力将竞争行为正当性判断的多因素体系融入弹性条款的法律适用之中,即结合经营者的合法利益、干扰手段、主观状态、网络用户的知情和自由、良好的行业惯例、干扰行为对竞争秩序的效果等评判行为的正当性,而不是刚性适用第12条第2款第1、2、3项,否则可能扼杀互联网创新。

二、执法包容的前提和原则

(一)执法包容所适用的领域

执法包容主要针对新生事物,或当政策法规条款与伦理道德、社会良俗产生冲突时予以考虑。目前中国行政执法或行政监管机构已经注意到了这

---

① 《反不正当竞争法》第12条规定,经营者利用网络从事生产经营活动,应当遵守本法的各项规定。经营者不得利用技术手段,通过影响用户选择或者其他方式,实施下列妨碍、破坏其他经营者合法提供的网络产品或者服务正常运行的行为:(1)未经其他经营者同意,在其合法提供的网络产品或者服务中,插入链接、强制进行目标跳转;(2)误导、欺骗、强迫用户修改、关闭、卸载其他经营者合法提供的网络产品或者服务;(3)恶意对其他经营者合法提供的网络产品或者服务实施不兼容;(4)其他妨碍、破坏其他经营者合法提供的网络产品或者服务正常运行的行为。

一原则的主要适用领域，很多政策明确提出要在新产业、新业态、新模式领域坚持包容审慎的执法原则，如上海市质监局在2017年下半年发布的《在执法监管工作中加强包容审慎监管的指导意见》指出，对方兴未艾的新产业、新业态、新模式，要善于倾听市场主体和群众的呼声，在实施放权松绑的同时，积极探索包容审慎监管，在执法监管中既体现包容创新，又要服务发展。

新的商业模式不断涌现，执法或监管机关确实要调整监管理念，不要抱着“一切都能管”的念头，这一次国家机构改革方案中不再保留国家工商行政管理总局、国家质量监督检验检疫总局、国家食品药品监督管理总局，组建国家市场监督管理总局，其意义远远比不止融合了各个不同机构的职能，更是对更新传统监管理念提出了要求。比如在当前的互联网行业内，经营者普遍采用商业补贴的方式获取用户或流量，共享单车、滴滴打车、第三方支付等无不通过发放红包、优惠券、折扣券等补贴的方式进入新兴市场，很多新产品或服务的竞争变相成了“烧钱”的竞争，对于这种商业模式究竟要不要监管？要不要限制或禁止？2018年3月，美团进驻上海首日便被上海市交通委等部门约谈，其中一个问题便是针对其对乘客端与司机端的补贴行为，要求不得以低价竞争方式扰乱网约车市场秩序（其他两个问题涉及数据接入和网约车许可证）。[①] 2018年4月11日，“美团外卖”“滴滴外卖”“饿了么”外卖三家平台负责人被无锡工商局进行行政约谈，认为这三家机构发放大量补贴或优惠券等无序的市场竞争手段争夺市场份额，在优惠券的刺激下，外卖订单激增，超出了线下商户的接单能力和外卖服务平台的配送上限，出现了商家拒绝接单、订单被迫取消等现象，影响了商户的正常经营和消费者的消费体验，威胁了消费安全，已经涉嫌构成不正当竞争行为和垄断经营行为。[②] 在这些领域的监管，究竟如何看待？是否构成不正当竞争和垄断行为，这是值得进一步研究的问题。

---

① 《美团打车登陆上海首日被约谈 因数据未接入监管平台》，载网易新闻：http://news.163.com/18/0322/11/DDGF6LFK0001899N_mobile.html，最后访问日期：2018年4月11日。

② 《无锡约谈滴滴、美团、饿了么 三方“混战”涉不正当竞争》，载凤凰网：http://finance.ifeng.com/a/20180411/16068294_0.shtml，最后访问日期：2018年4月11日。

（二）包容不意味着无所作为

1. 网约车市场监管的动态跟进

2017 年夏季达沃斯论坛，李克强总理在特别致辞中说，“我们对新产业、新业态、新模式，比如像电子商务、移动支付、共享单车，都实行包容审慎监管方式，促进了其健康发展”。在 2017 年 7 月 12 日的国务院常务会议上，他又指出“几年前，快递业刚刚开始发展的时候，有些城市不允许快递存在，理由是影响市容整洁，快递员骑的摩的也不允许停放。但是我们认为，对于任何新生事物，应尽量秉持‘包容审慎’的监管方式，不能一上来就‘管死’！”当然，执法包容并不是纵容，而是要在新业态、新产业、新模式产生之初多观察、多容忍，抱着乐见其成的态度，要区分与传统产业的不同特点采取不同的监管措施。在产业发展的过程中，这些新的业态、产业、模式一定会带来一些新的问题，执法或监管部门不能固守原来的政策不变，而应积极研究、规范后续健康发展，要根据产业发展的不同进度，提出相应的监管方案。

比如网约车的运营曾经一度处于法律的灰色地带，但确实对日常出行方式提供了有益补充，提升了出租车市场的竞争程度，对消费者整体来说是有益的，对发展过程中出现的乘客安全保障、传统出租车的游行等问题，监管部门要逐步解决网约车的运营资质和传统出租车市场的利益分配等问题。如 2016 年 7 月，国务院颁布《关于深化改革推进出租汽车行业健康发展的指导意见》，交通部发布了《网络预约出租汽车经营服务管理暂行办法》。在运营发展的过程中，随着网约车平台的集中化程度越来越高，随意加价、任性挑客、拒载、甩单等现象开始出现，监管或执法措施又要跟进，解决可能存在的滥用市场支配地位、消费者权益受到侵害等问题。不掌握数据或数据滞后造假，不仅导致线下执法难度加大，且难以及时发现违法行为，更难确定证据。① 2018 年 2 月 26 日，交通运输部发布了《网络预约出租汽车监管信息交互平台运行管理办法》，加强对网约车公司运营数据进行监管。这说明监管部门在不断跟进产业的发展、回应市场的政策需求。

---

① 《网约车“数据接入不落实”成监管难题》，载人民交通网：https://www.rmjtxw.com/news/dsj/20180302/26758.html，最后访问日期：2018 年 4 月 5 日。

2. 伊利诺伊州运输贸易协会等诉芝加哥政府案的判决意见

“网约车”这类新生事物或商业模式的出现必然会改变传统出租车市场的竞争秩序、会对传统出租车运营公司的利益产生冲击,因此一定会形成挑战、冲突和纠纷。在美国,伊利诺伊州运输贸易协会等市场主体针对芝加哥政府为刺激出租车市场竞争而采取的措施就提出了异议。原告是在芝加哥拥有并运营出租车和其他租赁汽车的公司,或向该类公司提供诸如贷款和保险服务的公司。出租车公司以及提供租车服务的公司都受到了城市关于驾驶员及车辆资质、许可牌照、收费、保险这些方面的严格监管。Uber 比上述公司受到的监管力度更小(甚至在 2014 年前都没有对它的监管规则),并且商业运营模式不同。一审法官认为,芝加哥市政府没有对网约车行业实施与出租车公司同样程度的监管可能没有在法律上给予后者平等的保护。

波斯纳法官在这个上诉案件的判决中指出,“财产”权利之中不包括免予竞争的权利。咖啡店运营许可证的颁发并不意味着授予被许可人阻止他人开茶馆的权利。当一项允许在一个市场以特定方式运营的许可证构成一项财产权利时,也并不意味着有一项免于竞争的权利伴随其中。就如同一项专利授予专利权人的是制造和销售该专利产品的专属权,但其无权阻止一个竞争者发明一项并未侵权的替代产品,即使该替代产品会减损该专利权人的利润。事实上,当一项新技术或新商业模式出现,通常的结果就是旧技术或旧商业模式的没落甚至消失。如果这些旧技术或旧商业模式受到宪法保护,有权排除新技术新模式进入它们的市场,经济发展就会渐渐缓慢到最后停滞不前。这样的话,我们就不会有出行顺畅的出租车,只有马车一路颠簸;我们不会有想用即拨的电话,只有电报嘀嘀作响;我们也不会有功能强大的电脑,只有计算尺费时费力。出租车运营牌照授权其持有者可以拥有并运营出租车,并不是排除其他竞争性的交通运输服务。本案中原告不能排除来自公交车、列车、自行车、租赁车或者特许观光车、小公交车等行业以及步行的竞争,事实上他们也不能排除来自出租车行业新从业者的竞争,因为芝加哥市政府保留了颁发新增出租车牌照的权利。那么为什么原告应该被允许排除来自 Uber 的竞争呢?

波斯纳法官认为,一审法官是从字面意思上理解平等保护,而实际上不应如此理解。否则,市场中那些成本低于现有公司的潜在参与者将不被允许进入市场,除非某些监管机构通过规制——无论这些规制是否必要甚至是否合适——来消除这些新参与者与现有公司竞争时的任何成本优势。这种妨碍竞争与损害消费者利益的行为都是荒谬的。出租车服务和网约车行业的服务之间的诸多不同足以证明不同监管方案的正当性,这种正当性的存在消解了原告提出的平等保护诉讼请求。对于不同产品或服务,不能总是要求适用完全相同的监管规则,这样的要求既无宪法依据,更有悖常识。①

(三)执法包容与行业自律、企业自治

执法包容与行业自律、企业自治的逻辑一脉相承。既然执法或监管机构并非最接近产业发展的主体,那么就应当把更多的监管空间交给最清楚产业发展动向的组织,这就是要加强行业自律和企业自治。近年来,国际组织和行业协会制定行业行为标准的活跃度明显上升,是一个明显的趋势,行业监管抬头。在人工智能、大数据、云计算、物联网等最前沿的领域,由于产业的发展远远超过立法、执法、司法部门的认知,应当引导、鼓励相关行业制定技术标准、安全标准和数据保护标准,并依托大数据等高科技驱动监管。因此,从包容审慎的监管理念出发必然留给行业监管、科技监管以更大的空间。

1. 行业协会制定标准的活跃度上升

2010 年,国际标准化组织(International Organization for Standardization, ISO)在瑞士日内瓦正式发布了社会责任指南标准(ISO26000),将社会责任的议题纳入了标准化的轨道。国际标准化组织通过推行 ISO9000 质量管理体系、ISO14000 环境管理体系和 ISO26000 社会责任指南,以标准化的方式对影响消费的产品进行“品质”管理,以及对影响环境的企业进行“品行”管理。作为全球最大的专业技术学会组织,电气和电子工程师协会(Institute of Electrical and Electronics Engineers, IEEE)被国际标准化组织(ISO)授权为可以制定标准的组织。IEEE 设有专门的标准工作委员会,即新标准制定委员

---

① 以上译文参见盛金艳、孔菲、戴梦迪:《波斯纳法官关于网约车案件的判决全文》,载 https://tieba.baidu.com/p/4830142069,最后访问日期:2018 年 4 月 10 日。

会(New Standards Committees)和标准审查委员会(Standards Review Committees),在太空、计算机、电信等多个领域已制定了900多个行业标准;每年制定和修订包括电气与电子设备、试验方法、元器件、符号、定义以及测试方法等多个领域800多个技术标准。这些标准对规范电气、电子、计算机工程和与科学有关的行业发挥了重要作用。

中国的行业协会也在努力,比如2016年出台的SJ/T 16000—2016《电子信息行业社会责任指南》,明确了电子信息行业的企业和有关组织履行社会责任的主要领域与核心要求。电子信息行业是国民经济战略性、基础性和先导性支柱产业,同时也是网络强国战略的重要支撑,在电子信息行业开展社会责任建设试点工作,以激励企业在改善民生、保护环境、维护市场秩序方面作出努力,能够推动行业可持续发展,实现企业、行业与社会的共同可持续发展。这些年,中国在个人数据和网络安全治理领域的行业标准急速增加,对规范数据利用秩序和提升网络安全治理的透明度发挥着无可替代的作用。这些情况是前沿创新领域治理的一个非常值得关注的趋势。

2. 刚性政策法规可以提升行业的自律性

西方法律给了企业很大的发展空间和经营自主性,但同时有严格的产品质量和产品责任等基本法律以制裁违法行为,且惩罚措施非常严格,导致违规违法成本高,企业的自律性提高。所以,执法包容与执法刚性辩证统一,包容不意味着软弱,"严刑峻法"作为后盾反倒可能提升自治。美国为什么假货少,并不是美国商人们多有公德心,主要是因为造假货风险太大,违法成本太高。在美国造假贩假,特别是食品药品这类的商品,一旦发现,没收企业财产和负责人坐牢是无法避免的。2016年德国"大众"汽车利用一种软件造假汽车尾气数据,被美国政府告上法庭,最后以147亿美元(接近1000亿元人民币)天价罚款和解,造成"大众"汽车名誉扫地,股票大跌。

另外,上市公司的披露规定和股东集体诉讼也推动了企业的自律制度生根。美国强调权利的文化氛围、拥有比较完善的保护中小投资者的法律制度,加之普通法特有的陪审团制度,以及证券诉讼中"辩方取证"等"严刑峻法",使得股东诉讼压力构成了对企业管理层的一个有效约束,特别是集团诉讼制度和派生诉讼制度。[1] 美国法律赋予了小股民集体诉讼权利，全体股东利益受到损害时，一名股东或少数股东提起的民事诉讼结果可以适用于全体股东。公司遭受董事或高级官员的过错行为受到损害时，股东基于一定的条件可代位公司对董事和高级官员提起代表诉讼，要求后者就其行为所导致的公司损害承担法律责任。媒体监管以及分析师的精细化观察也让企业和行业合规动力提升。

美国媒体的新闻曝光对促进农产品质量安全治理体制机制的创立与发展具有决定性的推动作用，中国记者曝光“地沟油”“白馒头”食品质量安全“黑幕”方面也立下了“赫赫战功”。

三、执法包容与执法公正、执法透明之间的辩证

（一）执法包容以执法公正和执法透明为前提

要正确处理执法包容与执法公正、执法透明之间的关系，执法包容不能成为选择性执法以及“黑箱执法”的借口。张维迎教授提出，能够写清楚的交给法律管，写不清楚的交给文化管，由于运用法律的成本非常高，如果把法律都不能写清的行为交给法律管，那肯定会有问题。[2] 这实际上也可以理解为执法的透明度与执法的包容性之间的关系，执法的包容一定是以执法的透明、执法的公正为前提，牺牲执法的透明和执法的公正来阐述执法的包容，很容易产生选择性执法和地方保护主义的问题。

1. 执法的包容与执法的刚性

执法的包容，强调针对不同个案情形进行执法，要加强动态控制。发生在新产业、新业态和新模式的首次轻微的违法行为，要以宽容、教育为基调；对恶意、重复、大规模的侵权违法行为，要加大惩处力度，大力提升侵权违法的成本，震慑侵权违法行为。上海市质监局《在执法监管工作中加强包容审慎监管的指导意见》指出，对新产业、新业态、新模式的首次轻微违法行为，能

---

① 李凯：《美国上市公司治理制度的百年变迁及其启示》，载豆瓣网：https://www.douban.com/note/508698059/? type = like，最后访问日期：2018 年 4 月 5 日。

② 张维迎：《市场与政府》，西北大学出版社 2014 年版，第 89 页。

及时纠正且无危害后果的，应当以教育劝诫为主，不予处罚，防止“以罚代管、只罚不管”；在执法监管中必须施重惩于后，针对损害人民群众身体健康和生命财产安全的制售假冒伪劣等违法行为，必须坚决整治、严厉打击。

行政执法讲究比例性原则，要有温情又不失刚性。在数据安全、科技产品质量等领域，一些别有用心的竞争者很容易利用一些著名评论员、一些有影响力的报刊、自媒体等发布一些评论文章或者利用标题党作为噱头，误导消费者，借助自媒体的广泛影响力、迅速传播力往往对创新者造成无法挽回的损失或负面影响。像这种新情况，涉及违法的，就需要执法部门绷住心弦、秉持效率理念、进行刚性执法。比如有网站以“腾讯抹黑”“腾讯是幕后黑手”等作为标题和内容，传播歪曲事实，经腾讯公司申请后获法院颁发行为禁令，要求该网站立刻停止侵权，并删除在其发布的多篇不实文章。①中国知识产权执法可能就面临“包容”和“刚性”的阶段转换问题，以更刚性的保护措施服务技术的升级和民族品牌的发展。有学者对中国知识产权的行政执法进行实证研究后指出，知识产权“双轨制”所追求的高查处率、高严厉责任，在实践中已经背离，真正推行的是低查处率、低严厉责任；正是这种阴差阳错，反倒促成了知识产权所真正需要的包容环境；知识产权依其“自身自发的秩序”在运作，从而呈现出非常有趣的“双话语系统”：作为西方舶来品的知识产权法律文本，作为中国国情中“自生自发”的秩序，前者设定了法定产权的边界，后者决定着权利人事实上的产权。② 如果说过去30年中国知识产权行政执法的包容性为中国科技文创产业的繁荣提供了执法环境的话，那么到了如今新的历史起点，在中国高科技产业、文创产业、品牌产业已经有一定世界影响的背景下，中国知识产权的行政执法应该调整方向了。对恶意、重复、大规模侵权行为的查处力度，应该更具刚性。

2. 执法的包容与执法的透明

中国的试点做法其实就是对违反现有规则予以包容的一种制度选择，但是试点的地域、试点的领域、试点的条件等一定要非常清楚明确，否则就会损

---

① 《腾讯诉千寻生活网抹黑　法院责令删除涉案文章》，载《法治周末》2018年5月1日。

② 谢晓尧：《著作权的行政救济之道——反思与批判》，载《知识产权》2015年第11期。

害政策法规的普遍性和可预测性。上海自贸区内的法律适用情况就比较清晰，比如对一般性外商投资，不包含国家明确规定需实施准入特别管理措施的投资，暂停调整实施中国“外资三法”《外资企业法》《中外合资经营企业法》《中外合作经营企业法》和《中华人民共和国文物保护法》中的部分行政审批规定，改为备案制管理；在服务业开放方面，停止实施行政审批及对资质要求、股比限制、经营范围的限制，由国务院交通运输主管部门、征信业监督管理部门、文化主管部门、工业和信息化主管部门、上海市制定相关管理办法。①

在自贸区内实施的审批制度改革也是关于执法包容与透明的浓墨重彩的一笔，中国对外的管理一直采用的是《外商投资产业指导目录》模式，即“正面清单”管理模式，由国家发改委和商务部列出中国鼓励、限制、禁止外商进入的行业清单，所有的外商投资只能在规定的范围内活动。而自贸区负面清单是给不开放的行业和受限制的商业活动列一个清单，明确告诉对方那些领域和行业是限制或禁止外商活动。2015 年 4 月 20 日，国务院批准成立广东、天津、福建三大自贸区，同日公布了《自由贸易试验区外商投资准入特别管理措施（负面清单）》，适用于上海、广东、天津、福建四个自由贸易试验区（统称为中国四大自贸区）。负面清单制度就同时体现了、结合了执法包容与执法透明的优势。

（二）快播案的刚性执法与网络信息的管控

1. 案情与问题

中国的互联网企业的发展模式往往遵循“灰色起家再洗白”的路径。迅雷通过 P2P 技术让用户通过迅雷的下载软件分享多种文件的种子，其中包括盗版和色情电影；电驴、快播、百度影音、9158、六间房、56.com 等无不通过新技术的方式，用户得以搜索并观看到盗版和色情电影。2014 年，在接到腾讯投诉后，深圳市场监管部门开始对快播立案调查。深圳市场监督管理局方面称，初步认定快播公司未经许可，通过盗版非法经营额达 8671.6 万元，结合

① 参见最高人民法院课题：《中国（上海）自由贸易试验区司法保障问题研究》，载《法律适用》2014 年第 9 期。

快播多次侵权,收到行政机关处罚后继续侵权,主观故意明显,违法情节严重等,拟对其除以非法经营3倍罚款,即罚款2.6亿元。从2011年快播成为全国市场占有量第一的播放器,到2013年年底被国家版权局认定为侵犯版权,再到2014年监管部门以传播淫秽物品为由被查封,有些问题还是值得深思的。快播的商业模式并非一夜生成,为什么监管部门此前不以“传播淫秽物品”为由对快播提出整顿要求?一旦执法查处,则以“封杀式”的方式进行执法?通过加强平台责任,确保算法结果的合法性是目前国内外关于平台治理的一种通行做法,但是必须确保法律规则的明确和可预测,必须确保执法部门的统一。

事实上,“快播案”在当时的审理过程中仍然争议不少。核心问题在于,快播处于一个什么角色地位?单纯的技术提供者、明知故犯或视而不见的帮凶还是纯粹的工具提供者?庭审中,快播公司提出“只做技术,不问内容”,从“技术中立”出发,引发对技术创新和网络犯罪界限、技术中立与平台责任等问题的热议。平台责任是全球各国共同面对的一个治理难题,作为快播案的一个引注,Facebook创始人也表达了与快播公司近似的观点:“Facebook发现被ISIS利用,是ISIS成员发布信息和保持联系的主要工具。可是Facebook创始人兼CEO却表示将保护穆斯林的权利,永远欢迎他们使用。Facebook不但没有被禁止或诟病,反而立场鲜明地坚持其开放性。因为,开放性是网络的生命与本质”①究竟怎么看?

2. 刚性执法与网络信息的管控

快播案一审法院并不认为技术中立不是一个绝对的抗辩理由技术中立不是一个绝对的抗辩理由:“司法实践对于技术中立的肯定,意在鼓励技术创新和发展,但技术是人类利用自然规律的成果,一定程度上受到技术提供者和使用者意志的控制和影响,并体现技术提供者和使用者的目的和利益。技术本身的中立性与技术使用者的社会责任、法律责任的关系,实质上反映了技术使用方式对社会发展起到了推动进步还是阻碍进步的作用。以技术中

① 跳长江的猪:《快播风口浪尖,你又知道了多少?》,载天涯论坛:http://bbs.tianya.cn/post-free-5357894-1.shtml,最后访问日期:2018年4月5日。

立原则给予法律责任豁免的情形，通常限于技术提供者，对于实际使用技术的主体，则应视其具体行为是否符合法律规定进行判断。恶意使用技术危害社会或他人的行为，应受法律制裁。”①快播软件在技术层面上采用的是 P2P（Peer – to – Peer，又称“点对点”技术）流媒体形式。“这种模式不仅限于提供视频播放技术，还具备两个功能：一是不特定用户对于视频资料的分享；二是当视频文件点击达到一定次数后，指令服务器具有缓存和内容发布功能。”②从这一点特征看，快播软件似乎已经不再仅仅作为纯粹的信息平台，而且实施了特定传播行为。

即便作为一个纯粹的网络信息平台，也不意味着其可以超脱于法律之外。科技的发展需要执法的包容，给予科技创新足够宽松的生长环境。但包容不等于纵容，技术中立性并非绝对概念，技术的发展是为了造福人类，让人类的生活更为便利，可见技术本身蕴含伦理价值，安德鲁·芬伯格（Andrew Feenberg）说，“技术不是一个中立的工具，而是会带着自己的价值观及价值偏好；每一项技术不是来自真空，而是有特定场景”，还有评论指出，“拒绝接受社会和公序良俗视角的道德审视，完全抹杀社会道德对技术的基本要求，在很多涉及社会秩序与文明发展的问题上无原则地退让，恐怕也并非这个社会之福音”。③ 这些观点都是很中肯的，强化平台责任似乎正在成为一个全球性的趋势，对网络信息的管控正在从传统的事后救济走向事前治理，比如我国《网络安全法》设立安全保障义务，《刑法修正案九》增设“拒不履行网络安全管理义务罪”等；德国在 2017 年也通过《改进社交网络中法律执行的法案》，该法要求社交网络平台对仇恨言论、煽动性言论和虚假新闻造谣三部分违法内容进行监管，明确了社交网络平台的主体责任、报告义务以及违反义务的处罚机制和罚金数额。④

快播公司在提供 P2P 视频技术服务和缓存技术服务时，虽然客观上没有

① 北京市海淀区人民法院（2015）海刑初字第 512 号刑事判决书。

② 张中宣：《网络服务提供者中立帮助行为的可罚性探究——以快播案为视角》，载《法制与社会》2017 年第 18 期。

③ 《快播案：技术不可耻，伦理有要求》，载《深圳晚报》2016 年 1 月 12 日。

④ 贾茵：《德国〈网络执行法〉开启“监管风暴”》，载《中国信息安全》2018 年第 2 期。

对视频内容进行选择，但当其明知自己的P2P视频技术服务被他人利用传播淫秽视频，自己的缓存技术服务被利用成为大量淫秽视频的加速传播工具，自己有义务、有能力阻止而不阻止时，快播公司就不可能再获得技术中立的责任豁免。快播公司出于牟利目的，不履行安全管理义务，继续放任他人利用快播网络大量传播淫秽视频，且自己的缓存服务器也介入传播，在技术使用过程中明显存在恶意，应当承担相应的法律责任。① 此时，对快播公司已不具备进行包容性执法的前提。包容性只是体现行政执法的一个政策导向，高科技时代的执法机关一方面要避免对创新活动造成干扰，特别是要尊重已经既成规模的创新成果，另一方面要避免拿“包容性”作为“不作为”的“挡箭牌”。因此，对已经构成违法犯罪的行为，则应当依法查处，但要坚持处罚的比例性，能够通过限期整改等方式实现执法目的时，应当避免完全封杀创新的成果。强化平台责任可能是网络治理的一种成本最低的选择；从执法便利性角度看，平台也是最容易的执法客体。但从创新和发展角度看，平台责任的强化势必带来影响，最终消费者不是享受不到更好的技术服务、就是要为平台因承担更大责任风险而增加的成本埋单。

国家网信办于2018年6月1日会同广电总局、文化和旅游部、属地网信办依法依规联合约谈“美拍”相关负责人，提出严肃批评，责令全面整改。美拍表示，整改期间，将进一步完善内容审核发布、安全策略管理等各项机制，建立健全未成年人保护体系，用正确的价值观指导算法，积极传播正能量。2018年4月10日，国家广播电视总局通报，永久关停今日头条旗下的“内涵段子”客户端软件及公众号。头条CEO张一鸣表示：我们把更多的精力和资源，放在了企业的增长上，却没有采取足够措施，来补上我们在平台监管、企业社会责任上欠下的功课，比如对低俗、暴力、有害内容、虚假广告的有效治理……将强化总编辑责任制，全面纠正算法和机器审核的缺陷，不断强化人工运营和审核……建立黑名单制度；启动专项未成年人保护措施；产品上线反沉迷、反谣言、反低俗系统；成立内容监督专家团。在“流量为王”的竞争

① 北京市海淀区人民法院（2015）海刑初字第512号刑事判决书。

背景下，“算法”是否需要有“正确的、积极向上的”价值观进行引导？多个互联网平台相继被整改的事件，是否意味着“用户流量应让位内容质量”？监管部门对算法的干预是否过度了？是否会对互联网平台的创新发展产生阻碍效应？这些问题其实是值得深入研究和系统思考的。

第五章

中国科技政策法律的司法适用

司法的谦抑性

司法的自治性

司法的可及性

在改善营商环境、促进科技创新的政策大潮中，中国司法机关积极作为，从中央到地方，纷纷发布专门性司法政策或者召开新闻发布会介绍司法保障科技创新的情况。如最高人民法院于2018年1月2日发布《关于充分发挥审判职能作用为企业家创新创业营造良好法治环境的通知》，上海市高级人民法院相继在2018年1月和3月发布《关于贯彻落实〈上海市着力优化营商环境　加快构建开放型经济新体制行动方案〉的实施方案》《关于充分发挥审判职能作用 为企业家创新创业营造良好法治环境的实施意见》，2018年2月28日，江苏省高级人民法院召开新闻发布会，向媒体记者通报了江苏法院知识产权司法保障科技创新总体情况①等。

司法机关在调整科技创新的系统中究竟应当居于何种地位？中国知识产权审判条线一直强调“创新性司法”，究竟应当提供什么样的创新性服务以适应当前新技术环境的需求，在审理程序上更便民？宏观的司法政策在司法裁判的价值引领方面确实很重要，但更为重要的是，司法机关如何在涉及科技类的纠纷个案中体现这些宏观的价值理念，并不断调整科技创新时代中对法律条款的理解，使后者更能适应新时代的新特点？在这样一个时代，制定法律条款的立法者根本无法预料到未来技术或模式的发展，法律条款的原意解释究竟还有多大的价值空间？技术或模式的发展，必然会对相关主体之间的利益关系产生催化效应，使传统的利益根据发生变化，对传统法律条款的解释适用是不是要发生转变？甚至在可能的裁量空间创设一些新规则，以真正、实质意义上解决纠纷？司法机关究竟如何打造纠纷解决的“优选地”？

从WTO到反假冒协定等最新的国际或区域条约，西方国家对科技发展成果的巩固都是以知识产权的保护为外表，知识产权争端在2018年美中贸易战也占据极为重要的地位。高科技领域的利益纠纷很大程度上反映为知识产权纠纷。此外，新兴高科技行业中的利益纠纷常常并不以某种已经法定化、类型化的权利为依归，一些新模式、新业态作为法律值得保护的利益，往往需要通过反不正当竞争法予以评价。鉴于此，本章着重围绕知识产权和反不正当竞争领域的相关法律适用着重阐述司法的谦抑性、司法的自治性、司法的可及性。

---

① 《江苏高院发布“全省法院知识产权司法保障科技创新”总体情况》，载百度：http://baijiahao. baidu. com/s? id = 1593707304009528429&wfr = spider&for = pc，最后访问日期：2018年4月5日。

第一节　司法的谦抑性

一、法官与科技的距离

上一章提到，执法或监管机构不是相关技术创新领域的行家，执法或监管官员在资本时代具有被资本俘获的倾向。这一点在司法机关也同样适用，而且法官在法律领域的专业性更强，距离科技创新或技术发展更遥远，他们在通过个案裁判涉及科技法律的纠纷时更应当慎重，这正好就是司法的谦抑性。谦抑性是司法的底色。法官不能过于自信，在越来越真实的数字生活中，颠覆定律不断创造新的交互形式，推理分析起不了作用；当关于新创新的纠纷进入传统法院时，必然会出现把令人困惑、最终具有毁灭性的旧观念应用到新问题中的现象。[①] 很多人善于从传统环境出发进行类比，实际上是无法类比的。“当法规面对革命性技术时，类比分析便无法发挥作用。”[②]布鲁克斯·亚当斯在100年前说过：就像无法从公牛推论出电池一样，你也无法从高速公路的判例推论出铁路法规。

（一）当前司法政策保护创新的理念

2017年11月20日中央深化改革领导小组通过《关于加强知识产权审判领域改革创新若干问题的意见》，提出加强知识产权审判领域改革创新，要充分发挥知识产权司法保护主导作用，树立保护知识产权就是保护创新的理念，完善知识产权诉讼制度，加强知识产权法院体系建设，加强知识产权审判队伍建设，不断提高知识产权审判质量效率，优化科技创新法治环境。新经济和新产业常常以新技术为依托和纽带，新技术常常孕育出新的商业模式和新兴产业。在这种知识经济背景下，知识产权保护要通过奉行技术中立等政

---

① ［美］拉里·唐斯：《颠覆定律：指数级增长时代的新规则》，刘睿译，浙江人民出版社2014年版，第55页。

② ［美］拉里·唐斯：《颠覆定律：指数级增长时代的新规则》，刘睿译，浙江人民出版社2014年版，第213页。

策，妥善处理权利保护、产业发展和公众利益的关系，积极促进技术创新和产业发展；要妥善处理保护创新成果与维护创新机制、保护当前利益与促进长远发展、浅层保护与深层保护等关系，平衡好多元化的利益，在重视保护创新成果的同时，又要把握好权利的限度和防止滥用权利，确保创新机制的生机活力。①

这些司法政策的宏观指引是非常重要的，能够澄清知识产权裁判在创新保护中的作用和理念，比如要奉行技术中立原则，就是司法不要主动、过度干预技术的创新。

在刑事犯罪领域，中央司法机关已经意识到司法裁判行为对科创活动的重要影响，通过一些政策性谈话或文件强调相关司法机关在刑事犯罪侦查审判过程中应当秉持审慎立场，这是值得称赞的。有时候可能是政策法律的模糊和不确定，导致一些敢于冒险和创新的科研人员处于罪与非罪的边缘，而一旦被采取强制措施甚至处以刑罚，就会产生很严重的“寒蝉效应”。孟建柱同志在2016年中央政法委会议提出要防止“案件办了、企业垮了”，防止因执法办案不当加剧企业生产经营困难，对法定代表人涉嫌违法但仍在正常生产经营的企业，要依法慎重使用查封、扣押、冻结等强制措施，不轻易查封企业账册，不轻易扣押企业财物；②最高人民检察院前检察长曹建明表示，检察机关慎重逮捕涉嫌犯罪的企业管理者、科技人员，确需逮捕应提前与涉案企业或主管部门沟通。③ 最高人民法院于2018年1月2日发出《关于充分发挥审判职能作用为企业家创新创业营造良好法治环境的通知》，要严格执行刑事法律和司法解释，坚决防止利用刑事手段干预经济纠纷。要坚持罪刑法定原则，对企业家在生产、经营、融资活动中的创新创业行为，只要不违反刑事法律的规定，不得以犯罪论处。

这些政策文件的出台显然是有所指的，2017年12月医生谭某发表《中

① 孔祥俊：《知识产权保护的新思维》，中国法制出版社2013年版，第16页。

② 《中央政法工作会议召开 重点防暴恐等5大风险》，载南方网：http://news.southcn.com/shizheng/content/2016-01/23/content_141354478.htm，最后访问日期：2018年4月5日。

③ 最高人民检察院前检察长曹建明在十二届全国人大常委会第二十四次会议上作《最高人民检察院关于加强侦查监督、维护司法公正情况的报告》（2016年11月5日）。

国神酒“鸿茅药酒”,来自天堂的毒药》,2018 年 1 月内蒙古凉城公安以“损害商品声誉罪”跨省抓捕了谭某。媒体曝光后,2018 年 4 月 15 日内蒙古凉城公安回应称:“凉城县公安局于 2018 年 1 月 2 日立案侦查,经查《中国神酒“鸿茅药酒”,来自天堂的毒药》系广州谭某所写,并在网上进行大量传播,谭某的行为损害商业信誉、商品声誉,犯罪事实清楚,证据确实充分,凉城县公安局于 1 月 10 日对嫌疑人谭某采取刑事拘留强制措施。1 月 25 日经检察机关批准对其逮捕。目前案件已依法移送检察机关审查起诉。”在技术上至少有三个问题需要考虑清楚:第一,如何认定这篇文章与商品声誉损害之间的因果关系?第二,如何划清专业评论与商业诋毁不正当竞争行为之间的界限?第三,如何划清商业诋毁不正当竞争行为与损害商品声誉罪之间的界限?在这些问题都不是很清楚的情况下就动用刑事制裁,对企业经营以及整个营商环境的杀伤力是很大的。

(二)警惕“保姆情节”和“家长情怀”

每年四月的第三周是中国知识产权宣传周,中国最高人民法院和各知识产权强省纷纷推出“十大典型案件”,这一做法在多年以来对于提升法律适用的统一性和可预期性、增强法官对个案裁判的重视程度和学术界对案例研究价值的认识等诸多方面均发挥了很好的导向作用,知识产权审判条线一直强调的“创新性司法”和“政策导向”等收到明显效果。但也有“十大典型案件”呈现出一定的“创新过头”倾向,不少典型案件的裁判体现出保姆式、家长式的情怀,法官为了实现某种权益的保护进行天马行空式的法律解释,违背知识产权基本属性和法律解释科学性、客观性、融贯性原理的现象比较突出,判决说理呈现出偏离法律要件而取学术讨论的倾向比较明显,这些情况值得引起关注。

知识产权保护的政策导向从来都是在法律条文允许的裁量空间范围内进行,所谓的创新性适用从来都是指裁量性规范的法律适用,而且在适用的过程中不能违背特定条文的规范目的和体系价值,不能为追求能动适用或创新性适用而损害条文含义的确定性,尤其不能为追求朴素的“抽象正义”而舍弃法律规范所蕴含的“要件正义”。有学者在论及不当得利与衡平思想之间的关系时也阐述相同法理:不当得利请求权曾艰辛地借助于衡平思想,成为一项法律制度。业经制度化的不当得利,已臻成熟,有其一定的构成要件及法律效果,正义与公平应该功成身退。[①] “就现行法的适用而言,未能落实于请求权基础上法律构成要件的涵摄,容易流于空泛,应该尽量避免。”[②]这也就是说,“朴素的抽象正义”在法律适用过程中均应转化为“规范上的要件正义”,才能契合司法者的定位。

以下择取三个“典型案件”进行分析,这三个案件可能或多或少都存在这方面的问题。

1. 北京市高级人民法院十大创新性案例“莫言案”

特定民事利益的保护只能作为阻止商标注册申请的相对事由,原则上不能将这种利益纳入“不良影响”条款而解释为绝对事由,[③]只有在极其特殊的情形下才能做出突破,[④]仍然在世的“莫言”应该不属于这种特殊情形。但“莫言案”法院却指出,抢注知名人士姓名、笔名、艺名,借助知名人士效应获得利益的行为不但有违诚实信用原则,损害了该知名人士的特定利益,而且也在一定程度上损害了社会公共秩序和善良风俗。如果允许这种商标抢注行为发生,不但会出现大量人名商标的注册申请,严重地冲击中国正常的商标注册秩序,而且会助长不劳而获、坐享他人之利的不良风气,有违社会主义善良风俗。法院在这个案件中呈现出“保姆情怀”和“家长情怀”难能可贵,但这种“创新”似乎违背立法者的初衷、破坏法律条文的确定性和法律体系的稳定性。立法者已经在《商标法》中将相对事由和绝对事由作出了不同制度安排,在先权利人有权依据相对事由启动异议程序和无效程序(在先权利人如果没有依据第33条提出异议,他还有权依据第45条提出无效),如果穷

① Wilburg, Die von der ungerechtfertigten Bereicherung nach osterreichischem und deutschem Recht, 1934, S. 18. 转引自王泽鉴:《债法原理——不当得利》,中国政法大学出版社2002年版,第19页。

② 王泽鉴:《债法原理——不当得利》,中国政法大学出版社2002年版,第20页。

③ 《最高人民法院关于审理商标授权确权行政案件若干问题的意见》(2010)第3条第2句规定,如果有关标志的注册仅损害特定民事权益,由于商标法已经另行规定了救济方式和相应程序,不宜认定其属于具有其他不良影响的情形。

④ 《北京市高级人民法院关于商标授权确权行政案件的审理指南》(2014)第14条、第15条。

尽了第33条和第45条的救济机制，在先权利人则丧失了救济途径，商标局不能主动依据相对事由驳回商标申请或无效注册商标，这是立法者的立法初衷。法院不能为了扼杀抢注之风或保护知名人士的特定利益而随意作出突破，因为立法者已经在《商标法》具体条文中作出了安排。

2. 浙江省高级人民法院十大典型案例之"不二家案"

钱某某未经不二家公司许可擅自将不二家公司的商品分装到不同包装盒，且该些包装盒与不二家公司对包装盒的要求有明显差异，法院认为《商标法》第57条所规定的"其他损害"具有开放性，应以保障商标质量保障、信誉承载等衍生功能为落脚点：商标既具有识别商品来源的基本功能，也具有质量保障、信誉承载等衍生功能，对商标的侵害足以达到损害其功能的程度的，即使未造成市场混淆的后果，也可能构成商标侵权行为。本案被告擅自变更的商品包装盒与权利人对包装的要求存在明显差异，已对商品及商标信誉造成了损害，故构成商标侵权。由于商标功能的基础地位，以商标功能作为商标侵权判断落脚点的思路当然值得提倡，欧盟法院在诸多商标侵权判决中大力阐发这种思路，学者对此亦有介绍和阐述。①

然而每一种商标功能的损害判断都有其具体要件构成，不是抽象的商标功能，如果泛泛地将质量保证功能、广告功能、信誉承载功能作为任何商标具有的功能并泛泛地作为侵权判断基准，商标将真正成为一种符号，商标权将成为一种支配权，这违背商标权的基本属性以及传统理论中混淆保护和淡化保护的二元体系。比如，如果认为商标质量保证功能也具有可诉性，就意味着任何对（载有商标的）商品质量控制能力的破坏或损害均构成对商标权的侵害，这将在二元保护机制以外再树立一种新类型的保护，普通注册商标权的保护范围将不受商品类别的限定。商标权毕竟与物权等支配权有别，驰名注册商标的淡化保护机制都不能等同于权利人对特定符号的支配，更别谈传统商标的混淆保护机制。就普通注册商标而言，不损害商标识别功能的使用

---

① 刘维：《商标识别功能损害判定研究》，载《知识产权》2014年第9期；刘维：《我国注册驰名商标反淡化制度的理论反思——以2009年以来的35份裁判文书为样本》，载《知识产权》2015年第9期。

行为,通常并不构成商标侵权行为。由于没有对商标功能(该案中的质量保证功能和信誉承载功能)损害判定的分析过程进行要件化阐述,承办法官将商标侵权泛泛地等同于商标功能受损,这一法律适用过程违背了立法者的初衷。

3. 浙江省高级人民法院十大案例"畅想案"

该案的入选十大案例的理由是:在损害后果方面,二审法院并未局限于传统的混淆误认思路,而将损害形式扩展至利用他人标识吸引用户注意力,进而攫取他人客户资源的层面,具有较强的创新意义,也有效规制了互联网领域的不正当竞争行为。"传统商标的保护敢于突破传统混淆误认思路"成了二审法院进行法律适用的"创新之处","利用他人劳动成果"成了被告的归责事由,进而等同于《反不正当竞争法》第 2 条中的"违背公认的商业道德"。一审判决已经明确本案搜索行为不会导致相关公众混淆,二审法院对此并无争议:对于中源、中晟公司将畅想公司企业名称设置为搜索关键词的行为,该行为系在网站后台使用畅想公司的企业名称,在搜索结果所指向的中源、中晟公司网站信息中,并未出现"畅想"字样,而是明确标注了"富通天下"字样。此外,搜索结果显示该两公司信息的标题旁标有"推广链接"字样,将百度推广的搜索结果与自然搜索结果区分开来,而自然搜索结果的第一条即为畅想公司的相关信息,故在相关公众对百度推广的竞价排名与自然搜索结果具备基本区分能力的情况下,不会对商品和服务的来源产生混淆误认。

两审法院的分歧点在于,在不能通过混淆机制为商业标识提供保护的情况下,能否创新性地认为"利用他人劳动成果"是具有可责性的理由进而适用《反不正当竞争法》第 2 条。司法克制主义和鼓励创新的政策使笔者相信应当采消极立场。从理论上分析,《商标法》和《反不正当竞争法》第 5 条搭建了中国商业标识法律保护的体系,立法者通过《商标法》的具体条文和《反不正当竞争法》第 5 条已经为商业标识的保护穷尽了法律要件,"知名度"和"混淆可能性"就是保护未注册商标的要件,任何模仿商业标识但不满足这两个条件的行为均处于自由竞争的范畴,司法者不能绕过这两个要件为未注册商标提供“额外”或更为“严格”的保护，否则就违背了立法者初衷和和商业标识法的体系价值，就会将商业标识的假冒之诉发展为盗用之诉，英国人早在一百多年前就已经证明了这是一种“失败的创新”。作为保护商业标识的鼻祖，英国假冒之诉的适用范围在近现代法律发展过程中得到了很大扩展，但其内核并未动摇，英国司法者仍然严格将“商誉”“不实表征”“损害”作为商业标识保护的法律要件，假冒之诉的核心仍然是欺诈或欺诈可能性，尤其是指对特定最终消费者的欺诈，不能将假冒之诉发展到缺乏欺诈可能性的盗用案件中。

二、科技领域诉讼正成为阻碍创新的“有力武器”

在科技迅猛发展和商业模式飞速更新的当今时代，科技领域的诉讼正在变成一种阻碍竞争对手的有力武器。司法机关应当注意这一现象和趋势，正因为诉讼作为竞争武器的特征越发明显，所以司法机关更要保持警惕和中立。事实上，创新越彻底，竞争者利用法院减缓或阻碍其进步的可能性就越大，改变行业规则的技术创新趋势总是快于行业希望的变化速度，而法律则是用来减速的最重要的工具。[①] 理查德·波斯纳(Richard Posner)说，司法部门不同于执行和立法的分支机构，缺乏系统研究问题的机制。虽然获批的专门针对互联网的法律越来越多，但网上企业的重要原则仍是在诉讼中形成的，然而不少诉讼并不是为给以后形成判例，而是为了打压竞争者。如果你的市场份额下滑并且失去了转败为胜的能力，那么备用计划就是起诉你的竞争者，换句话说，如果你不能通过创新取胜，那就试试诉讼吧。[②] 这些道理在科技领域的诸多诉讼中较为常见。

---

① ［美］拉里·唐斯：《颠覆定律：指数级增长时代的新规则》，刘睿译，浙江人民出版社2014年版，第55页。

② ［美］拉里·唐斯：《颠覆定律：指数级增长时代的新规则》，刘睿译，浙江人民出版社2014年版，第128页。

（一）付林案

清华大学付林教授所研发的“基于吸收式换热的集中供热技术”对治理中国北方的空气污染可能具有重要作用。2016年3月17日他被北京海淀检察院拘留，2016年4月1日附条件逮捕，经多次延长侦查、补充侦查，2017年5月19日，海淀检察院以“贪污造成科研经费损失220余万元，挪用公款439万元”两项罪名正式起诉，后经北京市第一中级人民法院批准，再次延期审理3个月至2018年3月28日。[①] 前后在狱中待了近两年时间，这位教授不仅错过了2017年度国家技术发明奖一等奖的答辩，更重要的是，由其主导的百亿重大环保项目和相关研究及研究成果的应用也处于停滞状态。本案中一方面清华大学坚称在付林涉案项目中没有遭受损失、也不认为付林侵占了清华的利益，愿意随时准备与付林续签劳动合同；另一方面付林的取保候审申请多次被拒绝，至今未获自由。除了案件本身错综复杂以外，本案背后的导火索却包含付林与S公司之间的利益冲突。

S公司在前期与付林的合作中洞悉到付林革命性的技术中蕴含着巨大的商机，一直试图与付林达成独家合作，垄断这一部分商业利益。付林在从监狱中写给清华大学的信中写道：“在技术研发成功后的推广过程中，一些资本集团觊觎该技术和我的团队，开出优厚条件，提出独家合作等诉求。但出于推广新技术造福社会的科研初心和本能，我和团队拒绝了。”2014年以来，S公司有关负责人曾多次找到付林，并称如不答应，他们可让付林入狱10年，但这些都被付林拒绝。后来由于S公司没能参与到付林的项目之中，间接造成S公司损失，S公司通过反复举报，最终付林入狱，项目也难以继续。目前该案并没有开庭，付林是否涉嫌违法亦没有定论，但可以肯定的是S公司通过诉讼手段成功打压了其竞争者，使技术创新遭受重创，案件背后的商业、科技竞争确实令人深思。

① 胡巍：《清华大学付林取保候审申请未获准》，载《中国经济周刊》2018年第4期。

（二）专利诉讼的工具性

1. 发动专利战拖累竞争对手

通常认为，专利权是保护技术成果的最佳方式，如今，专利诉讼、专利布局却常常成为阻碍竞争对手顺利开展研发进而占领市场份额的重要手段。专利诉讼程序冗长、费用高昂，据国际专业咨询机构普华永道公布的《2011年美国专利诉讼研究》报告，1995～2010 年美国专利诉讼损害赔偿金年中值从 180 万至 1560 万美元不等；过去 16 年间损害赔偿金的整体年中值为 510 万美元；2010 年损害赔偿金年中值是 180 万美元，为 16 年来的最低值（损害赔偿金中值根据通货膨胀调整）。2010 年 1 项陪审团裁决的损害赔偿金高达 6.26 亿美元，为近十年之冠。[①] 凭借诉讼可以拖垮一些正在发展，却有极高创新价值的科技公司，通过在多国或一国多个法院提起诉讼，高昂的应诉成本使后者不战而退。

而且，在专利授权和侵权领域，需要具有高度技术化的法官才能理解创新的模式和创新的技术，很多时候受过法律专业训练的法官区分不了真正的新颖、显而易见和平庸。在专利商标侵权诉讼领域，被诉侵权者往往在第一时间对权利人的专利商标的有效性提出质疑，这些诉讼策略的实施使得侵权诉讼程序和授权确权程序交织错节，侵权诉讼程序常常被迫中止审理，或者被判决构成侵权之后又因专利商标的有效性被质疑而停止执行，最后动辄数年甚至十几年才了却当事人之间的知识产权纠纷，而此时商业环境的发展早已不同，当事人也早已“轻舟已过万重山”，破产、停业、并购等情况均有可能。比如在贝尔公司固定电话专利到期后，美国曾经雨后春笋般地出现了经营电话的公司。面对扑面而来的竞争，贝尔公司选择了双面战略：一方面，贝尔公司大力投入研发，在原有专利基础上进行创新；另一方面，贝尔公司对竞争对手展开了无休止的专利诉讼，以诉讼来拖垮刚刚进入通讯市场且缺乏经

① 《〈美国专利诉讼研究报告〉显示诉讼有所下降案件》，载《知识产权竞争动态》2012 年第 21 期。

验的对手。[①]

2011 年 4 月 15 日，苹果起诉三星，指控其 Galaxy 系列手机和 Galaxy Tab 平板电脑侵犯了苹果公司的专利权，拉开了苹果与三星之间长达数年的专利大战的序幕。三星和苹果的“专利大战”迄今为止耗时 7 年时间仍未结束，[②]双方花费数十亿美元，横跨 4 个大陆，期间写下百万页文书，还有数不清的官司。数年间，虽然在众多诉讼中双方各有胜负，双方最近一次交锋的结果为：2015 年 12 月三星已向苹果支付了 5.482 亿美元的赔偿金，以履行 2012 年的一项判决。在专利战略上，苹果公司极其注重其专利的布局，对于 iPhone 产品实施独占经营，实施积极的专利诉讼进行进攻，甚至形成专利联盟；面对对手的诉讼攻击，也是以诉讼反击。[③] 同时，苹果对三星、HTC、摩托罗拉等公司的专利侵权诉讼，实际上影响了安卓开放平台的手机厂商，专利战背后，是苹果和安卓厂商的市场地位之争。当然三星也一直积极应诉，并提出反诉。虽然其向苹果支付了赔偿金，但三星依然坚持上诉。如三星无法拿回巨额赔款和昂贵的律师费，是否就意味着苹果取得了完胜？从某些方面看，谷歌和其他安卓制造商甚至在这场世纪大战也有收获。三星最大的胜利就是付出赔款以解除销售禁令的威胁，因为如果官司持续下去，三星旗下智能手机很有可能面临在美国全面禁售的命运，这会对三星造成致命的打击，其耕耘多年的市场领导地位将拱手相让。苹果与三星之间的专利诉讼，双方耗费数年时间和巨额的费用，其实都是双方为了自身的市场地位采取的竞争手段，此时，专利诉讼不再是一种被动的救济手段，更是用于对付竞争对手的主动出击的手段。

从 1985 年授权首件发明专利到 2017 年年度中国内地发明专利授权数量达 135.6 万件，中国发明专利数量实现了突飞猛进的发展，同时，国内专利

① 吴峻：《专利讼战：苹果的缺口有多大》，载经济参考报：http://dz.jjckb.cn/www/pages/webpage2009/html/2012-02/09/content_40500.htm? div=-1，最后访问日期：2018 年 4 月 5 日。

② 张金梁：《再生变！苹果与三星之间的专利诉讼将重审》，载中关村在线：http://news.zol.com.cn/661/6616758.html，最后访问日期：2018 年 4 月 5 日。

③ 叶慧玲：《专利诉讼在企业专利战略中的运用研究——以苹果公司为例》，广东财经大学 2012 年硕士学位论文，第 39 页。

诉讼也逐渐增多。从2002年起同为制药设备生产商的迪尔公司和华圆公司围绕“抛光机”专利，进行了长达十年的专利诉讼。迪尔公司与华圆公司在十年间发生4例实用新型专利侵权案件，共经历4次专利无效、9次专利纠纷。由于“专利无效请求”引起诉讼中止，使专利诉讼的审理期限被迫几度延长。“专利无效请求”在专利战中很常见，据媒体报道，混凝土行业的知名企业中技桩业虽然拥有专利，却在5年间反复陷入“专利战”之中，作为专利遭遇战的主角，中技桩业董事长颜静刚表示，“虽然我们赢了，但对我们正常的生产经营和自主研发工作产生了不小的影响”。[①] 马拉松式的专利诉讼不仅让涉案企业付出巨额的诉讼费，同时亦对其生产造成影响，而这对一些中小企业和初创公司而言是致命的。随着经济全球化的发展，越来越多中国企业走出国门开辟海外市场，但却常常遭遇国外竞争对手利用专利诉讼进行狙击。[②]

2. 滥用专利权起诉

还有一个现象是，一些企业或个人利用其持有的专利权，对竞争对手发动专利诉讼，索取远超于其专利价值的赔偿，特别是利用竞争对手处于公司上市或项目招标程序等特殊期间，向竞争对手的客户发放律师函或大量起诉，这些可能涉嫌滥用专利权。因此，竞争激烈的高科技行业，专利诉讼在作为保护创新成果的救济措施的同时，是否同时也成为扼杀创新的凶手。这些滥用专利权的行为，在不正当竞争行为认定、专利侵权损害赔偿认定甚至虚假诉讼罪等法律问题上，都是值得高度关注的，核心是要谨慎划定正当的权利行使行为与不正当甚至违法的竞争行为之间的界限。

2011年4月，迈瑞公司以理邦公司侵犯其专利权为由，向深圳市中级人民法院提起23个专利权纠纷诉讼。2011年6月，迈瑞公司的律师连续向理邦公司的多位客户发送专利侵权警告函，称理邦公司生产、销售的多款产品，其技术方案落入了迈瑞公司一项或多项专利权利要求的保护范围之内，构成对迈瑞公司专利权的侵犯。深圳迈瑞CEO徐航接受采访时就此事评价道：

---

① 李钰：《一场持续10年的专利保卫战》，载《中国新时代》2012年第9期。

② 印庆余、江李：《中小企业如何应对美国专利诉讼》，载《进出口经理人》2016年第9期。

"中国的(某些)企业,如果靠这样(侵权)的办法的话,是不长久的,也是不光彩的。不是说人不能流动,但你不能照着我的一模一样的做,哪怕有点进步啊。"理邦公司认为上述发函行为、接受采访时的评论行为损害了理邦公司的商业信誉和商品声誉,构成对理邦公司的商业诋毁,遂于2012年5月向深圳中院起诉迈瑞公司商业诋毁。本案一、二审均驳回原告的诉请。2012年5月,深圳中院判决其中一个产品构成专利侵权,二审维持;2014年6月和7月,深圳中院判决10个产品构成专利侵权,目前正在二审;2014年7月,迈瑞公司向深圳市中级人民法院申请撤回原23件专利权纠纷中的11件。理邦公司认为迈瑞公司的撤诉行为更证明其恶意诉讼进行不正当竞争,故申请最高人民法院对该案予以再审。最高人民法院认为,专利侵权警告毕竟是权利人自行保护权利的途径和协商解决纠纷的环节,允许以此种方式解决争议显然有利于降低维权成本、提高纠纷解决效率和节约司法资源。为有效发挥专利侵权警告的纠纷解决功能和维护当事人之间的利益平衡,需要适当限制侵权警告的发送条件、发送内容、发送对象范围、发送方式等,并由权利人承担不正当侵权警告行为的法律责任。就专利侵权警告的内容而言,权利人在侵权警告中依据的涉嫌侵权事实应当具有较高程度的确定性,但又不能对其确定性程度要求过高和过分,否则会妨碍侵权警告制度的正常效用和有悖此类制度的初衷。①

在全球范围内,"专利蟑螂"掀起的专利战风起云涌,专利索赔的收益甚至超过专利本身价值的现象值得关注。Uniloc是一家计算机安全和版权保护软件公司,1992年成立于澳大利亚,专注于专利授权事务。至今为止,Uniloc及其子公司已在美国发起约200起专利诉讼。20世纪90年代中期,微软每年因随意复制而造成的损失额超过35亿美元,因而开发了"产品激活"(Product Activation)技术,这是一种防止随意复制微软Windows和Office软件产品的防盗版技术。这种技术让所有想使用操作系统和软件的用户,必须通过产品密匙激活,才能获得正版软件的使用权。产品激活技术为

① 最高人民法院(2015)民申字第191号民事裁定书。

微软带来巨大的成功，为其创造了数十亿美元的额外利润。2003年，Uniloc新加坡公司和加州欧文市的Uniloc美国公司声称，微软在其产品上使用的反盗版技术侵犯了其相关专利权，要求微软支付逾5.58亿美元专利版权税。经过多年的相互纠缠的专利战，2012年3月，双方达成最终和解协议。从此，Uniloc热衷于各大专利诉讼战上，一发不可收拾，甚至被业内许多人称之为"专利流氓"。Uniloc及其子公司前后发起约200起专利诉讼，进攻目标包括亚马逊、Google、索尼、Facebook、苹果、腾讯等多家知名科技公司。据统计，从1996年开始的这20年间，Uniloc一共以该专利起诉过75家公司，其中1/3的公司选择了庭外和解和授权，其余则大多在法庭败诉，Uniloc凭借这件专利获得了共计数10亿美元(约63亿人民币)的收益。①

随着知识产权工具属性的显现，法院有必要对逐渐增多的恶意诉讼问题进行规制。所谓恶意诉讼，通常是指当事人以获取非法或不正当利益为目的而故意提起一个在事实上和法律上无根据之诉，并致使相对人在诉讼中遭受损失的行为。认定某种具体的诉讼行为属于恶意提起知识产权诉讼，至少应当满足以下构成要件：(1)一方当事人以提起知识产权诉讼的方式提出了某项请求，或者以提出某项请求相威胁；(2)提出请求的一方当事人具有主观上的恶意；(3)具有实际的损害后果；(4)提出请求的一方当事人提起知识产权诉讼的行为与损害后果之间具有因果关系。根据上述要件，法院认为将他人在先销售的产品外观申请外观设计专利，违背了诚实信用原则，属于恶意申请专利的行为，以此获得的外观设计专利权提起侵权诉讼进行索赔，意图使他人受到财产或信誉上的损害，使他人陷入不利的境地，在诉讼中又放弃了诉讼请求的，是恶意提起知识产权诉讼的滥用诉讼权利的行为。②

(三)技术问题、市场问题还是法律问题

正因为围绕科技的诉讼动因，往往来自商业利益的争夺，诉讼的竞争属性和工具属性加强，司法和法官应当区分技术问题、市场问题和法律问题，

---

① UP知产通：《诉苹果，告索尼！他用1项专利起诉了75家公司，获得收益63亿元》，载微信公众号"律人习法"2018年4月4日。

② 北京知识产权法院(2017)京73民初121号民事判决书。

"技术的归技术、市场的归市场、法律的归法律",能够通过技术竞争、市场谈判解决的问题,法律尽量不要介入。无论立法者、执法者还是司法者,需要谨慎识别通过技术创新形成的市场竞争优势,通过合同约定形成的市场竞争优势,还是通过不正当或违法手段形成的市场竞争优势,对不同情形的竞争行为采取不同的评价。

在上海市高级人民法院二审审理的"精雕案"中,原告是开发雕刻软件的公司,其软件的工作原理是:运行 JD – Pant 软件完成绘图,生成 Eng format 文件,读取 Eng 格式文件,转化成为雕刻工作指令,机床接受雕刻工作指令,完成雕刻工作。该公司将软件免费提供在网站上,但是这个软件需要与该公司生产的机床配套使用,因此该公司靠销售机床营利。运行该软件后输出的文件格式是 Eng 格式,而非通常的能被普通数控系统读取的文件格式,Eng 格式文件进而被转换为雕刻工作指令,故该软件就需要和该公司的机床配套使用。被告是上海奈凯科技有限公司,奈凯公司针对运行原告软件输出的 Eng 格式文件开发了一款可以读取 Eng 这种特殊文件格式的软件,因此买家不再需要去买原告的机床,他们可以在网上免费下载一个原告的雕刻软件,再购买被告的读取软件,最后购买比原告质量好的普通机床。结果,原告的机床卖不出去,起诉被告侵犯其软件著作权。承办法官认为:如果法官什么都不做,不去干预目前的竞争,只要原告的软件可以破解,那么更好的机床就可以销售,由此原告可以改变运营模式,不再销售机床,而是把软件做得更好,并对软件利用进行收费,那么市场上还会有更好的雕刻软件和更好的机床。如果法官干预被告行为,不允许被告破解原告的软件技术,那可能出现的后果则虽然是软件技术会越来越好,但由于机床缺乏竞争,导致机床质量不断下降。在经过这一番考虑后,法官觉得法律应该为技术竞争留出足够的空间,只要存在技术竞争的可能,就应该尽量用技术方式去解决问题。[①] 这

① 丁文联:《技术竞争空间的存在应交由技术解决》,载搜狐网:www. sohu. com/a/147928645_733564,最后访问日期:2018 年 4 月 5 日。该案具体案情还可参见:《北京精雕科技有限公司诉上海奈凯电子科技有限公司著作权侵权纠纷二审案》,载《中华人民共和国最高人民法院公报》2007 年第 12 期(总第 134 期)。

个案件裁判的过程和思路是很有启发的。

在标准必要专利许可费率争议的裁判中，市场思维的地位也是非常显著的。标准必要专利纠纷实质上是市场机制失灵情况下的司法救济，无论在决定是否颁发禁令还是许可费费率的问题上，法院都应当考虑行业特点，结合商业惯例进行审查判断。[①] 关于是否应该颁发禁令，广东省高级人民法院《关于审理标准必要专利纠纷案件的工作指引（试行）》第 11 条规定：按照商业惯例评判各方当事人主观过错时，审查内容包括：（1）当事人之间谈判的整体过程；（2）各方当事人谈判的时间、方式和内容；（3）谈判中断或陷入僵局的原因；（4）其他情节。第 18 条规定，确定标准必要专利许可使用费可参照以下方法：（1）参照具有可比性的许可协议；（2）分析涉案标准必要专利的市场价值；（3）参照具有可比性专利池中的许可信息；（4）其他方法。这些规定极具市场色彩，强调充分尊重当事人的谈判历史和现状，强调专利的市场价值等。但在全球的视野下，中国知识产权侵权诉讼中司法定价的保守态度还是比较明显的，在 Conversant Wireless Licensing S. A. R. L（Conversant）诉中兴、华为的标准必要专利纠纷中，英国皇家高等法院的 Henry Carr 法官于 2018 年 4 月 16 日作出判决，提到由于中国的专利使用费率普遍低于世界其他地区，始终处于其他市场的最低水平，没有一个专利权人会主动在一个专利许可费偏低的国家请求其判定全球费率。[②] 这一评论彰显侵权赔偿因素在决定全球科技与知识产权纠纷选择地的重要性。

三、警惕知识产权保护的过度性

知识产权法官过度介入科技创新进程的重要体现，是对知识财产的过度

① 广东省高级人民法院《关于审理标准必要专利纠纷案件的工作指引（试行）》第 6 条。

② 《英国皇家高等法院对 Conversant 诉华为和中兴全球 SEP 专利组合费率判决》，载微信公众号“中国知识产权杂志”2018 年 5 月 13 日。判决原文参见［2018］EWHC 808（Pat）。

保护。知识财产的产权化程度历来是知识产权保护中的难解之谜。[①] 中国知识产权的司法裁判存在过度财产化进而干预市场、偏离知识产权立法初衷的现象。十多年前,有学者提出应当清除司法活动中自然权学说的不良影响,限制法院在民法基本原则的名义下宽泛解释劳动者对其智力产品的控制权。[②] 十多年以来,自然权学说在中国知识产权司法活动中并未走向式微,其影响之深远超十年之前,形成了“知识产权过度财产化现象”,它强调“劳动者对劳动成果具有当然的控制权”,过分扩大了知识产权的支配属性,加重了知识财产的产权化程度。下文以商标权的过度保护和反不正当竞争法一般条款的过度适用为例子进行阐述。

(一)商标权的过度保护现象

如商标权侵权认定过于超前地追求功能主义,使商标成为一种“禁忌”或“符号”。中国现行《商标法》提供的救济机制是以普通注册商标的禁止混淆机制[③]和驰名商标的反淡化机制[④]为架构,两种商标救济机制均设定有相应构成要件。来源识别功能是商标的本质功能,立法者通过混淆机制来保护来源识别功能;在没有混淆可能性,但却对权利人造成损害的情形下,只有当诉请商标为驰名商标时,才可通过淡化机制获得救济;除此之外,是否还存在其他商标救济机制以确保权利人对商品质量、信誉的控制?一些法院在判决中对普通注册商标权的救济突破了混淆救济机制,以《商标法》第 57 条所规定的“其他损害”作为请求权基础,扩充商标权的控制范围,使商标权成为权利人对商标的控制权。如针对平行进口产品上加贴的中文标签上擅自使

① 知识财产产权化的正当化不难证成,洛克、黑格尔、波斯纳等先贤为此分别提供了各种理论,难处在于如何把握产权化的程度,是彻底的产权化还是适度的产权化。See Robert P. Merges, *Justifying Intellectual Property*, Harvard University Press, 2011; Mark A. Lemley, Faith – Based Intellectual Property, *UCLA L. Rev*, 2015, p. 1328.

② 崔国斌:《知识产权法官造法批判》,载《中国法学》2006 年第 2 期。

③ 《商标法》第 57 条第 2 项规定,未经商标注册人的许可,在同一种商品上使用与其注册商标近似的商标,或者在类似商品上使用与其注册商标相同或者近似的商标,容易导致混淆的。

④ 《商标法》第 13 条第 3 款规定,就不相同或者不相类似商品申请注册的商标是复制、摹仿或者翻译他人已经在中国注册的驰名商标,误导公众,致使该驰名商标注册人的利益可能受到损害的,不予注册并禁止使用。

用“百龄坛”标识的行为,法院认为经营者在未取得商标权利人许可和授权的情况下,在同类产品上使用含有“百龄坛”字样的中文标签,虽未割裂外文商标或中文商标与原告商品的对应关系,但是却违背了商标权利人意愿,客观上损害了商标权利人在商标不使用方面的权益;针对经营者磨去产品识别码的行为,法院认为妨碍了商标权人对产品质量的追踪管理,干扰了商标权人控制产品质量的权利。[①] 针对未经许可擅自将他人商品分装到不同包装盒,且该些包装盒与权利人对包装盒的要求有明显差异,法院认为商标既具有识别商品来源的基本功能,也具有质量保障、信誉承载等衍生功能,对商标的侵害足以达到损害其功能的程度的,即使未造成市场混淆的后果,也可能构成商标侵权行为。案中被告擅自变更的商品包装盒与权利人对包装的要求存在明显差异,已对商品及商标信誉造成了损害,故构成商标侵权。[②]

欧洲法院的案例法反复指出:商标权的行使范围应当限定于他人使用标记的行为损害了或可能损害商标功能的实现之情形,尤其是确保消费者识别商品来源的基本功能。如果没有产生这种市场损害,商标专用权人无权基于商标权提起诉讼。[③] 显然,如果来源识别功能受到了破坏,则此商标不能再称其为商标,因此传统商标法通过普通注册商标的禁止混淆机制为权利人提供救济,实质上是来源识别功能的要件转化。若要跨越商品类别的限制请求保护投资或信誉功能,则必须证明驰名商标并按照《商标法》第 13 条的反淡化要件请求保护。因此,《商标法》仅仅就商标使用行为所造成的“损害”提供法律救济,并塑造成由“混淆可能性”和“淡化可能性”构成的二元保护机制。

如果泛泛地将质量保证功能、广告功能、信誉承载功能作为任何商标具有的功能并作为侵权判断基准,商标将真正成为一种“符号”或“禁忌”,成为一种“名副其实”的支配权,这将违背商标救济的基本原理。比如,如果认为

① 长沙市中级人民法院(2016)湘 01 民初 1463 号民事判决书。

② 杭州市余杭区人民法院(2015)杭余知初字第 416 号民事判决书。

③ Case C – 206/01 Arsenal Football Club , paragraph 51 and 54; C – 245/02 Anheuser – Busch, paragraph 59; C – 48/05 Adam Opel, paragraph 21; Case C – 145/05 Levi Strauss, paragraph 28 and 29; Case C – 482/09 Budějovicky Budvar, paragraph 34.

商标质量保证功能也具有可诉性,就意味着任何对(载有商标的)商品质量控制能力的破坏或损害均构成对商标权的侵害,这将在二元保护机制以外树立一种新类型的保护机制,冲击商标救济的传统架构,使普通注册商标权的保护范围将不受商品类别的限定。然而,商标的注册或使用在本质上是一种商业言论,促进商品或服务的自由流通、鼓励言论自由同保护消费者不受混淆、保护经营者投资一样也是商标法立法和适用过程中必须谨记于心的重要目的,①因此只要其并未向消费者传递出误导或混淆的信息,都应该属于自由言论的范畴。② 如上所述,商标法并不禁止所有类型的混淆,正品在流通过程中被销售商"磨掉识别码"或者商品本身状态等发生变化即便可能导致消费者混淆,由于并非因商标使用所引起混淆,商标法不能对此予以禁止,更何况在没有造成消费者混淆情形下,更不能以《商标法》第57条第7项"其他损害"为基础对质量保证和信誉功能提供保护。

(二)不正当竞争的过度认定

不正当竞争的过度认定有诸多表现,过度依赖禁止"搭便车"这一具有道德色彩的裁判范式、商业秘密的权利化③等。中国法院在《反不正当竞争法?一般条款的适用领域长期受到劳动自然权利学说的影响,发展出"不当利用竞争者劳动成果"的裁判模式,亦可称为"搭便车""榨取劳动成果"的裁判规则,经营者被认为负有不得借用他人商誉谋取利益的义务,一旦违反该义务,即有违经济人的伦理标准,违反公认的商业道德。④ 大量判决将"不当利用竞争者劳动成果"等同于"商业道德的违反",并在互联网不正当竞争领

---

① See Lisa P. Ramsey & Jens Schovsbo, Mechanisms for Limiting Trade Mark Right to Further Competition and Free Speech, *International Review of Intellectual Property and Competition Law*, 2013, p.696. Also see C－228/03 Gillette Company v. LA － Laboratories Ltd., Paragraph 25. KP Permanent Make － Up, Inc. v. Lasting Inpression I, Inc., 543 U.S. 111, 123, 124 (2004).

② In re Simon Shiao Tam, 808 F.3d 1321, 1345 (2015).

③ 《民法总则》第123条第2款第5项规定,知识产权是权利人依法就下列客体享有的专有的权利。

④ 最高人民法院(2009)民申字第1065号民事裁定书中指出,反不正当竞争法语境下的伦理既非个人品德,也非社会公德,而是商业伦理。

域得到广泛运用,“禁止不当利用竞争者劳动成果模式”的裁判模式在司法实践中获得统领性地位。[①] 这种裁判模式通常具有如下构成要素:首先需要明确原告是否享有受法律保护的利益。此类案件的保护对象并非具有识别性的商业标识,而是具有财产价值的利益,它们或者是原告开发的商业模式,或者是原告制作搜集的网页信息,或者是原告开发的游戏规则,或者是原告独家转播权益等,这些是原告投入时间、精力、金钱而开发出来的劳动成果。其次需要调查被告的行为是否违背诚实信用原则、商业伦理道德,目前的判决基本上将“不劳而获”等同于违背商业伦理道德,即不是通过自己的劳动,而是通过免费利用他人的竞争优势或免费坐享他人开发的成果从事竞争。[②] 将“不劳而获”等同于“违背商业道德和竞争伦理”的做法获得了与“禁止不劳而获”行为相同的效果,个别案件的裁判甚至认为被告负有经营避让义务或不得干涉的义务,[③]暗含了原告拥有特定支配权的逻辑前提。

“禁止不当利用劳动成果”的裁判模式变相为经营者创设“劳动成果使用权”,只要未经同意使用他人劳动成果的行为都受到禁止,这不仅违背自由竞争理念,而且错误地在自由竞争领域借用不当得利理论。传统民法诞生于传统市民社会,以“好的撒玛利亚人”作为行为准则的观察者和判断者,这在商业社会,尤其在竞争激烈的现代商业社会显然不再适合。公平竞争审查的法理基础并非不当得利理论。相反,市场创新往往就是“站在巨人的肩膀

---

① 周樨平:《商业标识保护中“搭便车”理论的运用》,载《法学》2017 年第 5 期。还可参见蒋舸:《反不正当竞争法一般条款的形式功能和实质功能》,载《法商研究》2014 年第 6 期,第 143 页:落实到案件中,“违反商业伦理”最常用的指责便是不劳而获或者“搭便车”。

② 如北京市第一中级人民法院(2011)一中民终字第 7512 号民事判决书中指出,汉涛公司为此付出了人力、财力、物力和时间等经营成本,由此产生的利益应受法律保护。对于大众点评网的商户简介和用户点评,爱帮科技公司未付出劳动、未支出成本、未做出贡献,却直接利用技术手段在爱帮网上展示,并以此获取商业利益,属于反不正当竞争法理论中典型的“不劳而获”和“搭便车”的行为。爱帮科技公司的这一经营模式违反公平原则和诚实信用原则,违反公认的商业道德,构成不正当竞争。还可参见北京市高级人民法院(1997)高知终字第 66 号民事判决书、上海市第一中级人民法院(2014)沪一中民五(知)初字第 22 号民事判决书。

③ “经营者在自己产品上开展经营活动并非绝对自由,对他人已使用在先、并为消费者所熟悉或习惯的服务提供方式应有一定避让义务,以免造成混淆误认的后果,不正当夺取他人产品或服务的商业机会”。参见北京市高级人民法院(2013)高民终字第 2352 号民事判决书。

上”,创新的前奏往往是模仿,必然伴随“搭便车”。模仿和复制的自由,就是竞争的一块基石,也被用来使垄断利润最小化。① 因此,禁止“搭便车”一定意义上讲就是对创新的“溢出效应”的禁止,而经济溢出效应在商业世界中普遍存在,知识外溢是创新活动最明显的市场特征,基于创新活动而产生的创新知识不可避免地出现外溢,这使得社会其他成员享受了创新主体创新成果所带来的正外部性,无论知识产权法还是竞争法,目的并不是要补偿无处不在的“溢出效应”,要求对溢出效应给予报酬不但与有关竞争行为的经济模型不相容,而且也是不可取的,重大创新通常会带来许多有价值的溢出效应,而这正是鼓励创新的原因所在。② 立法或司法在市场竞争领域的过度干预或不当干预会挫败商业或技术创新的积极性、不当压缩公有领域的空间。更有甚者,裁判者将“禁止不当利用劳动成果”的裁判模式发展成为互联网纠纷处理的“禁止不当干扰”原则,倒置了自由竞争和公平竞争的本末。

(三)知识产权对创新激励的适度性

中国司法机关在知识产权侵权或不正当竞争成立的认定中,采取过于激进的立场,很大原因在于没有正确认识知识产权与创新之间的关系。在当下空前强调创新的时代,有必要重新反思知识产权与创新、经济增长之间的关系。源于市场的自然属性,时间优势和先发优势往往能够比知识产权的申授带来更大或者更具可预见性的创新回报,③市场需求被奉为技术创新所追求的最终目标,④对市场需求的保护自然就成为知识产权制度得以诞生之根源。人类历史上的大量创新都是在知识产权法产生之前诞生,新技术出现后才产生了法律规制的可能性,如印刷机的发明被认为西方世界出现版权保护

① [美]威廉·M. 兰德斯、[美]理查德·A. 波斯纳:《知识产权法的经济结构》,金海军译,北京大学出版社2016年版,第27页。

② [美]克里斯蒂娜·翰楠、[美]赫伯特·霍温坎普:《创造无羁限:促进创新中的自由与竞争》,兰磊译,法律出版社2016年版,第62~63页。

③ [美]克里斯蒂娜·翰楠、[美]赫伯特·霍温坎普:《创造无羁限:促进创新中的自由与竞争》,兰磊译,法律出版社2016年版,第112页、第113页。

④ 参见中国科协创新战略研究院《创新研究报告》2017年第23期。

的动因。[①] 因此,知识私有产权是创新的前提条件的定见未必成立,促进知识产权保护的经济学主张也并非基于如下理念,即没有法律保护,创造该等财产的激励将变得不足。[②] 创新的灵感和动机来自对新奇事物和实际问题的追逐,以及自由、平等的协作环境的促进。[③] 知识产权与创新产出之间不具有绝对和唯一的关系,知识产权制度只是关于激励创新的一种机制而已,[④]经济学研究成果也表明知识产权保护与经济增长之间呈非线性关系,取决于经济体的发展阶段,[⑤]知识产权保护水平必须与经济发展所处阶段和水平相适应,才能真正推动经济增长方式的转变,知识产权保护过强或不足都会阻碍技术创新。

现代知识产权制度的经典文本只是认可知识产权对创新的适度激励作用,不仅规定了严苛的客体保护条件、设定了特定的保护期限,还精心安排了合理使用的限制和例外,如美国《宪法》的专利商标条款规定,为了促进科学和实用艺术的发展,授予作者和发明人对其创作和发明享有特定期限的排他权。[⑥] 这种“适度”激励的定位不仅与前述创新激励的客观原理相吻合,还契合了知识产品的特性,由于知识产品具有公共物品属性,具有非损耗性和典型的溢出效应,知识产品保护的“度”不可能像有形财产一样精确测量,它涉及产权激励与公有领域之间的平衡,[⑦]立法者只能以法定的方式对知识产权

---

① Robert P. Mergers et al, *Intellectual Property in the New Technological Age* (fourth edition), Wolters Kluwer, 2007, p. 384.

② [美]威廉·M. 兰德斯、[美]理查德·A. 波斯纳:《知识产权法的经济结构》,金海军译,北京大学出版社2016年版,第11页。

③ 李斯特:《创新和知识私有的冰与火之歌》,载微信公众号“中国法律评论”2017年2月18日。

④ 文章此处以下的“知识产权”不包含反不正当竞争法,反不正当竞争法并不以促进创新为目的。

⑤ Falvey et al, Intellectual Property Rights and Economic Growth, *Review of Development Economics*, 2006, pp. 700 - 719.

⑥ 美国《宪法》第1章第8条。

⑦ 中国有判决对著作权法的立法目的做出了非常准确的阐述:著作权法的立法目的并不在于赋予著作权人以绝对垄断权,而在于鼓励有益于文化和科学事业建设的作品得以产生和传播,促进文化和科学事业的发展与繁荣。赋予著作权人以垄断权仅是实现立法目的的手段,并不必然不受任何限制。见杭州铁路运输法院(2016)浙8601民初433号民事判决书。

的保护客体、范围、期限、限制加以明确规定，最终目的是促进科学和技艺的发展。保护过度与保护不足一样有害，版权法可能以牺牲公有领域为代价向权利人提供过多保护并因而损害创新。[①] 法经济学研究也表明，由于知识产权法比有形财产法的交易成本可能更高，知识财产的产权化程度应当更少地被彻底化。[②] 知识财产的创造成本越低，他人重复该财产的可能性越高，知识产权的界定成本和维权成本越高，为知识财产提供激励的必要性就越低。激励过高则容易引发道德风险和寻租行为，诱发过度数量而质量不高的知识产权（知识产权竞赛），反而阻碍创新及社会总财富的增加，激励过低则无法为创造人提供充分的创造诱因。因此知识产权的保护要谨防过度财产化，甚至走向绝对。

第二节　司法的自治性

在创新的时代背景中，司法机关应当将司法谦抑性的底色谨记在心。根据颠覆定律，计算会以非凡的速度发展和变化，创新者创造出新产品的速度也会加快。法律，无论是缓慢的、有规律的还是起反作用的，都无法跟上节奏。比尔斯基一案的裁决恰恰表明，法院应当什么也不做，只需要把《专利法》恢复到互联网出现之前的状态。人为地把创新的速度降低到诉讼的速度一致只会弄巧成拙。[③] 这种观点尽管似乎言过其实，但确实道出了司法谦抑性的本色。然而司法的谦抑性并不代表司法裁判必须固守在传统法律的框

---

① ［美］克里斯蒂娜·翰楠、［美］赫伯特·霍温坎普：《创造无羁限：促进创新中的自由与竞争》，兰磊译，法律出版社2016年版，第153页。

② ［美］威廉·M. 兰德斯、［美］理查德·A. 波斯纳：《知识产权法的经济结构》，金海军译，北京大学出版社2016年版，第9页。

③ ［美］拉里·唐斯：《颠覆定律：指数级增长时代的新规则》，刘睿译，浙江人民出版社2014年版，第212页。

架中,“司法的真正危险在于对合理改革的胆怯抵制、对法律陈规地顽固坚持”,①生成于马车时代的传统法律规则在进入铁路时代之后必然会遭遇全新挑战,如今进入数字时代之后面临再次挑战,司法的自治和试验色彩可能更强,需要更具普通法色彩、试验性的裁判累积,甚至允许试错后逐渐形成共识。

本部分所称的“司法自治”,可以在两个层面上理解:一方面司法具有自身的特点和规律,法律的适用有着在现有法律规则中对号入座式的技术演绎表象,而具有封闭性或者自足性的外观;②另一方面司法不可能完全封闭,具有裁判效力的法律不可能是自足的,正如阿蒂亚教授所说,在普通法这样一个开放的规则系统中,几乎从来不会对大前提进行全面的表述。普通法几乎总是对法官保持开放态度,以便法官们能够从限制或者例外的角度来理解那些明显确定的规则,因为总会存在其他目的和目标,以帮助法官针对特殊情形适用某些特殊规则。③ 本部分结合中国科技法律的适用谈普通法的自治性、司法自治性对促进科技创新的重要意义。

一、普通法的进化力

(一)飞机和小鸡的背后

当莱特兄弟发明飞机的时候,在美国产生了纠纷,利益关系方认为这种新型的物体侵害了其利益。美国法认为财产所有人被推定拥有其土地的表面,还拥有地下直到地球中心,以及无限往上延伸的地上空间。④ 当飞机被发明之后,这个认知就出问题了。1945 年,由于低空飞行的军用航空器的原因,农民 Thomas Lee 和 Tinie Causby 的小鸡开始减少,这两个农民控诉政府侵占他们的土地。这些航空器没有接触到农民的土地,但如果适用当时的财

① [美]罗斯科·庞德:《普通法的精神》,唐前宏、廖湘文、高雪原译,夏登峻校,法律出版社 2001 年版,第 8 页(作者序)。

② 孔祥俊:《司法哲学》,中国法制出版社 2017 年版,第 127 页。

③ [英]P. S. 阿蒂亚:《英国法中地实用主义与理论》,刘承韪、刘毅译,清华大学出版社 2008 年版,第 42 页。

④ St. George Tucker, *Blackstone's Commentaries* 3 , South Hackensack, N. J.: Rothman Reprints, 1969, p. 18.

产法规则,则政府构成对土地的侵占。这个案子一路打到最高法院,最高法院承认土地产权延伸至宇宙的普通法规则是古老的信条,但是威廉·奥威尔·道格拉斯(Willam O. Doguglas)大法官对此信条已经无法忍耐,他一句话就把数百年的财产法规则终结了,并由此推动了现代飞行技术的发展。他说:这一信条在现代社会中已经没有适用的余地。正如国会所说,空气是公路,如果这不对的话,每一个洲际飞行物都会将运行者带入无限的侵占诉讼。常识拒绝接受这一观点。如果认可这种诉讼向领空适用,将会阻碍这些高速公路,严重妨碍为公共利益而对这些高速公路的控制和发展,进而演变成私人所有权,而实际上只有公众才享有正当的请求。[①] 道格拉斯法官用一句话就道出了普通法的精髓:常识拒绝接受这一观点,这正是普通法不断适应科技的发展的原因所在。科技在发展,普通法也随之发展。像磐石一样坚固的思想在另一个时代崩溃了。[②] 换言之,普通法本身具有较强的进化力,在这个案件中,普通法的特点为划时代技术的发展扫除法律障碍。

(二)确定性与实验性

在20世纪20年代,人类社会正在从马车时代进入汽车铁路时代的转型关口,罗斯科·庞德(Roscoe Pound)教授曾经指出司法的职能:在今天复杂化、城市化、工业化的美国,这种抵制和坚持(合理改革的胆怯抵制和对法律陈规的顽固坚持)已不可能,新的情况迫使我们尽快通过各种委员会,以不明确的授权、未加限制的自由裁量权、不充分的司法控制来实现司法职能。[③] 这些话语放到一个世纪之后的今天,仍然振聋发聩,令人回味无穷。普通法能实现这种职能,与其精神密不可分,普通法并非只是固守传统,普通法还充满活力,“富有活力和坚韧不拔并非我们法律传统中的新特征。在保持自身基本的内在一致性的同时,它还能接受、吸收在它之外发展起来的各种学说

① United Statess v. Causby, U. S. 328 (1946): 256, 261.

② Lawrence Lessig, *Free Culture: the Nature and Future of Creativity*, Penguin Books , 2004, p. 3.

③ [美]罗斯科·庞德:《普通法的精神》,唐前宏、廖湘文、高雪原译,夏登峻校,法律出版社2001年版,第8页。

和规则”。[1]“普通法之遵照先例原则之所以取得成功,主要在于它糅合了确定性与进化力之双重功能。”[2]普通法在多轮科技革命年代能够较为平稳地发挥引导性作用,确实与其核心精神息息相关,在这个意义上,中国也需要一种可以“既固守优秀传统又容纳反映时代进步的先进价值观念的法律精神”。[3]

尽管遵循先例是普通法系每天工作的规则,“有些法官对自身指责的理解就是,将自己手上的案件的色彩与摊在他们桌上地许多样品案件的色彩加以对比”,处于美国社会从农业社会向工业社会转型时期的著名法官本杰明·卡多佐(Benjamin Cardozo)认为,正是在色彩不相配时,正是在参看索引失败时,正是在没有决定性的先例时,严肃的法官工作才刚刚开始。[4]“在以规则和原则的形式清晰表述社会正义感的努力中,发现法律的专家们所用的方法一直都是实验性的。判例法的规则和原则从来也没有被当做终极真理,而只是作为可资用的假说,它们在那些重大的法律实验室——司法法院——中被不断地重复检测。”[5]普通法的实验性并不否定其确定性,而只是强调实验性与确定性的统一,诚如本杰明·卡多佐所言,除非有某些足够的理由(通常是某些历史、习惯、政策或正义的考虑因素),我并不打算通过引入不一致、无关性和人为的例外来糟蹋法律结构的对称。如果没有这样一个理由,那么我就必须符合逻辑,就如同我必须不偏不倚一样,并且要以逻辑这一类东西作为基础。[6]

有学者考证了美国和欧洲在这一轮科技革命竞赛中的不同表现,认为普通法和成文法的不同特点也是重要原因,“就欧洲衰落的制度根源而言,路德

---

① [美]罗斯科·庞德:《普通法的精神》,唐前宏、廖湘文、高雪原译,夏登峻校,法律出版社2001年版,第4页。

② [美]罗斯科·庞德:《普通法的精神》,唐前宏、廖湘文、高雪原译,夏登峻校,法律出版社2001年版,第128页。

③ [美]罗斯科·庞德:《普通法的精神》,唐前宏、廖湘文、高雪原译,夏登峻校,法律出版社2001年版,第11页(译者序)。

④ [美]本杰明·卡多佐:《司法过程的性质》,苏力译,商务印书馆2000年版,第9页。

⑤ Munroe Smith, *Jurisprudence*, Columbia University Press, 1909, p. 21.

⑥ [美]本杰明·卡多佐:《司法过程的性质》,苏力译,商务印书馆2000年版,第18页。

维希·冯·米塞斯研究所的托马斯·伍兹博士(Thomas E. Woods)认为,在于它没有能够对科技创新进行分散化治理的竞争型自治制度、没有能够对科技创新进行实验型治理的陪审团制度和判例法制度;恰恰这三大制度——自治制度、陪审团制度、判例法制度是维护自生自发秩序的制度基础。科技创新需要一个持续的自生自发进程,需要一种分散化和实验型的法律治理结构;法律治理结构对自生自发进程的维持力更强,其推动自主创新的能力更强"。"相比之下,一些国家有统一、强大的一体化警察系统,有分工明确的警察、法官系统,一旦案件进入这个系统,就很难被忽略,在陌生人主导执法、司法进程的大格局下,权力如果得不到大小陪审团、判例法的约束,不'在阳光下运行',而且对实体正义的追求超过对程序正义的追求,那么上述系统将成为企业持续、稳定发展的巨大威胁。这样的系统也不可能公正、合理地保护具有高度价值弹性和主观性的知识产权;在这样的系统下,很难有企业会在第四次工业革命中通过知识产权创新获得正当收益。"①这些观点正说明司法应当保持自治,富有实验性。

二、中国知识产权裁判的"春秋战国"

中国是成文法国家,法律传统、法律体系和法律思维更接近大陆法系。近些年来,随着英美国家科技、语言和法律在全球引领性地位越来越突出,中国知识产权法律、裁判和学说都受到英美法的影响。以中国专利法为例,国际接轨程度较高,中国专利审判制度受英美法系的影响也较大,在30年的审判实践中,表现出较浓的判例法色彩。如早期的"周林频谱仪侵权案"对"多余制定原则"的确立、"王码专利侵权案"对"禁止反悔原则"的确立、"李光旗杆实用新型专利侵权案"对"公知技术抗辩原则"的确立等,都对推动中国专利法律制度的发展和完善起着重要作用。中国知识产权成文法中的很多制度,都来自中国知识产权裁判的"先试先行",逐渐形成共识之后被吸收入法。这些年,与新技术、新业态相关的知识产权与竞争法纠纷不断涌现,这些

① 《自治是美国新一轮知识产权崛起的土壤》,载《知识产权竞争动态》2012年第21期。

案件的审理难度不断加大,法院在这些案件的审理中出现比较明显的自主性探索和多样化尝试,颇具普通法的实验性特征。试举四例如下。

(一)涉外定牌加工商标侵权案件

涉外定牌加工行为①究竟是否构成商标使用行为进而构成商标侵权,目前各地法院存在不同观点,甚至在最高人民法院表明态度之后,地方法院仍然莫衷一是,核心问题在于商标使用行为的认定,接受外国品牌商的委托在国内贴牌,然后将贴牌的产品全部出口,贴牌行为是否构成商标使用行为?

在"浦江亚环案",一审和二审法院均认为,在加工的挂锁的锁体、钥匙及所附的产品说明书上标注的"PRETUL"商标,构成商标使用行为;②2017年11月,最高人民法院再审判决对此予以纠正:亚环公司依据储伯公司的授权,上述使用相关"PRETUL"标志的行为,在中国境内仅属物理贴附行为,亚环公司在委托加工产品上贴附的标志,既不具有区分所加工商品来源的意义,也不能实现识别该商品来源的功能,故其所贴附的标志不具有商标的属性,在产品上贴附标志的行为亦不能被认定为商标意义上的使用行为。③

江苏省高级人民法院在"东风商标案"中明确表明涉外定牌加工行为构成商标性使用,2017年12月又在"镇江海关案"行政判决中指出,国内企业组织加工企业生产加工货物再出口,其组织生产并在商品上贴附商标的过程,首先已经形成了国内商品的生产和流通,属于注册商标专用权所控制的商标使用行为。④ 同年12月广州市白云区人民法院认为,弘企公司受FFB公司委托,按照其要求生产服装,在服装上使用"Valleygirl"标识并全部出口至澳大利亚,该批服装并不在中国市场上销售,也就是该标识不会在中国领域内发挥商标的识别功能,不具有使中国的相关公众将贴附该标志的商品与贴附有ZENGPERRY注册的"Valleygirl"商标的商品的来源产生混淆和误认

① 一般指国内加工方接受境外委托方的委托,按境外委托方指定的商标生产产品,并将产品全部交付境外委托方并由其在境外销售,境外委托方向境内加工方支付加工费的一种贸易方式,其性质实为承揽合同关系。

② 浙江省高级人民法院(2012)浙知终字第285号民事判决书。

③ 最高人民法院(2014)民提字第38号民事判决书。

④ 江苏省高级人民法院(2017)苏行终第157号民事判决书。

的可能,弘企公司在涉案服装上贴附“Valleygirl”标识的行为并不能被认定为中国商标法意义上的使用行为。①

(二)广告屏蔽不正当竞争案件

广告屏蔽或快进行为究竟是否构成不正当竞争行为,在学术界有各种声音,目前各地法院也在自主地进行探索,核心问题是在竞争激烈的高科技互联网市场,如何看待创新的科技或模式对竞争者造成的损害,是否一定要限于基于公共利益的目的才能干扰竞争对手的既有产品或模式?

2013 年发生的猎豹浏览器一案首先对这一问题发难,北京市海淀区人民法院认为广告过滤行为超出了正当竞争的合理限度,金山猎豹浏览器非法拦截视频网站广告的行为侵犯了优酷的合法权益,违反诚实信用原则和公认商业道德,构成不正当竞争。② 2017 年北京市海淀区人民法院针对快进广告行为的正当性做出如下评价:虽然广告快进未完全排除视频广告被呈现的机会,但仍是通过浏览器等软件改变爱奇艺网站对视频广告所做专门设置的行为,破坏了爱奇艺公司的重要经营模式。③

2018 年,北京市朝阳区人民法院在一起屏蔽广告的案件中作出了相反判决:开发、经营具有选择性屏蔽广告功能的浏览器,不具有特定主体针对性;损害是中性的,只要该损害并非直接针对的、不可避免的特定性损害,就不单独构成评价竞争行为正当性的倾向性要件,企业的商业模式也不是一成不变的,需要随着社会发展变化,屏蔽浏览器和行为未造成竞争对手的根本损害。同时,《反不正当竞争法》具有社会性属性,必须要考虑社会公众的利益,科技进步带来的商业模式的改变和技术创新,公众有权利享受。④

(三)体育赛事画面、游戏画面的作品属性认定

体育赛事画面和游戏动态画面都涉及是否构成“类似以摄制电影的方法创作的作品”的争议,著作权法上的“作品”都要求具有“独创性”并能够以

---

① 广州市白云区人民法院(2016)粤 0111 民初 11712 号民事判决书、广州知识产权法院(2017)粤 73 民终 1373 号民事判决书。

② 北京市海淀区人民法院(2013)海民初字第 13155 号民事判决书。

③ 北京市海淀区人民法院(2016)京 0108 民初 17346 号民事判决书。

④ 北京市朝阳区人民法院(2017)京 0105 民初 70786 号民事判决书。

"有形形式加以复制",处于文学、艺术领域的智力成果。体育赛事画面和游戏动态画面的独创性究竟如何认定？是文学艺术领域的智力成果吗？能够"以有形方式加以复制"吗？

广州知识产权法院认为:涉案电子游戏"梦幻西游""梦幻西游2"作为一款多人参与的在线网络游戏,核心内容包括游戏引擎和游戏资源库,经由用户在终端设备上操作后,引擎系统调用资源库的素材在终端设备上呈现,产生一系列有伴音或无伴音的连续画面,这些画面具有丰富的故事情节、鲜明的人物形象和独特的作品风格,表达了创作者的思想个性,且能以有形形式复制,此创作过程与"摄制电影"的方法类似,因此涉案电子游戏在终端设备上运行呈现的连续画面可认定为类电影作品。因此,涉案电子游戏运行呈现画面形成的类电影作品之著作权为网易公司所享有。①

武汉市中级人民法院则持相反意见:网络游戏画面,实质上是根据玩家的操作或游戏程序的自主运行,由计算机执行代码化指令序列调用游戏内容,形成的不断变化的连续画面。涉案游戏"炉石传说"的操作过程,仅为对游戏策略和技巧高低的展现,而非创作作品的行为,鱼趣公司关于游戏操作画面具有独创性的主张本院不予认可,由此,鱼趣公司关于游戏解说视频、音频整体构成类电作品的主张本院亦不予认可。②

（四）深度链接的作品提供行为认定

在聚合平台的深度链接定性问题上,各地法院也存在不同意见。中国著作权侵权认定的思路是绝对的"字面主义",只要被控侵权行为落入了著作权的控制范围,除非有法定事由,均构成著作权侵权行为。③《著作权法》第47条和第48条作为著作权侵权的请求权基础,均以法定的客观行为作为侵权认定的唯一要素:"有下列侵权行为的,应当根据情况,承担停止侵害、消除影响、赔礼道歉、赔偿损失等民事责任。"这种观念成为司法实践和理论研究

① 广州知识产权法院(2015)粤知法著民初字第16号民事判决书。

② 武汉市中级人民法院(2017)鄂01民终4950号民事判决书。

③ 参见杭州铁路运输法院(2016)浙8601民初433号民事判决书:著作权一旦产生则发生禁用效力,在其独创性范围内,权利人得禁止他人未经许可对作品的利用行为,符合法定情形的除外。

的主流。诞生于传统社会的著作权侵权认定观念，到网络、云计算、大数据、人工智能时代，随着技术发展和利益关系的复杂化，将面临越来越多的挑战。

信息网络传播权的侵权认定中，服务器标准占据了审判实务界的主流地位，①只有将作品上传至向公众开放的服务器的行为，才是受“信息网络传播权”控制的“作品提供行为”，才有可能构成对“信息网络传播权”的直接侵权。② 任凭技术的发展和商业模式的变化，即便作品展示行为具有与作品提供行为完全相同的用户体验和市场替代效果，也不能将这一行为认定为信息网络传播行为，这是一种典型的字面主义或技术主义思路。在“宫锁连城”信息网络传播权侵权纠纷中，被告采取盗链方式，在其经营的“快看影视”手机端通过信息网络向公众提供作品的在线播放，在播放时无显示来源，无前置广告或暂停广告，直接进入播放页面。二审法院认为，任何对作品的初始上传行为均需以存储行为为前提，链接行为本身均不会使用户真正获得作品，作品提供行为的认定具有客观性和确定性，不应将获益或损害因素作为判断深层链接行为是否构成信息网络传播行为的必要条件。③ 北京市朝阳区人民法院在乐视网信息技术（北京）股份有限公司诉上海千杉网络技术发展有限公司一案中将深层链接行为认定为作品提供行为，被诉公司的涉案行为虽然不是采取直接将作品上传至其服务器的方式，但显然是将他人的服务器作为向用户提供视频资源的存储来源，达到了向用户提供视频资源的目

① 冯刚：《涉及深度链接的侵害信息网络传播权纠纷问题研究》，载《知识产权》2016 年第 8 期：回顾以往的各地法院的指导意见可知，对于信息网络侵权行为的标准逐渐在实践中走向统一，多数法院都坚持采用“服务器标准”，以认定网络服务商是否实施了“网络传播行为”，以及是否构成对“信息网络传播权”直接侵权。

② 王迁：《网络环境中版权直接侵权的认定》，载《东方法学》2009 年第 2 期；刘家瑞：《为何历史选择了服务器标准》，载《知识产权》2017 年第 2 期：服务器标准所规范的网络传播行为，不能狭义地理解为上载到“服务器”，而是应当包括电脑和手机等其他网络节点。

③ 参见北京知识产权法院（2016）京 73 民终 143 号民事判决书；持相同观点的判决还可参见上海知识产权法院（2015）沪知民终字第 213 号民事判决书：根据知识产权权利法定原则，在判定信息网络传播权侵权与否时应当审查判断被诉行为是否属于信息网络传播权所控制的行为，而被诉行为从权利人利益角度、网络服务提供者的利益角度以及社会公众角度是否具有不正当性并不在信息网络传播权侵权案件的审理范围之内。

的。[①] 法院认为上传至本服务器并非唯一的提供作品的行为，深层链接使被设链网站扮演设链网站外部服务器的角色，并在实质上帮助设链网站实现了对视频资源进行提供与传播的直接控制，并实现提供给用户的最终目的，构成直接侵权。[②]

(五) 启发

中国地方法院在知识产权热点、复杂问题上的不同探索，似乎表明当前中国法院正在上演知识产权裁判的“春秋战国”，案例法色彩非常浓厚，自主性、实验性尝试非常明显。

这一方面当然符合新科技、新模式的法律调控之道，立法总是有滞后性，尤其在当今日新月异的创新发展背景中，利益格局往往今非昔比，固守法条的传统解释有时候会显得不合时宜。比如，《反不正当竞争法》中虚假宣传、商业诋毁条款，传统规则是以“虚假性”为核心构成，但在如今时代背景下，越来越多的竞争行为不会直接以编织“虚假事实”的方式开展竞争，而往往以真实但不全面或者真实但不及时的事实或者评论或者标题等引人误解的方式撰写文章、发表言论，但对经营者的商誉同样会造成损害，司法中通过个案不断发展，以“引人误解”作为虚假宣传、商业诋毁的核心构成成为共识，最终被 2017 年《反不正当竞争法》所吸收，如今又面临着如何解释“引人误解”以适应科技发展新时代特点的问题。所以，新科技、新模式的发展必然会对现有法律的适用带来挑战，确实需要司法部门进行尝试和探索，对传统规则的适用提出反思，在多样化的探索中逐渐形成共识。诸如链接技术的不断发展，必然会颠覆作者与传播者之间的传统利益格局，著作权法等知识产权法律究竟应当如何应对？坚守传统“服务器标准”还是根据科技发展、利益格局的变化而重新解释规则？

但另一方面，司法机关又要保持适度的谦抑谨慎，特别是最高人民法院就特定问题表明态度之后，往往意味着最高裁判机关有意就此问题形成全国性意见，无论学术上是否还有争议，地方法院都应该在后续的案件中保持一

① 北京市朝阳区人民法院(2015)朝民(知)初字第 44290 号民事判决书。

② 北京市朝阳区人民法院(2015)朝民(知)初字第 44290 号民事判决书。

致,否则将损害法律适用的可预期性,司法的公信力受到减损。这也要求最高裁判机关要更开放,更大胆地解放思想,不要被传统理念和规则束缚手脚,需要投入更多的精力听取产业界的声音,了解产业界正在发生的转变和趋势,及时引导全国司法、学术和产业之间的充分、全面讨论,总结发展趋势,对不同情况多做类型化整理,最终通过审级制度或指导意见给出终局、权威性意见。

三、法律解释方法的顺位:高科技产品研发缺陷的法律责任

司法的自治并不代表法官可以任意“试错”,裁判是一门艺术,沿用已久的方法是用漂亮、整齐的逻辑关系一步一步地从预设的前提中推导出全部结论,[①]其核心是法律适用,法律条款适用的核心是法律解释,而法律解释有一套自洽的体系,如文义解释、体系解释、目的解释、历史解释、比较法解释等,恪守这一自洽的法律解释规则,是司法裁判的内在要求。而法学之所以称之为“科学”,也是因为有一定程度的客观性,法律解释适用的科学是重要体现,因此司法的自治性当然包含了司法的确定性。在当今情势多变的时代环境下,这些法律解释的方法在法学方法论中的地位可能会有变动或调整,比如,当今高科技领域中的诸多新型法律问题,法律条款的立法者在当初立法时完全不可能预料到,究竟多大程度上还依赖所谓的“历史解释”,究竟还有没有必要“言必称当初”或“言必称国际条约”并以此为法律解释的准据,或者至少要对“历史解释”的顺位进行重新考量,这是值得深思的。本部分以高科技产品研发缺陷的法律责任为例,阐释可预见规则在中国的适用,高科技产品研发缺陷的法律责任事关科技研发者的研发热情和动力,需要准确适用《产品责任法》和《侵权责任法》等相关法律条款。

(一)高科技产品研发有风险

除了市场准入和商业准入门槛的可预见外,产品和行为责任可预见也至关重要。随着创新速度不断加快,创新产品上市的速度加快,产品成熟随时

① [美]伯纳德·施瓦茨:《美国最高法院史》,毕洪海等译,中国政法大学出版社2005年版,第208页。

间推移,弊端显现,创新主体究竟应当承担何种法律责任?是由消费者承担还是创新主体承担?以现在的眼光来回看当初的错误是否合理?如果当初已经竭尽所能、并且按当时的技术水平无法判断到现在的问题,现在问题发生后,创新主体是不是可以免责?创新的效率和激情需要有明确可预见的规则“托底”,最大可能地降低不确定性带来的风险。

近来,一些高科技产品在市场上频频被提起诉讼,个中原因值得分析。据美国媒体披露,英特尔芯片存在严重技术缺陷,来自谷歌公司的专家发现,英特尔芯片存在两个漏洞,分别称为“崩溃”和“幽灵”。黑客可以利用这两个漏洞读取设备内存,获得安全密码等敏感信息,可能影响几乎所有电脑和移动设备用户的个人信息安全。英特尔随后发表声明回应说,媒体报道不够准确,这些漏洞不会破坏、修改或删除数据,打安全补丁对系统性能的影响“微乎其微”。根据英特尔方面的计划,将在一周内为过去 5 年推出的 90% 以上的处理器发布补丁。[①] 目前,英特尔在美国面临至少 3 起来自消费者的集体诉讼,诉讼者均指控英特尔数月前就了解芯片存在漏洞,却未及时对外公布消息。消费者诉讼的结果让人拭目以待;如果案件有判决,判决中是否会涉及过往技术缺陷的产品责任问题也让人期盼了解。

美国《华尔街日报》2017 年年底报道,联邦证监会和联邦贸易委员会分别对于苹果公司在未告知消费者的情况下以节省电源、避免突然关机为名,故意透过其 iOS 操作系统软件“升级”却事实上降低旧款手机的功能一事展开调查。同样,对于苹果公司通过系统升级造成旧款 iPhone 手机性能降低的行为,上海市消费者权益保护委员会于 2018 年 1 月 4 日,向苹果公司发出《查询函》,要求苹果回答以下问题:新版系统导致手机性能下降的直接原因是什么?苹果公司将采取何种有效补救措施?能否提供有选择的更新方案?以及如何保障消费者知情权?2018 年 2 月 1 日,长沙市中级人民法院正式受理消费者廖某与苹果公司有关侵权责任纠纷一案,这是国内就苹果公司“降频门”事件提起的首例诉讼。原告请求法院判决确认苹果公司强制或变相强

① 央视新闻:《芯片被曝安全漏洞　英特尔面临至少三起集体诉讼》,载新浪科技:http://tech.sina.com.cn/it/2018-01-07/doc-ifyqincv0332341.shtml,最后访问日期:2018 年 4 月 5 日。

制他的 iPhone 4s 手机和 iPad Air 平板电脑进行 iOS 系统升级及升级过程中暗改其 iPhone 4s 手机和 iPad Air 平板电脑主频(让处理器降频)并造成运行速度缓慢、触屏迟钝等后果,侵犯了他的消费知情权、选择权和财产权。苹果公司 CEO 库克对于“降频门”事件,曾公开表态称:我们一向秉持用户体验至上的信条,所以当我们做一切决定时,最重要的考虑因素永远是用户。当时我们感觉限制手机性能可以避免这种情况(意外关机)发生,我们认为这是一个更好的选择。所以我们推出软件更新的时候也做了相应的说明,看起来没有太多人注意这个事情,也许当时我们应该更明确地说明。① 苹果的“降频门”的起因如果正如库克所解释的话,其所涉及的法律核心问题也包括早先推出的产品代级的技术缺陷所带来的产品责任问题。

(二)“事后诸葛亮”还是“可预见规则”

从目前的信息看,无论英特尔芯片的设计缺陷还是苹果系统的升级降频,市场应该没有把当时条件下的设计缺陷和今日的产品质量要求挂钩,而主要针对“知情不及时报告”或者“强制升级的不正当商业行为”提出质疑,这些主要涉及消费者的知情权和选择权的保护问题。这不仅合乎常识和法理,也能够为创新留足空间,而不是“秋后算账”,或以“事后诸葛亮”的眼光来看待当初的设计缺陷。侵权法中的“可预见规则”就是屏蔽或限制创新者风险或责任的制度保障。根据《布莱克法律辞典》,可预见性是指“预先意识或知道的能力,对作为或不作为可能产生的损害或伤害的合理预见。”②可预见性主要是某事“可预测”或“可能发生”的程度问题,③而不是简单的或事实的“能否预见”。在英美侵权法上,可预见性规则主要被用来判断过失和限制责任;在大陆法上,预见可能性则作为过错和因果关系的认定标准,同样用于限制责任。

---

① 参见余知都:《刚刚!全国首例,苹果因“降频门”被起诉,法院已受理》,载微信公众号“监管与合规”,最后访问日期:2018 年 2 月 4 日。

② Henry Campbell Black, *Black's Law Dictionary*, 5th ed., West Publishing, 1979, p. 584.

③ See William P. Statsky, *Essentials of Torts*, 1st ed., West Publishing, 1994, p. 21.

1. 过错责任中的可预见规则

1928年,美国发生著名的"Palsgraf案",是侵权法领域中的里程碑案件。一名乘客跑着登上火车,因站立不稳,站台的铁路员工从背后推挤他,试图将他推进车厢。这导致该乘客背着的小包掉落,里面装着火药。火药因碰撞而爆炸,使得站台的磅秤震倒,砸伤正在等车的原告,原告遂提起诉讼。本杰明·卡多佐法官认为,被告职员的过失仅针对被推挤的旅客存在,对远方的原告,则无任何过失。没有人可以预见被推挤上车的乘客所携带的小包中竟然含有爆炸物,进而伤及无辜。而持本案少数意见的威廉·尚克兰·安德鲁斯(Willam Shankland Andrews)法官认为,当一个人的行为对这个世界增加了不合理风险时,他不仅应当对他可以预见的那个人的损害负责,而且应当对实际受到损害的人负责,即使那个人通常不被认为在危险范围之内。真正的问题是,如何通过某种近因理论限制这些无限后果的责任。关于近因的判断,我们用"接近的"一词所表达的是,因为方便,或者公共政策,或者对正义的朴素感觉,法律武断地倾向于推动一系列事件超越某个点。这不是逻辑,而是现实的政治……并没有比常识更多的东西指导着我们。[①]

2. 公平责任中的可预见规则

"Palsgraf案"判决的两种意见,代表着侵权法上两种不同的归责理念。全球范围内,本杰明·卡多佐的意见成为主流,基本认同被告过失行为的责任仅对于其危险范围内合理可预见的被害人才能适用。但是如何在行为安全和受害人安全之间找到平衡,侵权法上逐渐发展出针对特定情形的无过失责任和公平责任。2018年1月"郑州劝烟案"二审判决在实体上很好地诠释了公平责任的适用。中国《侵权责任法》第24条是关于公平责任的适用规定:受害人和行为人对损害的发生都没有过错的,可以根据实际情况,由双方分担损失。在"郑州劝烟案"中,段某在电梯内吸烟导致与杨某发生言语争执,在双方的争执被小区物业公司工作人员劝阻且杨某离开后,段某猝死,该

① Palsgraf v. Long Island R. R. Co., 162 N. E. 99 (N. Y. 1928). 安德鲁斯法官观点的译文,参考[美]莫顿·J. 霍维茨:《客观因果关系的兴起和来自早期进步论的批评》,载[美]戴维·凯瑞斯:《法律中的政治——一个进步性批评》,信春鹰译,中国政法大学出版社2008年版,第349页。

结果是杨某未能预料到的，杨某的行为与段某某的死亡之间并无必然的因果关系，但段某确实在与杨某发生言语争执后猝死，一审法院依照《侵权责任法》第24条的规定作出判决。① 二审法院认为适用《侵权责任法》第24条的前提是行为与损害结果之间有法律上的因果关系，且受害人和行为人对损害的发生都没有过错。本案中杨某劝阻吸烟行为与段某死亡结果之间并无法律上的因果关系，因此，一审判决依照《侵权责任法》第24条的规定，属于适用法律错误。②

（三）可预见性规则在严格责任领域的适用

中国法院通常在“因果关系”的判断过程中对“可预见性”进行判断，在过错责任原则和公平原则的背景下均有适用之余地。诸如产品责任、医疗责任等无过错责任场合，是否可适用“可预见规则”，殊有疑问，主流观点认为因无过错责任不考虑行为人的主观心理状态，一味追究损害结果的可预见性只会将因果关系的认定引入歧途。③ 由于医疗行为不是市场交易行为，其风险不可预见，所以才需要特别法规定严格责任，《医疗事故处理条例》强调医疗行为的特殊性和医疗结果的不可预见性，因此规定了较一般人身损害赔偿低的赔偿标准。④ 有观点认为，产品责任领域同样如此，由于产品责任的损失无法通过合同责任来救济，所以只能通过产品责任来保护。⑤ 准此，产品设计者的产品责任将被无限放大，这与严格责任的历史和法理相违背。这些解读可能需要反思。

---

① 河南省郑州市金水区人民法院（2017）豫0105民初14525号民事判决书。

② 《田某某诉杨某生命权纠纷一案二审宣判》，载微信公众号“郑州中院”，最后访问日期：2018年1月23日。

③ 王旸：《侵权行为法上因果关系研究》，载梁慧星主编：《民商法论丛》（第11卷），法律出版社1999年版，第501页。

④ 梁慧星：《医疗损害赔偿纠纷案件的法律适用问题——在审理医疗纠纷案件法律适用问题研讨会上的发言》，载中国法学网：www. iolaw. org. cn/showArticle. aspx? id = 1486，最后访问日期：2018年4月5日。

⑤ 参见王利明：《侵权责任法救济功能的立法体现》，载中国高校人文科学信息网：https://www. sinoss. net/2010/1215/29399. html，最后访问日期：2018年4月5日。

1. 比较法

从比较法看，对损害可能性的预见是整个侵权责任的统一要素。[①] 在“剑桥自来水公司案”中，原告在1976年购买了索思顿镇(Sawston)外的一眼井；后来发现，索思顿镇的那眼井被四氯乙烯污染了，污染源是作为被告的一家皮革厂。高等法院驳回原告的请求，因为该损害是无法预见的。之后历经上诉法院的推翻，该案转到上议院罗伯特·莱昂内尔·阿奇博尔德·高夫(Robert Lionel Archibald Goff)勋爵手中。高夫勋爵把可预见性标准列入“赖兰兹规则”的考量因素，并施加于所有的侵权案件。[②] 约翰·G. 弗莱明(John. G. Fleming)在考察上述案件以及严格责任在美国《侵权法重述》中的发展后，认为可预见性常常作为“严格责任”的一个先决条件而存在，除非被告知道或应当知道从事了一项危险性行为，并且这一行为是损害的唯一原因，否则他不承担严格责任。[③] “在现代法律中，对于土地上物品泄漏可能造成损害而适用的严格责任，仅可能出现在当被告已经知道或应当合理预见到物品一旦泄漏可能造成的损害这种情况中。”[④]

2. 现行规则和政策考量

对待创新活动中的“发展风险”，更应当采取容忍的政策，这种政策考量无疑更倾向接受可预见规则的适用。“发展风险”，[⑤]是指在投入流通时的科技水平无法发现或控制，而后被证明确实存在的产品致损风险。中国《产品质量法》的立法者显然已经意识到这个问题，该法第41条第2款就有以下规定：生产者能够证明有下列情形之一的，不承担赔偿责任：(1)未将产品投入

---

① See John C. O'Quinn, Not - So - Strict Liability: A Foreseeability Test for Rylands v. Fletcher and Other Lessons from Cambridge Water Co. v. Eastern Counties Leather PLC, *The Harvard Environmental Law Review*, 2000, p. 311.

② Cambridge Water Co. v. Eastern Counties Leather PLC., [1994] 2 A. C. 264.

③ See Franz Werro, Tort Law at the Beginning of the New Millennium. A Tribute to John G. Fleming's Legacy, *The American Journal of Comparative Law*, 2001, p. 155.

④ [英]丹尼斯·基南：《史密斯和基南英国法》，陈宇、刘坤轮译，法律出版社2008年版，第965页。

⑤ 参见于雪峰：《侵权法可预见性规则研究——以法律因果关系为视角》，北京大学出版社2017年版，第137～140页。

流通的;(2)产品投入流通时,引起损害的缺陷尚不存在的;(3)将产品投入流通时的科学技术水平尚不能发现缺陷的存在的。该款并未区分过错责任和无过错责任的不同情形,应当认为可以豁免任何侵权行为的赔偿责任。因此,如果产品投入流通时的科学技术水平不能发现缺陷的存在,即使其后由于科学技术的进一步发展而认识到产品存在的缺陷,制造者也不对此已投入流通的产品致人损害承担产品责任法上的赔偿责任。① 从这个角度看,可预见规则也可适用于无过错侵权责任领域。这种解释立场有利于创新者进行大胆研发、扫除创新初期的责任兜底隐患。

第三节 司法的可及性

全国人大常委会在著作权法、专利法的执法检查报告中都明确了知识产权维权存在"时间长、举证难、成本高、赔偿低""赢了官司、丢了市场"以及判决执行不到位等问题,影响了知识产权权利人开展技术创新和通过司法途径进行维权的积极性。这些检查报告直接触及了当前中国知识产权保护的弊端,本部分称之为司法的可及性问题。在当前时代背景中,由于创新的网络效应,竞争行为对创新的影响往往更加隐蔽,借助互联网的影响更容易放大这些竞争行为对创新活动的影响,司法要对创新活动提供保障就必须提高可及性,在维权手段、维权效果等方面加大能动性,跟上技术变革时代技术创新的保护需求。

一、知识产权侵权纠纷中的证据问题

最高人民法院《关于民事诉讼证据的若干规定》(以下简称《证据规定》)实施以来,司法实践中或多或少还存在对现代证据规则的理解误区,对证据武器性质的理解还不够深入,一方面没有充分运用围绕要件事实的攻击防

① 参见张新宝:《侵权责任法原理》,中国人民大学出版社 2005 年版,第 406 页。

御，另一方面还没有全面认识到武器平等、法官诉讼指挥权以及妥善解决纠纷的本质。知识产权审判是民事审判中的一块特殊的领域，由于知识产权的公共产品属性，知识产权诉讼面临着（侵权和损害赔偿）证据的隐蔽性（多为对方持有）、容易销毁、电子证据多、技术性强（专家辅助人的参与）等难题，基于市场利益的驱动，一些新型的取证方式往往在知识产权审判中首先出现，新问题、新情况和新形势对知识产权法官运用证据规则的能力有更高的要求。

随着微信、云服务等新技术、新产品的诞生，不澄清这些证据规则的理解误区的话，就会在这些新类型的案件中出现查清事实的障碍，影响纠纷的实质性解决。比如利用 telnet、namp 等技术进行远程取证所获取的证据，如何认定其效力？权利人起诉云服务商/IDC 的侵权之诉中，通过 telnet、namp 等技术远程取证可以获得软件使用情况，但云服务商/IDC 一般不是软件使用人（但可能是软件安装人）。如果云服务商/IDC 不能被认定为盗版软件的安装主体，又不披露实际使用软件的主体，法官可否责令云服务商/IDC 披露，抑或直接推定云服务商/IDC 为安装主体？如何审查使用区块链固定证据的证据效力？在新技术环境下，知识产权侵权问题的解决不仅仅要关注实体层面的规则建构或完善，还应该同等程度地关注程序、特别是证据规则的改革。以下简要列举一些突出问题。

（一）中国知识产权权利人的取证手段有限

1. 现状

在知识产权诉讼中，由于侵权和损害赔偿的证据往往由被告掌握，原告面临着取证难的问题，正如最高人民法院在计算机软件侵权纠纷中所指出："计算机软件著作权侵权行为具有隐蔽性较强、取证难度大等特点，采取该取证方式（陷阱取证），有利于解决此类案件取证难问题，起到威慑和遏制侵权行为的作用，也符合加强知识产权保护的法律精神。"[①]"陷阱取证"的合法性问题解决后，"陷阱取证"成为自力取证的典型代表，与作为公力取证的"证

① 最高人民法院（2006）民三提字第 1 号民事判决书。

据保全”成为权利人最主要的取证方式。

在近几年的司法实践中，委托公证成为证明知识产权侵权行为的主要取证方式，但是在一些需要对方主动配合取证的诉讼中，仍然无法通过委托公证方式完成取证，如商业秘密案件中就是如此。针对这些案件和大多数案件中损害赔偿的证明，权利人只能通过申请诉前证据保全的方式取证。但是，由于诉前证据保全涉及被申请人的隐私权等基本权利的保障，如果对保全申请不加谨慎审查，往往容易对被申请人的生活和生产经营造成较大损害，因此，诉前证据保全的性质决定了其不可能担当取证和维权的主角，当前司法环境及社会诚信度等客观因素也制约了诉前证据保全措施的适用，而且中国诉前证据保全制度本身也存在诸多待完善之处。① 如司法实践中，被控侵权方拒绝提供保全材料的情形常有发生；中国中小企业财务制度不健全，被控侵权方可能客观上没有形成财务文件，或者通过诉前保全掌握的财务文件无法采信。

公证取证和诉前证据保全远远不能满足当前知识产权权利人取证维权的需求，在一定程度上对司法可及性造成了影响。近年来，中国《民事诉讼法》引入了行为保全制度，如“申请人美国礼来公司、礼来（中国）研发有限公司与被申请人黄孟炜行为保全申请案”，司法机关针对申请人的请求，对被申请人泄露商业秘密的行为进行保全，即禁止被申请人披露、使用或允许他人使用申请人的21个商业秘密文件提升了司法的可及性。此外，利用区块链等高科技手段取证、存证的法律效力正被司法机关采纳，并提出了明确清晰的认证标准②，体现了司法机关对高科技发展的包容开放。

2. 美国、欧洲情况

（1）美国

美国证据开示制度有力地保障了双方当事人的取证，中国能否从美国证据开示制度中吸取有益因素，值得研究。美国证据开示制度是可以从对方及

---

① 刘维：《论中国知识产权诉前证据保全制度的完善》，载《上海法学研究》2014年3月刊。

② 张延来：《全国首例区块链存证判决在杭州互联网法院诞生》，载微信公众号“网络法实务圈”，最后访问日期：2018年6月28日。

其他第三方获取证据的一种制度,包括证据披露和证据发现[①],规定在目前《联邦民事诉讼规则》第 26 条至第 37 条中。美国证据开示理论认为,审判的目的应当是根据案件的真实情况作出公正判决,这就要求所有相关的证据都提交于法庭、审前全部披露。这一新的诉讼理论在 1938 年《联邦民事诉讼规则》中得以贯彻,该规则给律师提供了一系列的审前发现真相的措施。[②]"通过证据开示程序交换信息的本意在于促成更多且更早达成和解、产生一个准备更为充分及合理的审判。"[③]证据开示的和解功能还可从律师在整个诉讼中的时间分配看出超过 98% 的联邦民事案件在审前解决,这一事实对处理案件的律师具有非常重要的启发。有研究显示,律师花在顾客会议上的时间为 16%,在证据开示上的时间为 16.7%,在和解磋商上的时间为 15.1%,他们仅仅花 9.5% 的时间在庭审、听证、上诉以及判决执行上。[④]

证据开示制度塑造了美国独特的取证和诉讼程序,在证据获取和事实发现方面具有强大的程序优势。《联邦民事诉讼规则》明确了多种证据发现工具,如录取证词(deposition)、诘问(interrogatory)、请求提交文件、电子存储信息以及有形物品(producing documents, electronically stored information and tangible)、进入土地进行调查或其他目的、身体及精神检查、请求承认(requests for admission)。更为重要的是,《联邦民事诉讼规则》对拒绝配合证据开示者,规定了严厉的制裁措施,这保障了证据开示制度的功能,从而大大提高了当事人的取证能力。

(2)欧洲

《欧盟知识产权执法指令》第 8 条规定申请人的信息权,法院可依申请责令对方及第三人提供相关侵权信息,且不以"提供证明对方持有相关证据"

---

① 此处的"证据发现"仍然是指 discovery,但为区分总括意义上的"证据开示"而译为"证据发现",实为一物。

② M. Green, The Business of the Trial Courts, in The Courts, The Public and The Law Explosion 7 (Jones ed., 1965), pp. 21 – 22. 转引自崔婕:《英美两国民事证据开示制度比较及其对中国的启示》,载《中山大学法学论坛》2002 年第 2 期。

③ R. Lawrence, Dessem, *Pretrial Litigation*, Thomson West, 2012, p. 127.

④ Ibid., p. 7.

为条件，这成为权利人寻找侵权人和侵权信息的重要工具，尤其当信息提供义务方延伸到第三人时，权利人获取侵权证据以及计算损害赔偿的能力得到了显著提高。对此，《欧盟报告》分析如下："引入指令之后，国内法院受理信息请求的数量似乎明显上升。成员国和利益关系人似乎都认为，本条大大提高了追踪侵权人的能力并促进了更好地了解侵权人（信息）。更为重要的是，本条明显影响了确定涉嫌侵权产品准确数量的可能性，并因此影响到损害赔偿计算的精确性。同时，尤其在同一侵权人使用不同 IP 地址的案件中，如果没有从网络服务提供者获取到信息的话，对一些权利人而言似乎没有可能去证明'发生了营利性侵权'。总言之，请求第三方提供信息似乎指向的是网络服务提供者。"①鉴于这一权利的重要性，尽管《欧盟知识产权执法指令》第 8 条第 1 款仅模糊规定"在涉及知识产权侵权的程序中"，但有些成员国将此权利适用到了正式程序之前，而作为一种临时措施。②

（二）对伪证或不诚信取证的惩罚力度不够

1. 现状

"陷阱取证"的合法性无争议之后，委托公证成为中国知识产权维权取证的典型方式，但相关当事人利用公证机关的形式审查特点人工制作证据的不诚信取证也开始增多。此外，司法实践一直以来对言词证据的低采信度也体现了诉讼诚信的缺乏，当事人或证人虚假陈述事实经过、人工处理书证等行为严重影响了案件事实的发现。"民事诉讼中的虚假现象极为普遍，除勘验笔录、物证外，其他类型的证据均存在一定程度的虚假现象，尤其是言词证据如当事人陈述、证人证言，虚假的成分相当高，'滥用抗辩否定一切''利用见闻胡乱陈述'的现象极为常见，致使审判者对这些言词证据几乎不敢采纳。"③

《证据规定》第 80 条第 2 款规定，当事人或者其他诉讼参与人伪造、毁灭

---

① Supra 3, pp. 11 - 12.

② Supra 3, p. 11.

③ 北京市第一中级人民法院民事证据调研课题组：《关于证据真伪审查与伪证追究的调研报告》，载《证据科学》2008 年第 16 卷。

证据,提供假证据,阻止证人作证,指使、贿买、胁迫他人作伪证,或者对证人、鉴定人、勘验人打击报复的,依照《民事诉讼法》第102条(现行《民事诉讼法》第110条)的规定处理。[①] 但是,"由于工作繁忙、惩罚机制不健全等原因,对其进一步确认或给予惩罚的案件比较少。上述案例中,作出倾向性认定的由62例,均未被采纳,但因此被追究妨碍民事诉讼责任的仅有3例,比例仅为4.84%"。[②] 在玉林制药与诺金制药专利无效行政纠纷案中,[③]无效宣告请求人利用公证的形式特点人为制作《汇编》一书的虚假出版信息,这是典型的伪证行为,严重损害了权利人对司法的信任和判决的预期。最高人民法院虽经过提审纠正了证据规则的错误适用,但针对伪证行为及其惩戒却未提及。最高人民法院这种处理态度是当前司法实践对伪证行为的比较典型的写照,在发现伪证的大多数案件中,法官通过对这些证据"不予采信"、对当事人"不予理会"就结束了,只有少数情况下法官会当庭训诫或具结悔过,至于罚款甚至拘留或其他措施就比较罕见了。

2. 原因

司法实践对伪证的消极态度,有案多无暇处理的原因,更有整体司法环境及相关体制机制不健全的原因。伪证行为本身的认定需要较高证明程度的支撑,法官对其认定存在风险,一旦施加独立的惩戒措施,不仅需要逐级审批,更可能带来干群矛盾和冲突。大多数法官所持有的"多一事不如少一

---

① 《民事诉讼法》第110条规定,诉讼参与人或者其他人有下列行为之一的,人民法院可以根据情节轻重予以罚款、拘留;构成犯罪的,依法追究刑事责任:(1)伪造、毁灭重要证据,妨碍人民法院审理案件的;(2)以暴力、威胁、贿买方法阻止证人作证或者指使、贿买、胁迫他人作伪证的;(3)隐藏、转移、变卖、毁损已被查封、扣押的财产,或者已被清点并责令其保管的财产,转移已被冻结的财产的;(4)对司法工作人员、诉讼参加人、证人、翻译人员、鉴定人、勘验人、协助执行的人,进行侮辱、诽谤、诬陷、殴打或者打击报复的;(5)以暴力、威胁或者其他方法阻碍司法工作人员执行职务的;(6)拒不履行人民法院已经发生法律效力的判决、裁定的。人民法院对有前款规定的行为之一的单位,可以对其主要负责人或者直接责任人员予以罚款、拘留;构成犯罪的,依法追究刑事责任。

② 北京市第一中级人民法院民事证据调研课题组:《关于证据真伪审查与伪证追究的调研报告》,载《证据科学》2008年第16卷。

③ 北京市第一中级人民法院(2010)一中知行初字第767号民事判决书;北京市高级人民法院(2011)高行终字第267号民事裁定书。

事”“息事宁人”的态度,在当前司法实践背景下不难理解。值得庆幸的是,随着中国知识产权保护环境地不断改善、中央对中国知识产权保护的决心不断强化、司法机关对恶意诉讼的消极影响地认识不断深化,司法机关对知识产权诉讼中出现的不诚信行为地制止力度也在今年得到强化。2015 年 11 月,北京知识产权法院在一起涉及海南海视旅游卫视传媒有限责任公司台标的著作权侵权案中,对作伪证的浙江爱美德旅游用品有限公司及证人全国皮革工业标准化技术委员会开出了法定最高限额罚单,分别罚款 100 万元和 10 万元。合议庭考虑到爱美德公司伪造证据的情节特别恶劣,伪造的证据涉及此案的关键事实,其行为严重影响了案件审理,按照法律规定的最高限额对其进行了处罚,同时对为该案出具伪造证据的证人一并进行处罚。为了引导诚信诉讼、理顺知识产权审判中的证据规则适用,有必要加大适用如下两种措施:(1)《民事诉讼法》第 110 条规定的罚款。《证据规定》的修改或民事诉讼法司法解释的修改中应细化针对各种伪证行为的罚款数额。(2)在司法系统内建立信用网络,保存伪证行为实施者的信息,对行为人的未来诉讼行为作消极评价;将这种信用网络与金融、税务、进出口等部门实现互联,对行为人的社会形象作负面评价。

二、中国知识产权侵权的赔偿问题

中国知识产权侵权赔偿数额偏离实际损失,影响到权利人对中国知识产权维权的信心,司法的可及性受到减损。新中国知识产权保护的历程中,总体来说更关注知识产权侵权纠纷的定性,更关注各种实体规则的适用和完善。到如今,中国知识产权的保护可能需要迈向一个新时代和新台阶,需要更加关注知识产权侵权赔偿的精确计算等问题,需要从知识产权侵权的定性转向定量。

(一)知识产权侵权赔偿不成比例

就责任承担方式而言,司法程序相对执法程序的最鲜明特点是损害赔偿。目前关于损害赔偿的争论,有过高也有过低,与实际损失或侵权获利不成比例,出现了赔偿乱象。《专利法》第 65 条第 2 款规定了法定赔偿上限是

100 万元，但法官在个案中可以酌定案情 100 万元以上的赔偿数额——尽管这种情况的发生比较少。据现有研究的成果显示，在 779 个有效案例中，当事人诉求额平均值为 501881 元，判赔额均值为 158787 元，中国专利申请和维持全程所需缴纳的官方费用高达 83905 元。① 中国地方法院专利侵权赔偿数额总体不高，2012 年的一份实证研究表明，发明专利侵权的判赔均值为 9954 元，实用新型专利侵权的判赔均值为 3754 元。② 南京市中级人民法院 2016 年的一份报告表明，专利侵权判赔均值为 27.8 万元；北京市法院 2015 年专利侵权判赔均值为 46.0148 万元。③ 据中国专利代理（香港）有限公司法律部的统计，近年来国内专利侵权赔偿额平均值约 1.5 万美元，赔偿额低于 5 万美元（30 万人民币）的约占 94%。④ 美国国家经济研究协会（National Economic Research Associates，NERA）收集了大量中国近年来的知识产权判决研究后发现，中国知识产权整体判赔额大约为 10 万美元，专利侵权的判赔额大约为 3.4 万美元。⑤

据美国普华永道研究表明，1995～2013 年美国专利诉讼中，80% 左右的专利侵权案件使用合理许可费计算损害赔偿，专利侵权判赔平均数额为 550 万美元，电信行业、生物技术与制药行业、医疗设备行业平均判赔数额最高，分别为 2230 万、1980 万和 1590 万美元。两者相比，在经济快速增长的今天，中国的判赔额度实在是太低，对专利侵权人起不到应有的威慑作用。中国也有一些专利侵权赔偿判决，超出技术方案的实际贡献确定专利侵权赔偿数额。在正泰诉施耐德实用新型专利侵权纠纷中，一审法院以销售侵权产品所获得的营业利润来确定赔偿金额，超出 3 个亿，但是法院并未考察被告品牌声誉、产品质量、其他专利等对被告产品营业利润的影响或贡献，绝对地将被

---

① 吴汉东、黄庆等：《知识产权侵权损害赔偿案例实证研究报告》（2012 年 9 月）。

② 吴汉东、黄庆等：《知识产权侵权损害赔偿案例实证研究报告》（2012 年 9 月）。

③ 宋健：《知识产权损害赔偿问题探讨》，载《知识产权》2016 年第 5 期。

④ 中国专利代理（香港）有限公司法律部：《专利侵权损害赔偿的理论与实践》，载《中国专利与商标》2009 年第 4 期。

⑤ Kristina Sepetys & Alan Cox, Intellectual Property Rights Protection in China: Trends in Litigation and Economic Damages, *NERA Economic Consulting Paper*, 2009.

告产品的营业利润结转为因侵权行为的获利，可能会使权利人获得远超其专利的实际贡献，滋长“专利蟑螂”。

总体来说，中国知识产权侵权赔偿存在如下典型问题：(1)适用法定赔偿的比例过高，法定赔偿在司法实践中成为了专利损害赔偿数额计算的最主要手段，在司法实践中有90%以上的案件运用的都是法定赔偿，这背后必然存在一些问题。① (2)适用法定赔偿的判决说理不充分，各地法院在对法定赔偿的数额进行说理论证时，往往存在“千篇一律”的套话现象，对审理案件时的参考因素，也都是笼统地进行表述，却未能就所列举因素与法定赔偿额的因果关系做更加细致地说明。(3)法定赔偿数额普遍较低，中国专利侵权案件的赔偿额较低，在有些案件中赔偿数额甚至不足以弥补诉讼的开支，这与美国一场专利诉讼动辄数十万数百万美元，复杂的官司要上千万美元甚至上亿美元的情形相比，尤显得微不足道。

（二）要区分两个制度背景中的“损害”

知识产权侵权损害赔偿的核心问题在于“损害”的计算，赔偿金额过高或过低、法定赔偿方式适用过多、赔偿说理不充分等问题，归根结底是无法精确计算“损害”，这当然又跟证据保全、证据妨碍等证据制度运用相关，这里着重澄清“损害”在知识产权制度中的地位，区分在赔偿责任承担和侵权构成认定中的不同作用，一方面可以基于因果关系从制度上限定赔偿数额的计算，一方面可以基于“损害要件”调整科技时代对侵权构成的解读。

1. 作为民事赔偿责任的“损害”

“损害”是所有的民事赔偿责任的必备构成要件，没有损害，就没有赔偿，唯有被侵权人因侵权行为遭受了损害，方能要求侵权人负损害赔偿义务。权利受到侵害不等于损害，基于物权、人格权等绝对权而产生的保护性请求权，其构成要件中虽包含权益被侵害，却不要求有损害、更不考虑加害人有无过错。② 知识产权权利人的停止侵害请求权无须以“损害”为构成要件，“损害”仅仅是作为物权请求权的知识产权的赔偿请求要件，知识产权侵权赔偿

① 周晖国：《知识产权法定赔偿的司法适用》，载《知识产权》2007年第1期。

② 程啸：《侵权责任法》，法律出版社2016年版，第215页。

的"损害"是指因知识产权被侵害所产生的利益损失,受到责任范围因果关系的制约,应当按照因果关系理论进行赔偿。[①] 在著作权侵权、专利权侵权、商标权侵权以及不正当竞争案件中,原被告之间或双方产品(作品)之间的关系——替代关系、互补关系、竞争关系等——成为是否做出损害赔偿以及确定损害赔偿金额的构成要件。如果双方之间或双方产品之间没有替代关系或者竞争关系,则被告的行为根本不可能对原告的财产利益产生损害,或者被告虽然攀附了原告声誉,但并未实际生产竞争性产品,不会挤占原告产品的市场份额,[②]也就没有必要为原告给予赔偿。再如权利人连续 3 年没有实际使用商标,则通常难以期待其在相关领域还有市场利益,他人在该领域的商标使用也难谓对其会造成损害。[③] 相反,知识产权对创新的贡献越大、侵权行为对知识产品的替代效应越大,则赔偿数额应越高。[④]

2. 作为知识产权侵权救济条件的"损害"

从知识产权制度的立法初衷看,知识产权制度是一种对创新的激励制度,只有当权利人的市场利益受到损害或具有损害之虞时,知识产权的激励作用才会被减弱。如果一种行为对权利人的市场不会造成任何损害或存在

---

① 王泽鉴:《侵权行为法(第一册)》,中国政法大学出版社 2001 年版,第 189 页。

② 最高人民法院(2014)民三终字第 1 号民事判决书:本案中确定侵权赔偿数额,一方面应考虑涉案商标具有较高的知名度、全友卫浴商标侵权及不正当竞争的主观恶意明显,另一方面也要考虑全友家私并未实际生产卫浴产品,全友卫浴亦未实际生产家具产品,全友家私并未因全友卫浴的侵权行为而减少市场份额或丧失市场机会,全友卫浴的侵权行为更多地表现为对全友家私商标声誉和企业商誉的不正当利用和攀附,并通过其不正当行为扰乱市场秩序,对公平竞争的市场环境造成损害以及最终损害消费者的利益。此外,也要考虑侵权人全友卫浴在卫浴产品领域具有一定的生产规模以及侵权获利并非完全来源于涉案商标知名度等因素。

③ 《商标法》第 64 条规定,注册商标专用权人请求赔偿,被控侵权人以注册商标专用权人未使用注册商标提出抗辩的,人民法院可以要求注册商标专用权人提供此前 3 年内实际使用该注册商标的证据。注册商标专用权人不能证明此前 3 年内实际使用过该注册商标,也不能证明因侵权行为受到其他损失的,被控侵权人不承担赔偿责任。

④ 卡斯特商标侵权案,见最高人民法院(2014)民提字第 25 号民事判决书;还可见纽巴伦商标侵权案,广东省高级人民法院(2015)粤高法民三终字第 444 号民事判决书:鉴于新百伦公司企业本身的经营规模、市场销售量和较高的企业声誉,尤其是被诉侵权产品上使用了新平衡公司具有较高市场商誉的"N""NB""NEW BALANCE"商标,故消费者购买新百伦公司商品更多地考虑"N""NB""NEW BALANCE"商标较高的声誉及其所蕴含的良好的商品质量,新百伦公司的经营获利并非全部来源于侵害周乐伦"百伦"和"新百伦"的商标,周乐伦无权对新百伦公司因其自身商标商誉或者其商品固有的价值而获取的利润进行索赔。

损害之虞，则没有必要通过知识产权制度对这种行为加以制止，因为不会挫败权利人的创新积极性。从经济分析的角度来看，知识财产的使用行为必定要产生一定程度的负外部性才能纳入知识产权侵权规范中予以调整，这个负外部性是指使用行为产生的市场替代效果导致权利人市场份额减少所造成的损害，损害之有无应由原告举证。换言之，实施法定行为对权利人造成市场替代的损害，则启动知识产权救济机制。“损害”应作为知识产权侵权的试金石。

(1)著作权侵权中的“损害”

复制权是传统著作权法中最主要的权能。他人的复制行为形成了作品的替代市场，这必然损害权利人的市场利益进而减弱作者的创作激励，因而无法定事由前提下的未经许可的复制行为推定构成著作权侵权，因为存在“推定的损害”。但随着著作权权能类型的丰富以及市场利益复杂性的增加，“推定的损害”不再具有客观的市场基础，转而需要在个案中分析涉案行为是否会产生市场的替代效应、对作品的市场是否具有互补效应（增进作品的销量）以及替代效应与互补效应之间的“损益相抵”。因此，著作权侵权损害是指因市场替代所产生的损害，而不是泛泛地财产支配性的侵害（著作人身权侵权的损害内涵不在此列），著作财产权支配权能的行使受到妨碍或阻碍未必会减弱权利人的创作积极性进而需要著作权法提供救济。中国著作权法虽然将“损害”规定为判断合理使用行为的一个要件，①表明立法者并非完全漠视著作权的立法目的并认可“损害”与创作激励之间的关系，从而将“无损害”的使用行为排除于著作权侵权的范围（不侵权抗辩），但这种合理使用机制的安排并不彻底，一方面被告应就“不会不合理地损害权利人的利益”（无损害）承担举证责任，另一方面“无损害”需要结合其他两个要素才能成立不侵权抗辩，而并非独立要素，可能的改造方向是将“损害”纳入著作权侵权的构成中，由原告对此要件承担举证责任。

---

① 《著作权法实施条例》第 21 条规定，依照著作权法有关规定，使用可以不经著作权人许可的已经发表的作品的，不得影响该作品的正常使用，也不得不合理地损害著作权人的合法利益。

(2)专利商标侵权中的“损害”

基于“公开换保护”以及授权程序的严苛,专利赋予权利人对权利要求所表达的思想享有排他权,侵权认定之所以采取字面主义或等同原则,原因在于“复制”技术方案并加以“使用”(制造、销售、许诺销售、使用、进口)的行为可推定损害权利人的市场,或具有损害权利人市场的可能性,实际上专利侵权的构成中可解读为已经隐含了“损害或损害之虞”要素。商标侵权救济中的“损害”门槛更是直接明了。历史研究通常将权利人的贸易转移解读为商标法救济的终极损害,如“(英国)法院只关注不正当转移贸易给生产者带来的损害,以及利用现有诉讼形式来寻求救济。美国法院起初审理商标案件时也具有同样的关注点,他们反复阐明商标法的目的是保护一方不受贸易的非法转移”。[①] 主流学者基于实证和现状则认为消费者混淆可能性与权利人的贸易转移是一枚硬币的两个面,[②]当商标使用的行为导致相关消费者混淆或具有混淆可能性时,消费者将实际或可能实施其本不会做出的购买行为,从而导致商标权人的贸易被转移或具有转移的可能性,于是商标权人遭受了商标侵权行为所带来的损害。因此,只要相关消费者存在实际混淆或混淆可能性,权利人就会遭受贸易被转移的损害,商标法则提供救济。无论商标法是为了救济权利人的贸易损失还是消费者被欺诈混淆、抑或两者兼有,商标侵权构成中实际上都隐含有“损害或损害之虞”的考量,商标救济都应当从“商标使用—消费者混淆可能性—权利人贸易被转移”的链条中来解释“损害”的特有内涵。换言之,商标法并不救济任何形式的混淆可能性,那些并非由于商标使用行为导致的混淆可能性,商标法不予以关注;商标法也不救济权利人任何种类的贸易转移损害,并非由于消费者混淆所造成的贸易损害就不能进入商标法的视野。

---

① Mark P. McKenna, the Normative Foundations of Trademark Law, 82 Notre Dame L. Rev. 1839, 1858 - 59 (2007).

② J. Thomas McCarthy, *McCarthy on Trademarks and Unfair Competition*, Fourth Edition, § 2:33. 孔祥俊:《商标与不正当竞争法》,法律出版社2009年7月第1版,第52页。Tobias Cohen Jehoram, Constant van Nispen & Tony Huydecoper, *European Trademark Law*, Wolters Kluwer, 2010, p. 6.

三、实体原则与规则的可及性改造

（一）避免港规则的突破

司法需要在证据和赔偿等方面不断完善相关配套制度，跟上技术发展的需求。实体层面的一些规则也是值得进一步深思的，比如从美国移植的互联网著作权侵权领域的避风港规则，在司法实践中存在向专利侵权和商标侵权领域蔓延适用的倾向。在中国的环境下，是不是到了需要重新审视该规则适用的阶段了？中国专利权利人的专利稳定性总体不高，如今互联网经济如火如荼，专利权利人利用避风港规则要求网络卖家（被投诉者）立即"下架"的情况很多，恶意投诉的现象逐渐增多，避风港规则被利用作为竞争工具的情况值得重视。但一方面，这并没有真正实现规则设置的初衷，网络环境中的重复侵权现象仍然严重，互联网平台要花费大量时间、精力和人力成本处理这些投诉，很多时候还要因此承担责任。现有规则究竟在多大程度上解决了侵权泛滥问题、实现了权利价值？权利人是不是要在投诉之前承担更大的注意义务？权利行使行为的不正当竞争认定是不是要放宽一些？法院是不是要创新纠纷解决模式，为权利人与被投诉人之间架设谈判许可渠道，以便在实质意义上解决争议？网络基础设施服务提供商究竟是否适用"避风港"规则？比如阿里云一案中，[①]云服务的业务模式是提供网络服务器等相关服务的租用，阿里云认为其作为网络基础设施提供商，不同于网络服务提供商，不应当受到"通知删除"规则的制约，能否基于保护用户隐私为由拒绝法院提交有关侵权信息的要求？

（二）知识产权地域性原则的突破

技术在不断创新，这些技术手段的创新究竟对法律的原则会产生什么样的改变？比如在一些案件中，裁判意见认为互联网的全球化减损了商标权的地域性，"随着互联网经济的迅猛发展，网上贸易市场日益呈现出全球化趋势，正如上诉人泉州匹克公司在二审中提供的公证保全证据所呈现的经济运

① 北京市石景山区人民法院（2015）石民（知）初字第8279号民事判决书。

行模式，国内消费者通过亚马逊官方网站（http://www.amazon.cn）可以搜索在美国市场的商品并进行网购，亚马逊上传的照片可以放大从而较为清晰地看到商品标识，由此可见，即便出口商品不在境内销售，也难以避免通过各类电子商务网站使国内消费者得以接触到已出口至境外的商品及其标识，必然涉及是否会造成相关公众混淆和误认问题，此种情况下商品上的标识会起到识别商品来源作用”。[①]判决意见实质上将商标权的边界延伸到了国外，使国内商标权因互联网的全球互通可以控制境外商品上的商标识别功能，间接对商标地域性原则造成冲击；虽然提高了司法的可及性，但是否会损害到到知识产权的基本原则，则是需要进一步思考的。同样的道理，在标准必要专利专利费率纠纷中，广东省高级人民法院《关于审理标准必要专利纠纷案件的工作指引（试行）》第16条认可全球费率的裁判，也是对知识产权地域性的突破：标准必要专利权人或实施者一方请求裁判的有关标准必要专利的许可地域范围超出裁决地法域范围，另一方在诉讼程序中未明确提出异议或其提出的异议经审查不合理的，可就该许可地域范围内的许可使用费作出裁判。

（三）诚实信用和禁止权利滥用原则的适用

中国商标使用的实践中，不诚信注册和使用商标的情形情形仍然多见。大量囤积商标而无实际使用行为，抢注人再诉真正使用人构成商标侵权。这种情况目前在中国内地法院至少有3种方法处理：第一种方式是法院援引权利滥用原则对原告的诉讼请求不予支持，处理过程中涉及对抢注商标的效力评价问题：“歌力思”本身为无固有含义的臆造词，具有较强的固有显著性，依常理判断，在完全没有接触或知悉的情况下，因巧合而出现雷同注册的可能性较低。作为地域接近、经营范围关联程度较高的商品经营者，王某对“歌力思”字号及商标完全不了解的可能性较低。在上述情形之下，王某仍在手提包、钱包等商品上申请注册“歌力思”商标，其行为难谓正当。王某以非善意取得的商标权对歌力思公司的正当使用行为提起的侵权之诉，构成权利滥用。[②]

① 上海知识产权法院（2016）沪73民终37号民事判决书。

② 最高人民法院（2014）民提字第24号民事判决书。

这种处理方式会不会对现行授权—侵权两分体制造成冲击？第二种稍显保守，是从区分功能角度出发认为不构成侵权，因为原告未实际使用商标而不具有区分来源的功能，不会造成消费者混淆误认，因此不构成商标侵权。如广东省高级人民法院在一个再审案件中认为，关于指南针会展公司、中唯咨询公司是否恶意注册本案“优衣库”商标的问题，二审法院认为该问题关系商标注册的审查和核准，属第10619071号注册商标的授权之争，而本案系侵权之争，该问题不属本案处理范围。①

第三种方法则更保守，严格遵循传统的授权—侵权二分体例，认定成立商标侵权但不赔偿，法院不判断恶意抢注行为的效力，直接根据注册证认可其注册商标权，被告构成侵权，但因为原告没有实际使用商标，所以不给予赔偿。如上海市高级人民法院认为，鉴于指南针公司、中唯公司没有实际使用“优衣库”商标，其不存在实际损失，原审法院要求迅销公司、迅销五角场店停止使用“优衣库”标识，已足以保护指南针公司、中唯公司对“优衣库”标识享有的商标权，原审法院依法判决迅销公司、迅销五角场店不承担赔偿责任，于法不悖。②

上述第一种方式显然力度最大、可及性最强，成为最高人民法院的指导案例。一旦形式上的权利人被法院认定为“权利滥用”，该“权利人”后续将被起诉赔偿“权利滥用”所造成的损失：一方面，司法要提供全方位的保护，培育有利于保护知识产权、保护创新的司法环境和社会氛围。另一方面，权利的保护不能过多，权利的行使要有边界。不适当地扩大保护范围和强度，违背法律的目的行使权利，是一种权利滥用的行为，是违反诚实信用原则的，如果造成他人财产损失，应当承担侵权责任。《侵权责任法》第6条第1款规定，行为人因过错侵害他人民事权益，应当承担侵权责任。《民事诉讼法》第13条规定，民事诉讼应当遵循诚实信用原则。当事人有权在法律规定的范围内处分自己的民事权利和诉讼权利。根据上述规定，恶意提起知识产权损害赔偿责任纠纷本质上属于侵权责任纠纷的一种，但在知识产权领域侵权责

---

① 广东省高级人民法院(2016)粤民申3064号民事裁定书。

② 上海市高级人民法院(2015)沪高民三(知)终字第44号民事判决书。

任并非仅此一种情形，只要是滥用商标注册制度，恶意注册商标给他人造成损失的，均属于侵权责任法规制的范畴。[①] 二审法院还指出：被诉行为的违法性并非在于其提起商标侵权诉讼和向工商行政部门举报本身，而在于主观恶意的认定，即提出请求的一方当事人明知其请求缺乏正当理由，以有悖于权利设置时的目的的方式，不正当地行使权利，意图使另一方当事人受到财产或信誉上的损害。[②]

诚实信用原则被称为现代民法（如我国《民法总则》第 7 条规定，民事主体从事民事活动，应当遵循诚信原则，秉持诚实，恪守承诺）的“帝王条款”，因含义开放，难以概括构成要件，故学说判例多以类型化方式界定其适用场合。[③] 我国实体法上并无明文规定禁止权利滥用原则，上述判决基于诚实信用原则、侵权责任法、民事诉讼法的相关条款创设发展禁止权利滥用原则的案例类型，是在加强产权保护、改善营商环境大背景中的司法求变体现。当前科技创新时代，“诉讼”作为一种竞争工具的特征日趋明显，通过滥用诉权、虚假诉讼或者利用自媒体等方式阻滞竞争对手的创新进程的现象在互联网环境中体现突出，司法进一步是否可能结合虚假诉讼规则（《民事诉讼法》第 112 条规定，当事人之间恶意串通，企图通过诉讼、调解等方式侵害他人合法权益的，人民法院应当驳回其请求，并根据情节轻重予以罚款、拘留；构成犯罪的，依法追究刑事责任）等，用于解决互联网环境中自力救济需求旺盛所带来的滥用诉权等问题，值得期待。

---

① 浙江省绍兴市中级人民法院（2017）浙 06 民初 267 号民事判决书。

② 浙江省高级人民法院（2018）浙民终 37 号民事判决书。

③ 朱庆育：《民法总论》，北京大学出版社 2014 年 10 月版，第 510 页。

结 束 语

一、本书的背景

改革开放40年，中国更多依靠资源、资本、劳动力等要素投入支撑了经济快速增长和规模扩张。改革开放发展到今天，这些要素条件发生了很大变化，再要像过去那样以这些要素投入为主来发展，既没有当初那样的条件，也是资源环境难以承受的。我们必须加快从要素驱动发展为主向创新驱动发展转变，发挥科技创新的支撑引领作用。这是立足全局、面向未来的重大战略，对实现到2020年全面建成小康社会目标具有十分重要的意义。[①] 习近平主席在2013年一次讲话中高度强调科技创新对中国未来发展的重要性。当前世界贸易体系正在面临巨大的挑战，全球第一大经济体贸易保护主义抬头，以“国家安全”的名义推出了针对中国的单边贸易保护主义举措，给多边贸易体系和中美贸易带来了不确定性。在这种背景中，中国政府仍然坚持以科技创新和改革开放作为基本国策，显示出巨大魄力和战略眼光。

科技创新已经成为国家发展的重大战略，人们越来越意识到当前时代科技创新正在空前的加速，科技创新对人类社会的改造正在空前的加深。以一种什么样的理念、一套什么样的制度来应对技术变革所带来的挑战，以及促进科技创新战略的推进，需要各界相关人士深思。2018年是中国改革开放40周年，国家主席、国务院总理等中央高层人士在多个重要场合强调中国将

---

① 习近平:《在参加全国政协十二届一次会议科协、科技界委员联组讨论时的讲话》,2013年3月4日。

继续维护自由贸易,将进一步全面推进对外开放。① 改革开放以来,中国经济已经融入世界经济,随着中国进一步走向世界,随着全球范围内的技术和数据进一步融合,必然存在世界各国各种制度之间的冲突,以一种什么样的理念和制度解决这些冲突,事关中国科技创新战略的成败。

所有的国家——无论发达国家、发展中国家还是欠发达国家,都在寻求发展之道,但往往走不出传统思维的魔咒——总是局限在提供财政刺激、税收优惠、程序简化、人才吸引、资本市场发展等手段,这些手段固然重要,但忽略了更为根本的、来自哲学、文化和理念层面的思考,这个问题突出的体现在发展中国家的政府倡议和法律管制路径中。在中国内地,地方政府陆续出台改善营商环境的举措,一线城市之间正在开展营商环境的新一轮竞争,人才大战就是一个典型的例子。在政策层面,2017 年 9 月 26 日,北京市政府发布《关于率先行动改革优化营商环境实施方案》,提出将陆续推出 26 项改革新政,着力加大北京市营商环境改革力度。2017 年年末,上海市政府出台《着力优化营商环境　加快构建开放型经济新体制行动方案》,上海市市长强调优化营商环境是增强上海城市核心竞争力的关键。特大城市之间的竞争也许从税收、土地等优惠力度的竞争开始转向营商环境的竞争,以制度为核心的软环境竞争成为了未来改革的重点。

国务院总理李克强指出要"汇聚一切有利于生产力发展的要素,形成竞相优化营商环境的良好氛围"。从中央政府到地方政府,从行政机构到司法机关,中国当前兴起了一轮强调"完善营商环境""促进科技创新"的潮流,但是立法机关、行政机关、司法机关在改善营商环境和促进科技创新的过程中应当抱持何种理念、推出何种举措,高校科研院所、企业等市场主体在此中居

---

① 《习近平在博鳌亚洲论坛 2018 年年会开幕式发表主旨演讲》,载新华网:http://www.xinhuanet.com/2018-04/10/c_129847209.htm,最后访问日期:2018 年 4 月 10 日;《习近平出席世界经济论坛 2017 年年会开幕式并发表主旨演讲》,载新华网:http://www.xinhuanet.com/world/2017-01/17/c_1120331492.htm,最后访问日期:2018 年 4 月 5 日;《李克强会见采访两会的中外记者并回答提问》,载新华网:http://www.xinhuanet.com/mrdx/2018-03/21/c_137054394.htm,最后访问日期:2018 年 4 月 5 日;《刘鹤在达沃斯论坛发表致辞:中国将继续推动全面对外开放》,载新浪网:http://news.sina.com.cn/o/2018-01-25/doc-ifyqyqni2655013.shtml,最后访问日期:2018 年 4 月 5 日。

于何种地位、发挥什么作用，中国当前科技政策法规的制定和施行对科技创新究竟产生了什么影响，技术变革的时代为法律提出了何种新的需求，这些问题直指“法律与科技”交织的核心命题——科技创新的法律调控之道。

也许正如“法律与经济”之间的交织，“市场派”和“管制派”总是并行，加强管制和解除管制的措施在历史不同阶段交互存在，[①]“法律与科技”之间的交织也存在“自由论”和“保守论”。技术没有好坏之分，但也绝非完全中立，技术的创造是为了造福于人类，因此必须对技术赋予应有的价值。近代社会法律规则的爆炸往往随着技术的创新而出现，比如汽车及其相关技术的创造，带来了近代以来交通规则、路政管理等密集型立法，这些密集型立法非但没有抑制汽车及相关技术的进一步创造自由，而且通过保障车辆安全和行车安全等反而真正提升了人类的活动自由，自由论者所谓“规则越少、活动越自由、创新越有空间”的论调过于偏颇，保守论者所谓“汽车及相关技术在客观上存在瑕疵、因而不应上市”的主张亦缺乏前瞻。科技创新活动的法律调控之道就是要在自由论者和保守论者之间找到一个理性的界限和平衡点，充分实现技术的价值。

二、本书的主要观点

（一）创新的政策法律调控历史及调控理念

当前全球科技创新加速，科技创新呈现出新的特点，创新主体正在由个人创新转向团队创新，创新驱动力量正在由发明人驱动转向市场驱动，创新模式呈现出网络化、开放性、全球化的特征。科技政策法律的制定和执行应当充分的关注这些重要趋势，注意梳理总结全球各国科技创新法律管控的历史。

政府因素和市场因素是引领技术发展和创新繁荣的两个重要因素，它们相互交织、共同影响，政府根据不同阶段国际国内的不同发展背景，高效、适时、准确的调整方向，推出不同的激励政策。美国政府在第二次世界大战后开始激发本国的技术创新，从研发军用技术到推动民用技术的发展，从投入

① 王泽鉴主编：《英美法导论》，北京大学出版社2012年7月版，第288页。

国家基金到带动市场资金的繁荣，从注重技术研发到更加注重技术商业化、更加注重基础研究和创新环境的营造；日本政府则采取技术引进战略，通过支持鼓励重点产业引进国外先进技术，到鼓励支持本土企业自主创新、促进技术转化，再到培育完善创新环境，从而实现了从以引进技术消化吸收到自主创新立国的重要转向。

在全球化的时代，技术更新越来越快，相同的技术或创新活动在全球不同国家面临不同方式和程度的管制，创新的法律规制到了一个新的历史关口。第一，借助互联网的空间虚拟性、传播便捷性和影响广泛性，民众的情绪更容易受到关注，这个时代需要警惕平民主义的泛滥。第二，科技和数据融合一体化趋势加重，贸易保护主义却重新抬头，这个时代需要更坚定的实用主义。纯粹属于意识形态、国家安全领域的，需要在立法层面增加可预测性，明确底线，不容触碰，但是“国家安全”也不应该被滥用，要严格界定标准，给出负面清单，跨国企业可以有预期，自动避开；有些领域是意识形态或国家安全与技术交融的领域，这些领域要允许争辩，尽量尊重技术的中立性，秉持实用主义理念；有些领域完全就是技术领域，则要降低意识形态或国家安全的审查的门槛。第三，技术创新的专业化趋势加重，政府未必都能看清新技术的发展前景，这个时代的政府更需要注重市场竞争机制，更需要推行和尊重行业的自治。

（二）政府、科研院所、市场主体的角色定位

中国作为一个后发转型国家，需要基于现状和国情，从后发型国家转向自主创新、走上自生自发的创新发展道路，政府、科研院所、市场主体等需要正确划分在创新进程中的角色，它们各有侧重和分工，又相互制衡和影响，找好各自的角色定位、理清各自的发展理念，是拉近创新和政策法律规制之间距离的关键。

第一，政府对科技创新活动的调控，最重要的是建立和维护健康有活力的创新生态系统。政府在政产学研结构中处于“基石性角色”，政府能够将散落在创新生态系统中的其他主体连接在一起，打造一个符合市场规律的创新生态环境。政府需要充分尊重市场发展和科技发展的规律，只提供市场解

决不了的公共产品，政府应该扶持市场而非扶持企业。① 政府不应缺位、不应越位，具备放眼全局、宏观统筹的精英式管理能力，引导政产学研生态创新机制可持续运转和提供科技创新的强劲动力。

政府要坚持实用主义和全球主义，以开放的胸怀拥抱新兴事物，对技术加上政治色彩、国家属性或“低俗”标签时必须慎重。政府对科技创新活动的调控应当具有全球视野，放眼全球产业链条和技术发展规律，立足本土产业和资源优势，而不应盲目发布各类产业政策，影响市场的调节作用。一线城市（如上海）有必要进一步做好自身的全球和区域经济定位，找准内在优势和竞争优势，不断审视既定的各中心战略的实施效果并做出相应的调整，立足外资企业和既有的产业优势，不但要加大引入，还要深耕存量跨国公司，提升、扩大和深化地区总部经济，发展和引进国际组织，依托科研机构的基础研究，有效释放并发挥国企的创新活力。

第二，科研院所是在基础研究阶段最为核心的创新引擎，也是在技术应用阶段中创新链与产业链互动的主要参与者。基础研究不仅仅要立足当下，更需要眺望未来，基础研究的重大发现和突破往往具有长期性和艰巨性，技术的颠覆性创新往往依赖于基础研究的创新。无论是基础研究还是应用阶段的创新，都有赖于相对宽松自由的学术环境。科研院所中学术自由氛围，有利于培养创新人才，滋润创新土壤，推动原始创新开花结果。中国当前的科研经费管理、科研评价和评审机制亟须进一步改革，释放科研工作者的创新活力和积极性。

中国需要改革以职务发明制度为核心的创新激励机制，职务发明制度的合理设计关系到市场主体特别是研发型企业、国立研发机构的创新活力和成果转化的积极性。中国当前的创新市场中，创新人才的流动性比较高，创新市场的竞争态势必然要求单位主动提供或完善能够吸引、留住人才的激励机制，单位之间的竞争在一定意义上是这种激励机制的竞争，要充分尊重自治，强化单位在职务发明成果分配中的优先地位，过于精细的职务发明奖酬管制

① [美]路易吉·津加荣斯：《繁荣的真谛》，余江译，中信出版社 2015 年版，第 110 页。

可能并非效率最优的选择。职务发明权属和奖酬制度安排，既要考虑单位与发明人之间的不平等地位甚至对立地位，“零管控”或与“普通劳动者”同等管控可能都不能契合发明人在当前创新环境中的地位，政策法律还要考虑单位与发明人作为职务发明的利益共同体，“全方位管控”或“深度管控”可能反倒会挫伤创新、增加企业行政负担，甚至导致纠纷诉讼，阻碍资本与创新的有效融合。

中国需要大力推进科技成果的商业化。专利本身的质量等内因以及科研院所的专利转化能力、相关政策法规的可操作性等外因均限制了科研院所的专利转化。需要提高科研院所的基础研究水平，带动应用技术的研究和产出；应该改革科研院所的内部管理机构，为高校科研院所建立专业化的科技成果转化或运营团队，积极提供科技成果信息服务、交易代理、价值评估等各类专业服务，进一步推动高校院所转化能力专业化建设；要在法律上明晰科研院所、科研人员、政府之间的关系，在操作上要摸清技术转化的规律和相关政策障碍，真正释放各类主体的转化积极性。

第三，企业、风险投资、孵化器和高科技园区等是科技创新进程中的市场主体。企业的基本定位应该是：建立合格的、积极主动的、适应力强的工作团队完成创新活动、投资于创新活动并将创新成果迅速地投入市场、通过强烈而公平的竞争以赢得市场。风险投资具有的“资金放大器”功能，可以为科技成果转化和产业化提供了大量急需资金。风险投资的决策过程，实质上也是一个对高新技术产业进行大浪淘沙、市场筛选的过程。但是，要建立更严厉、更具执行力的、针对资本市场作假行为的法律追究机制，谨防创新创业成为资本的游戏。企业孵化器和高科技园区是提升企业经营活跃度以及推动市场创新的重要载体。

当一个个创意孵化成为众多极具影响力的大型科技公司后，这些大型科技公司反过来回馈社会、改善创新环境，它们能够制定规则、影响创新风气、扛起贸易自由主义的大旗、抵制各类部门不当的决策、担负更大的社会责任。具有成功高科技产品的科技公司能够将高科技运用于交通、司法等公共产品领域，能够改善创新生态系统，比如教育、环境、培训，以及支持大学研究；帮助政府改进政策法律环境。大型科技公司在角色上的复杂性，带来了商业行为合法性认定的复杂性，要谨慎区分商业角色和公共角色的不同。

在当前商业环境中，市场主体之间的竞争样态已经发生了巨大的变化，政策法律对竞争行为的规制也应当做出相应的调整和更新。总体而言，市场竞争已经从静态的、理想的竞争演变为动态的、错综复杂的竞争。中国规制竞争行为的传统裁判模式几乎均建立在传统社会静态竞争理念的基础上。软件干扰行为常承载着最前沿的互联网技术和商业模式创新，干扰行为背后交织的法律利益错综复杂，一方竞争利益的损害、竞争者搭便车或不劳而获等均不能绝对地等同不正当竞争行为。反不正当竞争立法或司法的整体理念要符合时代发展的趋向和创新市场的新特点，在认定不正当竞争时要更多考虑创新和效率，更多赋予竞争自由的权重，尽量避免过度干预市场、对创新本身贴上反竞争的标签。

（三）科技创新背景下的立法理念

在当前科技创新的背景下，科技政策法律的制定要更加注重可预见性、自治性和统一性。

1. 可预见性

可预见性是法律的基本特征，当今科技创新的时代更加呼唤法律的可预见性。几乎所有的新技术在产生和投入应用之时，相关公司、产业都面临着政策方面的担忧，都具有强烈的政策需求，这个最大的需求就是要有规制的可预见性。法律对规则和后果不做明确规定，技术商品化的风险就会升高，投资者就会战战兢兢、如履薄冰，甚至选择观望，导致创新减速。

第一，科技政策法律的条款含义应当具有确定性和可执行性，避免制定模糊性甚至具有歧义的条款，新技术和新产品从研发到应用的过程，需要研究者、产业界和决策层之间的不断谈判和妥协，最终形成明确规则。很多时候，甚至是技术和创新倒逼政策的出台、倒逼规则越来越清晰、倒逼开放的决心越来越大。创新创业者最害怕的就是政策的刚性叫停，政策制定者要保持政策定力，不能被社会热点的舆论所左右。在比特币、无人机、人工智能、加密技术进口等前沿科技领域，中国需要提升政策法规的确定性。

第二，科技政策法律的制定要有前瞻性，一方面意味着法律法规要有稳定性，不能朝令夕改，在立法技术上，要确保法律条文具有普适性，避免阶段性、情景性的条文；另一方面还意味着要“主动作为”，立法者要关注新技术及相关产业的发展，展开深入、全面调研，提前观察到新技术从研发阶段到转化阶段所存在的政策法律和伦理道德风险，以及对现行体制机制、传统政策法律所带来的挑战等，提前做好布局和应对。如果不提前布局和应对，当创新产品在应用阶段出现问题时，国家进而禁止或限制，或者发生了政策导向或态度转变，这就会产生“秋后算账”的后果，企业浪费了前期的经济投入，创新热情因而也会受到影响。在人工智能、无人驾驶等前沿科技领域，中国需要加强对产业发展和政策法规应对的研判。

2. 自治性

为颠覆性技术制定规则时，市场往往比传统的政府做得更好。政策制定和立法者不可能总是前瞻地应对新技术带来的挑战和要求，因此法律法规总是具有滞后性，立法工作秉持谦抑性理念，在没有把握最合理的法律应对措施之前，容许创新主体、行业协会、司法机构的自治性质的探索，留足自治的空间。前沿科技领域的行业自治是比法律规制更有效率的社会治理范式。比如数字生活领域的协议服务条款、保密条款、授权协议、自律规范和技术标准正在成为规范数字利用秩序的“大宪章”。调整科技创新的法律管控中应当包含自治性。

第一，自治在商事法律的发展历史中具有悠久深厚的传统，近现代以来全球、区域性的法律一体化，并未在根本上减损各国法律的自治。更应注意的是，近半个世纪以来，伴随着创新速度的加快、创新成果的井喷和创新活跃度的增强，与创新技术或创新产品距离最近的行业组织、非政府间国际组织的地位显著提升，行业性自律组织、非政府性国际组织立法的趋势明显加强。

第二，中国的地方政府在政策法规制定上向来都有一定的自主权，很多重要的中央立法文件，往往都是由地方政府“先试先行”或者“试点”之后，再向其他地方推广，之后由中央通过法律的形式加以明确，实现自治性和统一性的辩证。“自治”侧重灵活性，“可预测性”则强调稳定性，要实现两者的统一。"自治"在一定意义上与"不确定性"重合，后者可能恰恰为企业的自治提供了空间，这是这一轮科技巨头崛起和科技革命兴起的重要原因之一。创新的初始阶段可能更适合这种环境，创新成型之后一定需要稳定的、可预测的法治环境；政策法规的改设废立是自治的应有之义，亚马逊一键专利的商业成功说明立法者应紧密关注产业的发展，顺应商业实践的发展需求及时调整政策法规。

3. 统一性

与世界相通的营商管理规制体系是科技政策法律的统一性特征和要求。技术或创新理应距离政治因素、意识形态远一些，技术和创新的发展规律是客观的，在人类社会中不会因为使用技术或实施创新的主体的国别、肤色、宗教、党派等而有区别，因此，也是最有可能建立全球统一的法律秩序的领域。当然，技术的应用又摆脱不了其社会性，因此，统一也不是绝对的，应该具有相对性。近一个世纪以来在美国发生的统一州法运动、近半个世纪以来在欧洲发生的法律一体化和局部层面的分化运动都是典型的例证。

第一，40 年以来，中国的科技政策法律在国际化和透明度方面取得了非常重要的进步。伴随着改革开放、加入世界贸易组织这两个标志性的节点事件，中国知识产权法律体系、执法体系和司法体系的国际化程度不断提升。在很多知识产权规则的继受方面，通过法律制定或案件裁判的方式，中国已经走在全球最前沿。如何在网络空间治理、人工智能等前沿科技领域掌握更多规则话语权，值得重视。

第二，无论何种程度的"全球性"，中国科技政策法律仍具有"本土特色"，消费者权益保护和知识产权行政执法是两个典型领域。这些"本土特色"，可能与传统文化或理念的根基、经济发展程度、政治体制机制等因素相关，但是这些科技政策法律应具有足够的可预见性和开放性，否则容易产生贸易保护主义现象。目前科技领域的标准之争成了争取国家利益的重要体现，标准的强制性与自愿性的鲜明对比直接导致标准的不统一与不兼容，大规模地采用强制性标准，将成为市场准入的一大杀手锏。在数据本地化和跨境流动方面，中国、欧盟和美国掌握的尺度各不相同，势必影响数据的自由流通，并对创新带来不利影响，产业界需求统一性的呼声日高。

第三，中国政府近年来大力推动科技管理机构的改革，减少政出多头，必将推动科技政策法律的统一性。负面清单制度是中国审批制度和营商治理模式的重要改革，需要坚定地加以推广。“外资三法”、《技术进出口管理条例》的部分条款等区分内资和外资的不同待遇，统一化的步伐势在必行。中国政府近年来主动出击前沿产业，另外，能够集合各方智慧，把握规划先机，但不足之处在于一体化程度不足，常表现为政出多头，徒增执行和遵守的成本；从中央到地方的政策法律反复，公文格式八股泛滥，指导性和执行力大打折扣，市场主体如入“规则的森林”，需要加大清理和整合的力度。

（四）科技创新背景下的执法理念

技术创新、数字时代的来临为中国行政执法或行政监管提出了新的挑战。行政执法的公正性、透明性和包容性本是行政执法的应有之义，伴随如今传播技术的革新、资本力量的崛起，以及全球竞争日趋激烈，行政执法的公正性、透明性、包容性有了新的内涵。

1. 公正性

执法机构更容易受到舆论、技术、资本、政治等因素或利益的影响甚至左右，执法的中立性可能受损，公信力可能受到破坏，出现执法的地方保护主义和选择性执法等现象，可能还会滋生形式主义和官僚作风。在这些新背景下，执法机构要保持更加理性的态度和更为中立的理念，执法的公正性可能更容易受到舆论等非理性声音的影响从而受到更多的拷问。执法机构在当今的时代背景中要保持理性和警惕，保持公正合理，在采取执法行动之前需要多做论证，谨慎推进执法。

第一，平权主义。由于数字技术的兴起，舆论的声音更容易被决策机构和执行机构接收到，更容易引起社会广泛的关注，相应的，执法机构的执法行为更容易受到舆论的影响，从而可能影响案件的是非曲直，平权主义在当下的时代比任何时代都更具影响，然而普通民众在当下的时代却可能是掌握完整信息的最少者，“消费者利益”常常成为政策决定者和执行者用于论证政策或监管合法性的“借口”，执法机构应当警惕消费者双面影响，避免高科技领域的纠纷被民族主义和平民注意“裹挟”。

第二,“监管俘获”。新技术在创造巨大财富的同时,也更容易形成寡头,通过技术创新或资本力量帮助企业取得相关领域的市场支配地位,成为当今市场经济中的新常态。它们向上下游或相关产业渗透,形成产业的帝国。随着法律规制领域的不断细分,立法和执法被游说的可能性空前。版权人子权利的诞生历史说明,子权利并不必然是技术的产生物,更多的是利益格局变动、妥协和平衡的结果。历史上的例子证明,一些划时代的技术往往需要冲破传统利益形成的障碍或者至少与之形成妥协,以便克服传统利益对执法机构已经产生的“监管俘获”现象。

第三,“选择性执法”。在全球化日趋明显的时代,区别内资、外资、查处范围、查处手段、查处尺度等因素进行选择性执法的问题应当引起重视。中国知识产权专项执法和反垄断执法存在选择性执法问题;央视的“3·15 晚会”能够直接、高效地推动执法机关的执法查处,但也暴露出一定的选择性执法的弊端。如果因为一些非法律因素或非理性的声音而导致执法机关的高度关注,进而采取最严格的执法措施,将会使得科技公司的所有前期研发成本流失、市场份额剧烈下降,这些成本执法机关可能估计不到,但对其他企业会有强大的震慑力,产生“寒蝉效应”,这正是规制科技创新的“忌讳”所在。

2. 透明性

立法的可预测性与执法的透明性一脉相承,是为了让守法者对相关的法律条款或者执法行为有明确的预期。法律条款越明晰,留给执法机构的空间越少,执法就更可能透明。法律条款规定越模糊,执法机构的权力越大,执法过程中的可操作空间也越大,容易滋生寻租空间,给创新带来不确定性。

第一,国内外有舆论认为中国知识产权和反垄断行政执法存在透明度问题。实践中存在的执法启动条件模糊、行政执法或处罚文书说理不充分、公开性不够等突出问题,容易滋生了知识产权行政执法的地方保护主义和官僚主义现象,挫败知识产权权利人寻求行政执法的积极性,不利于创新文化的培育和良好营商环境的打造。彻底解决科技领域的行政执法透明度问题,才能从丰富的执法案例中提炼可预测的执法尺度,宝贵的执法经验才能得到传承。负面清单制度是从源头上提升执法透明度的重要举措。

第二,一些政策是否制定、何时制定、何时施行、施行后的过渡期限如何安排、施行后的执法尺度究竟如何,这些问题常令人捉摸不透,却关系企业或业务的生死存亡。行政执法行为的可诉性,是提升行政行为透明度的重要机制。对于《网络安全法》"国家安全"和"技术协助义务"等条款的理解和执行,要强调行政执法行为的明确依据及可诉性,要求行政执法机构以明确的、书面的具体行政行为进行执法,但只要这些行政行为具有可诉性,便具有了纠错的机制和"维护正义的最后一道闸口"。现行法框架中可能并没有针对技术协助义务安排较为明确的司法救济通道,有关司法解释授予相关部门域外取证权的做法也可能欠缺合理性和可操作性。美国发生的微软邮件秘密搜寻令和苹果解锁事件均有启发之处。

3. 包容性

由于科技发展的速度呈现指数级的现象,专业性特点越来越突出,执法人员与科技发展的距离相对较远,往往并不了解创新的特点和技术的趋势,他们更趋向于基于传统的政策法律进行执法,而这种刚性执法极有可能对创新的发展产生阻滞效应,这就要求执法在一定条件下,必须具有包容性。考察不同国家在这一轮科技革命中的法治因素时,可以发现执法的包容性具有非常明显的地位。在美国,没有包容可能就成就不了互联网经济(尽管最近美国已经开始对互联网商务行为的税收法则开始重新审视);同样,中国没有包容,也不可能产生这么多互联网经济的独角兽。

第一,执法包容适用的领域。新产业、新业态、新模式不断涌现,对市场监管提出了新要求、新挑战,执法的包容是现代高科技社会发展的客观要求。中国《反不正当竞争法》新增互联网条款,但未必符合产业发展的需要,执行过程中需要保持审慎态度。执法包容并不是纵容,而是要在新业态、新产业、新模式产生之初多观察、多容忍,抱着乐见其成的态度,但是在发展的过程中,由于缺乏监管,这些业态、产业、模式一定会带来一些新问题、新情况,执法或监管部门应积极研究应对、规范后续健康发展。执法包容与行业自律、企业自治的逻辑一脉相承,应当把更多的监管空间交给最清楚产业发展动向的组织,要加强行业自律和企业自治。

第二,执法包容与执法公正、执法透明的关系。执法的包容一定是以执法的透明、执法的公正为前提,牺牲执法的透明和执法的公正来阐述执法的包容,很容易滋生腐败、产生选择性执法和地方保护主义的问题。网约车、共享单车、支付工具等利用技术或资本力量进入新兴市场或提升市场份额,已经成为一种常态,要区分不同行为样态对竞争行为进行评价。在进行规制时,应区分传统产业的规制模式,应紧密跟进产业的不同发展阶段,及时调整政策法规。中国知识产权执法可能就面临"包容"和"刚性"的阶段转换问题,以更刚性的保护措施服务技术的升级和民族品牌的发展。

第三,"快播案"引发对技术创新和网络犯罪界限、技术中立与平台责任等问题的热议。技术本身蕴含伦理价值,会带着自己的价值观及价值偏好,会有特定的运用场景。强化平台责任成为平台治理的全球趋势,可能是网络治理的一种成本最低的选择;从执法便利性角度看,平台也是最容易的执法客体。但从创新和发展角度来看,平台责任的强化势必带来影响,最终消费者不是享受不到更好的技术服务、就是要为平台因承担更大责任风险而增加的成本埋单。

(五)科技创新背景下的司法理念

科技的发展、创新的加速,为法律条款的解释适用带来了挑战,新型复杂案件不断涌现,便民快捷诉求不断提高。高科技成果、全新商业模式的保护往往直接体现在知识产权与竞争法纠纷领域。司法机关要尊重司法本身的客观规律,坚持谦抑性、自治性、可及性。

1.谦抑性

谦抑性是司法的底色。法官在法律领域的专业性更强,但对科技创新或技术发展的了解并没有特别之长,他们在通过个案裁判涉及科技法律的纠纷时更应当慎重。"当法规面对革命性技术时,类比分析便无法发挥作用。"① 当前中央司法机关在司法政策中提倡技术中立,提倡在刑事犯罪侦查审判过

① [美]拉里·唐斯:《颠覆定律:指数级增长时代的新规则》,刘睿译,浙江人民出版社 2014 年 9 月版,第 213 页。

程中秉持审慎立场，就是要求司法不要主动、过度干预技术的创新，避免产生“寒蝉效应”。

第一，知识产权法官过度介入科技创新进程的重要体现，是对知识财产的提供过度的产权保护。中国知识产权的司法裁判存在过度财产化进而干预市场、偏离知识产权立法初衷的现象。不少典型案件的裁判体现出保姆式、家长式的情怀，违背知识产权基本属性和法律解释科学性、客观性、融贯性原理，判决说理呈现出偏离法律要件而取学术讨论的倾向比较明显。在很多条款的解释适用上，需要保持克制立场。

第二，科技迅猛发展和商业模式飞速更新的当今时代，科技领域的诉讼正在变成一种阻碍竞争对手的有力武器。事实上，创新越彻底，竞争者利用法院减缓或阻碍其进步的可能性就越大，改变行业规则的技术创新趋势总是快于行业希望的变化速度，而法律则是用来减速的最重要的工具。①这在专利诉讼领域尤其明显，付林案、苹果三星专利战、“专利蟑螂”等都可以说明这一点，针对利用专利权等知识产权警告竞争对手及其客户等行为，要谨慎在正当行使权利、不正当竞争、虚假诉讼罪等之间划定界限。

2. 自治性

生成于马车时代的传统法律规则在进入铁路时代之后必然会遭遇全新挑战，如今进入数字时代之后面临再次挑战，需要更具普通法色彩、试验性的裁判累积。

第一，普通法糅合了确定性与进化力的双重功能。普通法在多轮科技革命年代能够较为平稳地发挥引导性作用，与其核心精神息息相关，普通法兼具实验性和确定性。美国和欧洲在这一轮科技革命竞赛中的不同表现，普通法和成文法的不同特点可能也是重要原因，中国也需要一种可以“既固守优秀传统又容纳反映时代进步的先进价值观念的法律精神”。②

---

① ［美］拉里·唐斯：《颠覆定律：指数级增长时代的新规则》，刘睿译，浙江人民出版社2014年9月版，第55页。

② ［美］罗斯科·庞德：《普通法的精神》，法律出版社2001年1月版，唐前宏、廖湘文、高雪原译，夏登峻校，第11页（译者序）。

第二，中国是成文法国家，法律传统、法律体系和法律思维更接近大陆法系。近些年来，随着英美国家科技、语言和法律在全球引领性地位越来越突出，中国知识产权法律、裁判和学说都受到英美法的影响。涉外定牌加工、体育赛事画面、屏蔽视频广告、数据利用、深度链接等与新技术、新业态相关的知识产权与竞争法纠纷不断涌现，审理难度不断加大，法院在这些案件的审理中出现比较明显的自主性探索和多样化尝试，颇具普通法的实验性特征。

第三，法律条款适用的核心是法律解释，而法律解释有一套自洽的体系，恪守这一自洽的法律解释规则，是司法裁判的内在要求。在这样一个时代，制定法律条款的立法者根本无法预料到未来技术或模式的发展，法律条款的原意解释的地位可能下降。创新的效率和激情需要有明确可预见的规则"托底"，最大可能的降低不确定性带来的风险，侵权法中的"可预见规则"是屏蔽或限制研发风险的机制，可适用于产品责任等严格责任领域。

3. 可及性

在当前时代背景中，由于创新的网络效应，竞争行为对创新的影响往往更加隐蔽，借助互联网的影响更容易放大这些竞争行为对创新活动的影响，司法要对创新活动提供保障就必须提高可及性，在维权手段、维权效果等方面加大能动性，跟上技术变革时代技术创新的保护需求。

第一，由于知识产权的公共产品属性，知识产权诉讼面临着证据的隐蔽性（多为对方持有）、容易销毁、电子证据多、技术性强（专家辅助人的参与）等难题，基于市场利益的驱动，一些新型的取证方式往往在知识产权审判中首先出现，新问题、新情况和新形势对知识产权法官运用证据规则的能力有更高的要求，应当进一步增强权利人的取证能力和方式的保护，同时加强对不诚信取证行为的制裁力度。

第二，中国知识产权侵权赔偿数额与实际损失或侵权获利不成比例，影响到权利人的知识产权维权信心，司法的可及性受到减损。知识产权侵权损害赔偿的核心问题在于"损害"的计算，赔偿金额过高或过低、法定赔偿方式适用过多、赔偿说理不充分等问题，与证据保全、证据妨碍等证据制度运用相关，也与"损害"的误读有关，中国知识产权侵权赔偿的计算需要进入"定量"

阶段,还需厘清“损害”的不同制度含义。

第三,司法需要在证据和赔偿等方面不断完善相关配套制度,跟上技术发展的需求。实体层面的一些规则也是值得进一步深思的,比如从美国移植入境的互联网著作权侵权领域的避风港规则,在司法实践中存在向专利侵权和商标侵权领域蔓延适用的倾向。在中国的环境下,平台上的重复侵权现象依然严重,并未实质性解决纠纷,可能需要重新审视、精细化适用甚至改造该规则的适用。

实体层面的一些规则也是值得进一步深思的,比如移植于美国的“避风港规则”,在中国互联网环境中是否到了反思和改造的阶段了? 互联网的发展是否在法律上减损知识产权地域性原则? 我国法院是否要接受和适用知识产权领域的“长臂管辖”? 等。

三、感想及感谢

技术的发展和潮流日新月异,作者根据日常工作经验和对法律政策的学习研究,抱着开放的态度撰写本书,也希望读者——无论立法者、行政执法者、司法者、企业家、学者、学生——能够开放性地进行阅读和思考,为本书的进一步完善提出批评和建议。第一,对立法者而言,要看到营商环境的重要性,在制定政策法规时,需要拓宽思路,不要将措施局限在税收优惠、土地优惠等传统视野,要站在更高层面思考制度之间的冲突及解决之道,这样便于投资人理解和接受制度的差异;即便存在差异,只要确保制度和政策的可预见性,经营者总有方法接受或者考虑规避方案。所以立法者要尽早规划和布局,这样才能引领潮头。第二,对于行政执法者而言,要多考虑如何为新兴产业的发展营造更好的环境,主动研究并扫除产业发展过程中的障碍。第三,对于司法者而言,要尊重司法的传统和底色,还要了解发展的趋势,多倾听企业和市场的力量。如果是趋势性问题,就要交由立法者讨论,及时进行规划和布局。第四,对于学者而言,不能局限传统和陈规,抱着固有观点振振有词,要更多了解国际潮流和市场诉求,拿出顶层设计方案。第五,对于企业家而言,要敢于尝试和冒险,企业家精神本质上就是冒险精神,历史上伟大产品的诞生都极具风险,但最终却能倒逼观念的更新和制度的变革,潮流不可阻挡。

当今时代,商业、科技、法律之间交互融合。如何更贴切地保护创新者的创意,可能是政策法律界人士要多加考虑的问题;但如果不了解创新者发现、形成、提出、发展创意的过程,不了解创新产品营销、创新人才管理的方法,政策法律界人士就未必能够提供贴切全面的保护方案,甚至当创新产品或模式已经在市场形成气候或趋势之后,这些人士可能还在抱着传统的分析思路和法律框架。同样,管理界和科技界人士也许拥有很好的创意,但创意却可能无法在市场上演变成最成功的创新产品,甚至在推出之时即因触碰政策法规的“红线”而夭折,这种例子在历史上比比皆是。当今时代,需要商业界、科技界、法律界人士抱着更开放的心态进行密切合作。与此同时,法学学科作为一门实践科学,其内核正在发生转变。法学院的教育需要(或许正在或已经)逐渐转型和改革,要培养出能够迅速适应并引领这种新形势的高端复合法律人才。国内外一些顶尖法学院迅速响应这种趋势,如斯坦福大学法学院设立了 LLM 项目——法律、科学与技术(Law, Science & Technology),结合现行法律领域、科学和技术领域、电子商务等领域、网络空间的管辖及争议解决领域、生物技术和健康科学领域,知识产权领域、全球信息经济发展以及相关的风险资本与高科技创业领域做出跨学科的分析,旨在通过此项目培养更适合科技时代的法律人才;纽约大学法学院则将传统的 IP 项目改成知识产权和信息法(IP and Information Law),并设立了竞争、创新和信息法(Competition, Innovation and Information Law)项目;清华大学法学院于 2018 年 4 月设立跨学科领域法学教育项目“计算法学全日制法律硕士”,开设一系列与网络、大数据与人工智能结合的技术类课程。①

如本书序言所述,作者撰写的初衷并非系统提出中国当下的创新政策,也不是针对当前的创新保护制度和机制提出全面、成熟的改革建议(相反,本书中的无数微观问题都值得进一步研究和论证),更不是为了批评当下的立

① 更多信息请参考《阿里法学院诞生!清华开设计算法学硕士!如何追赶法律 + 科技的浪潮?》,载微信公众号“律政”,最后访问日期:2018 年 4 月 17 日。

法者、执法者或裁判者，而是站在一个相对中立的立场，作为一个在科技行业奋战多年的“老兵”和一名对科技与法律的发展长期进行观察的学者，对科技创新的法律管控之道进行了更为深层次的系统反思。“科技与法律”的涵盖面实在太广，这个时代的新科技和新模式的推出速度越来越快，本书中已经涵盖、未能涵盖的诸多问题，常使作者感到力不从心。另外，本书撰写时间匆忙，不少观点未臻成熟，更多的是有感而发，展现科技创新过程中存在的利益取向、冲突和权衡，在撰写的过程中未必遵循或恪守严格的理论框架或学术逻辑，但所有的资料均通过公开检索取得。书中观点仅代表作者个人观点，与作者所在工作单位无关。如果读者能够从本书中吸收一些可借鉴之处，则是作者的荣幸。

撰写这部作品的过程中，上海交通大学知识产权方向硕士研究生王钰、向强同学与上海瀚元律师事务所汤兰香律师付出了大量时间协助检索、整理、校对书稿，上海交通大学博士研究生黄丽君女士对技术成果转化部分提出了洞见，在此深表谢意。最后还要感谢法律出版社资深编辑赵明霞在本书出版过程中提出的宝贵建议，其勤勉、高效、专业的风格，使本书得以早日面世。

图书在版编目(CIP)数据

创新与规制的边界 :科技创新的政策法律调控之道 / 戈峻, 刘维著. -- 北京 :法律出版社, 2018
ISBN 978 - 7 - 5197 - 2481 - 8

Ⅰ. ①创… Ⅱ. ①戈… ②刘… Ⅲ. ①科学技术管理法规 - 研究 - 中国 Ⅳ. ①D922. 174

中国版本图书馆 CIP 数据核字(2018)第 164678 号

创新与规制的边界:科技创新的政策法律调控之道
CHUANGXIN YU GUIZHI DE BIANJIE: KEJI CHUANGXIN DE ZHENGCE FALÜ TIAOKONG ZHIDAO

戈 峻 刘 维 著

责任编辑 赵明霞
装帧设计 马 帅

出版 法律出版社
总发行 中国法律图书有限公司
经销 新华书店
印刷 三河市兴达印务有限公司
责任校对 晁明慧
责任印制 胡晓雅

编辑统筹 法商出版分社
开本 710 毫米 × 1000 毫米 1/16
印张 19. 75
字数 272 千
版本 2018 年 8 月第 1 版
印次 2018 年 8 月第 1 次印刷

法律出版社/北京市丰台区莲花池西里 7 号(100073)
网址/www. lawpress. com. cn
投稿邮箱/info@ lawpress. com. cn
举报维权邮箱/jbwq@ lawpress. com. cn
销售热线/010 - 63939792/9779
咨询电话/010 - 63939796

中国法律图书有限公司/北京市丰台区莲花池西里 7 号(100073)
全国各地中法图分、子公司销售电话:
统一销售客服/400 - 660 - 6393
第一法律书店/010 - 63939781/9782
西安分公司/029 - 85330678
重庆分公司/023 - 67453036
上海分公司/021 - 62071010/1636
深圳分公司/0755 - 83072995

书号:ISBN 978 - 7 - 5197 - 2481 - 8
定价:88. 00 元